HOMILÉTICA

DO PÚLPITO AO OUVINTE

JILTON MORAES

Vida
ACADÊMICA

Vida

EDITORA VIDA
Rua Conde de Sarzedas, 246 Liberdade
CEP 01512-070 São Paulo, SP
Tel.: 0 xx 11 2618 7000
atendimento@editoravida.com.br
www.editoravida.com.br

©2007, Jilton Moraes

■

Todos os direitos desta obra estão reservados por Editora Vida.

■

PROIBIDA A REPRODUÇÃO POR QUAISQUER MEIOS, SALVO EM BREVES CITAÇÕES, COM INDICAÇÃO DA FONTE.

■

Editor responsável: Sônia Freire Lula Almeida
Preparação: Rosana Brandão Ihara
Revisão de provas: Josemar de Souza Pinto
Revisão do Acordo Ortográfico: Emanuelle G. Malecka
Diagramação: Set-up Time
Capa: Arte Vida

Scripture quotations taken from Bíblia Sagrada, Nova Versão Internacional, NVI ® Copyright © 1993, 2000 by International Bible Society ®. Used by permission IBS-STL U.S. All rights reserved worldwide. Edição publicada por Editora Vida, salvo indicação em contrário.

Todas as citações bíblicas e de terceiros foram adaptadas segundo o Acordo Ortográfico da Língua Portuguesa, assinado em 1990, em vigor desde janeiro de 2009.

1. edição:	2008	4ª reimp.:	set. 2018
1ª reimp.:	mar. 2010	5ª reimp.:	dez. 2019
2ª reimp.:	nov. 2012	6ª reimp.:	fev. 2021
3ª reimp.:	jan. 2017	7ª reimp.:	out. 2022

Dados Internacionais de Catalogação na Publicação (CIP)
(Câmara Brasileira do Livro, SP, Brasil)

Moraes, Jilton, 1950- .

  Homilética: do púlpito ao ouvinte / Jilton Moraes; Prefácio de Itamir Neves de Souza. — São Paulo: Editora Vida, 2008.

  ISBN 978-85-383-0058-8
  e-ISBN 978-65-5584-065-0

  1. Cristianismo 2. Pregação 3. Teologia pastoral I. Título.

08-06577   CDD-251

Índices para catálogo sistemático:

1. Pregação: Cristianismo 251
2. Pregação: Homilética: Cristianismo 251

Esta obra foi composta em *GoudyOlSt Bt*
e impressa por Geográfica sobre papel
Holmen Book 60 g/m² para Editora Vida.

> *Pregue a palavra,
> esteja preparado
> a tempo e fora de tempo,
> repreenda, corrija, exorte
> com toda a paciência e doutrina.*
>
> Apóstolo Paulo

À memória de meu pai,
Agenor Moraes Filho,
primeira pessoa a acreditar,
mesmo contra todas as evidências, que
eu pudesse me tornar um pregador.
A todos quantos amam a pregação da
Palavra e a ela se doam,
este livro é dedicado.

Prefácio

DO PÚLPITO AO OUVINTE

O apóstolo Paulo disse em sua carta aos cristãos de Roma que se sentia devedor tanto a gregos como a bárbaros, tanto a sábios como a ignorantes; e por isso, quanto dependia dele, estava pronto a anunciar o evangelho a todos, e especificamente aos cristãos romanos (Romanos 1.14,15). Esse sentimento de dívida e urgência certamente é constante em cada um de nós que tem sido chamado por Deus para proclamar o evangelho.

A pregação da Palavra de Deus é uma das áreas mais importantes no preparo de quem é chamado e vocacionado por Deus para servir à igreja que ele comprou com o seu próprio sangue (Atos 20.28).

Assim, para podermos dizer, como Paulo, que jamais tinha deixado de anunciar todos os desígnios de Deus (Atos 20.27), devemos atentar para a importância dessa área tão fundamental do ministério cristão.

Pesa sobre o proclamador do evangelho, do pregador da Palavra de Deus, a responsabilidade de se preparar adequadamente para desincumbir-se da melhor maneira possível da sua tarefa ministerial. Ao mesmo tempo que a responsabilidade é grande, grande também é o privilégio dos que têm a possibilidade de ser porta-voz de Deus ao levar a mensagem de salvação a muitos e a mensagem de edificação a tantos outros.

Entretanto, que fazer diante de tamanha responsabilidade e tão grande privilégio? Creio que mais uma vez temos de considerar o que o apóstolo Paulo nos recomendou. Falando ao seu filho Timóteo, ao despedir-se do seu ministério e da sua vida, o apóstolo deixou uma clara instrução que podemos aplicar à nossa tarefa:

> E as palavras que me ouviu dizer na presença de muitas testemunhas, confie-as a homens fiéis que sejam também capazes de ensinar outros [...]. Procure apresentar-se a Deus aprovado, como obreiro que não tem do que se envergonhar e que maneja corretamente a palavra da verdade (2 Timóteo 2.2,15).

Paulo apontou para a tarefa de passarmos o conteúdo verdadeiro da Palavra de Deus a homens e mulheres, que, por sua vez, passariam também a outros esse conteúdo sagrado que é o poder transformador para qualquer vida humana. Contudo, para que isso aconteça, devemos nos preparar adequadamente, saber manejar bem a palavra da verdade e nos capacitar para desenvolvermos nossa tarefa de modo que não nos envergonhemos e nem envergonhemos Aquele que nos comissionou.

O livro do dr. Jilton Moraes que você tem em mãos certamente o ajudará a se preparar e capacitar para o bom desempenho de sua tarefa. *Homilética: do púlpito ao ouvinte* é certamente um material de primeira necessidade para todo aquele que pretende apresentar-se como obreiro aprovado.

Com toda a sua bagagem de mais de trinta anos de ministério e lecionando esta matéria que ensina a arte da pregação, o dr. Jilton Moraes, sensível aos pregadores, aos estudantes e aos demais interessados na proclamação da Palavra eterna, disponibiliza para todos nós conceitos e detalhes práticos que nos ajudarão nessa tarefa tão gloriosa da pregação do evangelho.

De modo agradavelmente didático, o livro do dr. Moraes aborda três grandes áreas da homilética. Ele trata em primeiro lugar da distância que existe entre o pregador e os ouvintes. Em segundo lugar, trata da questão importantíssima de buscarmos a forma mais adequada de proclamarmos a Palavra de Deus, principalmente numa época em que não se crê mais nos absolutos da fé. Em terceiro lugar, faz-nos refletir sobre a tarefa da pregação, que deve ser encarada como um relacionamento entre o pregador e os ouvintes.

Creio que todos nós, pregadores, temos de refletir seriamente sobre a importância da Bíblia no discurso cristão, a relevância da pregação bíblica e a metodologia adequada para sua utilização. *Homilética: do púlpito ao ouvinte* mostra que esses temas são prioritários no estudo da homilética, e bom seria que todos nós, pregadores, nos detivéssemos para analisar essas questões.

Percebe-se a importância da Bíblia no discurso cristão no fato de a experiência espiritual cristã estar absolutamente relacionada à compreensão da mensagem revelada. Em tempos de relativização da verdade e valorização dos sentimentos, da experiência e do visual, precisamos urgentemente de pregadores que nos ajudem a fundamentar os objetivos da vida na Palavra de Deus, daí a importância da Bíblia no discurso cristão.

Percebe-se a relevância da pregação bíblica para os nossos dias na necessidade de expormos adequadamente a Bíblia como o absoluto para a nossa fé, pois o nosso mundo acredita que uma imagem vale mais do que mil palavras. Pondo em prática as orientações do dr. Moraes, certamente teremos pregadores capacitados a transformar os ouvidos em olhos para que se dê atenção à Palavra de Deus. E, assim, verificamos a importância da relevância da pregação bíblica.

Percebe-se a metodologia adequada para a pregação bíblica na necessidade da elaboração e da comunicação corretas da mensagem do evangelho. Num tempo em que o ser humano deixou de lado, não valoriza mais a palavra falada e a palavra escrita, substituindo-as pela palavra demonstrada por meio das imagens, pois o prazer imediato e a satisfação emocional se tornaram o grande alvo a ser alcançado, a metodologia adequada para a pregação bíblica faz-se tremendamente necessária. Reunir um grupo de pessoas para ouvir um discurso religioso por trinta a quarenta e cinco minutos é tremendamente desafiador. Por isso, *Homilética: do púlpito ao ouvinte* torna-se necessário para quem quer comunicar o evangelho e ser ouvido ainda hoje. Ao nos aprofundarmos nos conceitos que o dr. Jilton Moraes nos apresenta, percebemos a importância da metodologia adequada para a pregação bíblica.

Por tudo isso, creio que este livro que você tem em mãos merece sua atenção e estudo. Se você for um iniciante na área da pregação, perceberá que aqui temos orientações fundamentais para sua capacitação. No entanto, se você for alguém já tarimbado e desejar se aperfeiçoar ainda mais para que a sua pregação seja atual e alcance esta geração, certamente aqui encontrará informações valiosas, pois são dadas por alguém que tem larga experiência no ensino e na prática daquilo que nos apresenta.

Para mim, é um privilégio recomendar este trabalho, feito com tanto esmero, e colocado à nossa disposição com o objetivo de ajudar todos nós a comunicar melhor a Sagrada Palavra de Deus.

Que Deus nos abençoe na comunicação da sua verdade eterna!

Itamir Neves de Souza
Professor de Homilética e Pregação Expositiva (FTB SP)
e Mestre em Ciências da Religião (UMESP)

Sumário

Agradecimentos — 15
Introdução — 16

I — Encurtando a distância — 19
1. O compromisso do pregador — 21
2. Com Deus e com os ouvintes — 49
3. No púlpito e no culto — 70
4. O momento da Palavra — 83
5. Comunicando com eloquência — 101
6. Mais próximo dos ouvintes — 130
7. Equilíbrio, uma questão importante — 146

II — A busca da forma adequada — 169
8. Pregando um sermão expositivo — 171
9. A opção por um sermão biográfico — 189
10. Sem preocupação com os tópicos — 221
11. Na trilha do monólogo narrativo — 244
12. Experimente o sermão segmentado — 267

III — PREGAÇÃO: UM RELACIONAMENTO 287
 13. Pregando na alegria e na tristeza 289
 14. Quanto tempo pregar? 325
 15. A ética no púlpito 352
 16. Apelo e *feedback* na pregação 380

Referências bibliográficas 400

Sobre o autor 407

Índice de autores 408

Índice remissivo 410

Agradecimentos

Ao Senhor da pregação, que, com o milagre de sua graça, me fez pregador.

Aos professores Dickson e Key, que, usados por Deus, equiparam-me como pregador.

À minha querida esposa, Ester, companheira preciosa e apoio em todos os momentos.

A todos os alunos, com os quais aprendi e continuo aprendendo novas lições a cada dia.

Aos amigos, colegas e alunos que enriqueceram este livro com preciosas sugestões.

Introdução

Escrevi *Homilética: da pesquisa ao púlpito* para pregadores e futuros pregadores, objetivando oferecer, em síntese, o estudo do sermão, analisando-lhe os passos, de sua elaboração ao púlpito. Como resultado, este trabalho tem sido usado em várias instituições teológicas de ensino, suprindo a lacuna, até então existente, de um texto para aulas de iniciação em homilética.

Não obstante à constatação de o referido livro ter provido respaldo necessário aos iniciantes na arte de pregar, evidenciou-se ainda mais a premente urgência de um texto capaz de abranger as diversas unidades constantes de um programa avançado de homilética. Para tanto, seria necessário um livro que reunisse importantes tópicos em um só compêndio.

Foi assim que surgiu a ideia de *Homilética: do púlpito ao ouvinte*,[1] com a continuação dos principais assuntos tratados nos cursos de Homilética. Seus 16 capítulos estão divididos em três partes: I — Encurtando a distância (caps. 1 — 7); II — À busca da forma mais adequada (caps. 8 — 12); e III — Pregação: um relacionamento (caps. 13 — 16).

Os primeiros sete capítulos equipam o pregador para um melhor desempenho de sua tarefa no púlpito. A preocupação do capítulo 1

---

[1] Para melhor compreensão de alguns dos conceitos aqui tratados, recomendamos a leitura do livro *Homilética:* da pesquisa ao púlpito (São Paulo: Vida, 2005).

está em *Os compromissos do pregador*, que devem ser firmados com o Senhor e sua Palavra, com os ouvintes e os limites da mensagem. O capítulo 2, *Com Deus e com os ouvintes*, mostra que somente vivendo diante do Senhor da Palavra o pregador terá a Palavra do Senhor que precisa ser comunicada. No capítulo 3, *No púlpito e no culto*, é analisada a realidade de o pregador estar primeiramente no culto, antes de estar no púlpito, daí o ato de cultuar preceder o de pregar; e aquele que não tiver condições de prestar culto ao Senhor não será um autêntico pregador. *O momento da Palavra*, capítulo 4, alerta-o para o desafio de pregar com a convicção de ser apenas instrumento a serviço do Senhor, para comunicar a Palavra que alcança, transforma e marca. Já o capítulo 5, *Comunicando com eloquência*, mostra que o sermão é eloquente quando as palavras do pregador são proferidas com vida e apresentam a mensagem da vida, ilustrada com sua própria vida. O capítulo 6, *Mais próximo dos ouvintes*, trata da importância da cumplicidade, que acontece quando as pessoas deixam de ser simples ouvintes e se tornam participantes na pregação, quando o pregador entra no mundo significativo dos ouvintes, para os trazer ao surpreendente mundo da revelação bíblica. Finalmente, o capítulo 7 apresenta o *Equilíbrio, uma importante questão*, indispensável à boa pregação, que deve fazer-se presente não apenas no conteúdo e apresentação do sermão, mas na vida do pregador.

Nos cinco capítulos seguintes, oferecemos ao pregador uma visão de diferentes formas sermônicas: *Pregando um sermão expositivo* é a primeira opção, por ser o método por excelência para a comunicação da Palavra, e porque o pregador que é capaz de pregá-lo tem mais possibilidade de se sair bem em qualquer outra forma. No capítulo 9, *A opção por um sermão biográfico*, vemos que essa é a forma mais aceita pelos ouvintes, pois comunica de modo atraente profundas verdades sobre personagens da Palavra de Deus. No capítulo 10, *Sem preocupação com tópicos*, certamente está a alegria dos pregadores que gostariam de se libertar do sistema de divisões, no entanto precisam pregar sermões narrativos, não meramente para escapar dos tópicos, mas encontrar a forma eficaz de dar vida à comunicação seguindo a estrutura do texto. O capítulo 11 apresenta *o monólogo* como forma sermônica, em que o pregador, num trabalho biográfico, assume o papel da personagem e apresenta a mensagem como se estivesse contando sua própria história. Já a visão das diferentes formas no púlpito é apresentada no capítulo 12, com a união da palavra e da música na proclamação da Palavra, quando os ouvintes têm a oportunidade de cantar, entre os segmentos, hinos previamente escolhidos, que não apenas se ajustam, mas completam as palavras do pregador.

Os quatro últimos capítulos tratam de relevantes temas para o aperfeiçoamento da pregação: no capítulo 13, é destacada a responsabilidade do pregador de falar nos momentos extremos da vida, e ideias para diferentes ocasiões são apresentadas. O capítulo 14 aborda a questão do tempo despendido no púlpito, com um desafio ao pregador: falar menos para dizer mais e, sem se tornar escravo do relógio, considerar as necessidades e os problemas dos ouvintes que vivem com pressa, numa sociedade apressada.[2] A *ética no púlpito*, enfoque do capítulo 15, chama atenção para o fato de que toda pregação deve objetivar a glorificação do Senhor e requer fundamentação em princípios da sua Palavra, respeitando a individualidade dos ouvintes. Por fim, o capítulo 16 fala de quão oportuno é o apelo na mensagem; entretanto, não pode ser barateado, confundido com a apelação inoportuna.

Que este livro, escrito em constante oração ao Senhor da pregação, que chama e capacita pregadores, seja útil, abençoando pregadores e ouvintes.

Ao Deus de amor, Senhor dos pregadores e da pregação da Palavra, seja toda a glória, toda a honra e todo o louvor para sempre!

Brasília, DF
JILTON MORAES

---

[2] JILTON MORAES. *Homilética*: da pesquisa ao púlpito, 2005, p. 215.

PARTE I
Encurtando a distância

Há um grande abismo entre o texto bíblico e a realidade do momento: a verdade que o pregador tem a comunicar e as pessoas que estão no templo para cultuar o Senhor e ouvir sua voz. Essa realidade faz do pregador, com sua mensagem, o responsável em unir dois mundos, encurtando a distância entre o púlpito e os ouvintes.

Unir esses dois mundos é um grande desafio. Para que o pregador alcance tal proeza, ele precisa encarar com toda a seriedade *os compromissos do pregador* para com o Senhor e sua Palavra, para com os ouvintes e os limites do sermão. Precisa estar sempre preparado, uma vez que, em todo tempo, está tanto com Deus quanto com os ouvintes; manter-se consciente de que antes de ser pregador é um adorador, que vive para servir e adorar no púlpito e no culto; reconhecer que o bom desempenho no púlpito depende de sua disposição de adorar enquanto prega e de pregar enquanto adora, motivo por que deve considerar a importância do momento da Palavra, quando os ouvintes podem constatar que ele está comunicando com eloquência, pois comunica vida com a vida. Daí, deve o pregador pregar mais próximo dos ouvintes a fim de torná-los reais participantes na pregação, recebendo a mensagem de um comunicador que considera o equilíbrio uma importante questão.

1
O compromisso do pregador

*Só quem é capaz de assumir e
cumprir os sérios compromissos do
pregador tem condições de pregar
como porta-voz do Senhor.*

Quais os compromissos de quem se levanta para falar em nome do Senhor? De que modo o pregador deve se comprometer antes de assomar ao púlpito? Que ajustes devemos fazer para cumprir os compromissos assumidos no púlpito?

Para comunicar com integridade a mensagem do evangelho, precisamos ter em mente os sérios compromissos do pregador da Palavra. A mensagem anunciada no púlpito é tão singular que o seu conteúdo não é determinado pelo pregador, mas pelo Senhor que nos manda pregar. Por conhecer tal realidade, Paulo declarou:

> nós, porém, pregamos a Cristo crucificado, o qual, de fato, é escândalo para os judeus e loucura para os gentios, mas para os que foram chamados, tanto judeus como gregos, Cristo é o poder de Deus e a sabedoria de Deus (1Coríntios 1.23,24).

O bom desempenho no púlpito, portanto, requer inicialmente que estejamos comprometidos com o Senhor da Palavra, com a Palavra do Senhor, com os limites da mensagem e com os nossos ouvintes.

COMPROMISSO COM O SENHOR DA PALAVRA

Completar a pesquisa sermônica e finalizar o esboço ou o manuscrito é tarefa exigente. Por essa razão, logo descobrimos que depender do Senhor é indispensável. Por mais capacitado que se julgue o pregador para cumprir a grande responsabilidade de se colocar diante das pessoas e falar em nome de Deus, ele precisa, antes de tudo, colocar-se diante do Senhor. Somente conhecendo Deus, somos capazes de falar em seu nome.[1] Jamais alguém será embaixador de um país que não conhece, ou porta-voz de um governo com o qual não esteja identificado. No púlpito, essa realidade é ainda mais inegável: quem não depende inteiramente de Deus não tem condições legítimas de falar em nome dele. Parafraseando Paulo, podemos afirmar que tal mensagem será "[...] como o sino que ressoa ou como o prato que retine" (1Coríntios 13.1).

O conhecimento de Deus é fundamental

Chamado a pregar a mensagem do Senhor, a primeira preocupação de Moisés foi conhecer o Senhor que o chamava. Ele queria ter condições de contar ao povo quem era o Deus que o enviava. Moisés perguntou: "[...] Quando eu chegar diante dos israelitas e lhes disser: O Deus dos seus antepassados me enviou a vocês, e eles me perguntarem: 'Qual é o nome dele?' Que lhes direi?" (Êxodo 3.13).

---

[1] Jilton MORAES, *Homilética:* da pesquisa ao púlpito, p. 28.

É na entrega da vida a Jesus que passamos a conhecer plenamente Deus. Saulo alcançou esse pleno conhecimento na estrada para Damasco, quando Jesus se manifestou a ele. A experiência, tão marcante, não só o derrubou (Atos 9.4), como também desmontou seus planos. Ele, que planejava alcançar os cristãos com o ódio (Atos 9.1,2), precisou ser por eles acolhido em amor (Atos 9.17-19). Tão marcante foi a realidade de conhecer o Senhor que, mais tarde, ele falou dos dois tempos da vida transformada: "Portanto, se alguém está em Cristo, é nova criação. As coisas antigas já passaram; eis que surgiram coisas novas!" (2Coríntios 5.17). De perseguidor, ele foi transformado em pregador (1Coríntios 9.16), deixando claro que em Jesus alcançara um novo ideal de vida:

> Só sei que, em todas as cidades, o Espírito Santo me avisa que prisões e sofrimentos me esperam. Todavia, não me importo, nem considero a minha vida de valor algum para mim mesmo, se tão somente puder terminar a corrida e completar o ministério que o Senhor Jesus me confiou, de testemunhar do evangelho da graça de Deus (Atos 20.23,24).

A pregação autêntica tem os fundamentos de sua teologia respaldados pela experiência de conversão do pregador. Foi assim com Paulo: a teologia da sua pregação estava fundamentada em sua experiência com Jesus. O encontro com o Cristo legitimava sua pregação.[2] Isso é comprovado sempre em nossa pregação: do conhecimento que temos do Senhor e de como com ele nos relacionamos, dependem nossa mensagem e o modo de pregarmos. Assim, buscar conhecer Deus é imprescindível ao pregador.

---

[2] Jilton MORAES, Paulo e a pregação da palavra. In: Lourenço Stelio REGA (Org.). *Paulo:* sua vida e sua presença ontem hoje e sempre, p. 253.

Conhecendo o Senhor, dependemos dele

Se no trabalho da pesquisa à elaboração do esboço precisamos em tudo da dependência de Deus, no púlpito não é diferente. Não é em nosso nome que falamos — somos porta-vozes, a palavra vem do Senhor! À medida que o pregador conhece o Senhor, descobre que nada conhece. No púlpito, a palavra transmitida não é baseada na sabedoria do pregador, mas na dependência do Senhor. É verdade que o bom pregador é um estudioso. Além de estudar a Palavra, ele deve se aprofundar em conhecer teologia e as ciências que ajudam na interpretação bíblica, buscar conhecer a homilética para melhor sistematização de sua mensagem, e ainda procurar conhecer as ciências que o ajudam a compreender os ouvintes. Entretanto, nenhum desses conhecimentos, por mais importante que seja, substitui o conhecimento do Senhor.

A transmissão da Palavra de Deus só é possível quando procuramos viver na mais completa dependência do Senhor. Encontrando-se com Jesus, uma das primeiras preocupações de Saulo foi saber o que o Senhor realmente queria dele: "[...] Que devo fazer, Senhor? [...]" (Atos 22.10). Ele ainda estava prostrado ante o brilho da glória do Senhor, e a resposta que recebeu foi: "[...] Levante-se, entre em Damasco, onde lhe será dito o que você deve fazer" (Atos 22.10).

A mesma experiência se renova na vida do pregador autêntico a cada novo sermão que tem a pregar. "O que o Senhor quer que eu comunique?" Esta é a pergunta feita a todo instante, uma vez que somos porta-vozes, com o compromisso de transmitir exatamente o que da parte de Deus tem de ser transmitido ao povo.

Conhecendo o Senhor, glorificamos seu nome

Pregar é comunicar a Palavra de Deus com o propósito de ver o brilho da glória do Senhor refulgindo em todo o seu esplendor.

Na pregação relevante, a figura do pregador desaparece, para que o Senhor da pregação apareça. Não é a palavra do pregador, mas a mensagem da cruz, que "[...] é loucura para os que estão perecendo, mas para nós, que estamos sendo salvos, é o poder de Deus" (1Coríntios 1.18), que deve ser pregada. Seguindo o exemplo de Paulo, devemos ter o compromisso de glorificar o nome do Senhor. O pastor Éber Vasconcelos afirmou que a pregação paulina "era como um grande cartaz luminoso, mostrando a cena do Calvário, mostrando a morte de Cristo, mostrando o sofrimento do Senhor Jesus Cristo".[3]

Pregadores que usam o precioso tempo no púlpito para contar as grandezas de sua vida, ministério e igreja precisam de cautela para que seu galardão não fique reduzido à fascinação do momento. O propósito de glorificar o Senhor livra o pregador da tentação de transformar seu discurso em plataforma para demonstrar seus conhecimentos. Somente pregando com simplicidade, conseguimos a objetividade e a clareza que fazem a mensagem penetrar o coração e a mente do ouvinte.

Glorificamos o nome do Senhor ao pregarmos sem ostentação. Mais uma vez, encontramos em Paulo um grande exemplo. Em seu depoimento à igreja em Corinto, ele fala da sua pregação:

> Eu mesmo, irmãos, quando estive entre vocês, não fui com discurso eloquente, nem com muita sabedoria para lhes proclamar o mistério de Deus. Pois decidi nada saber entre vocês, a não ser Jesus Cristo, e este, crucificado. E foi com fraqueza, temor e com muito tremor que estive entre vocês. Minha mensagem e minha pregação não consistiram em palavras persuasivas de sabedoria, mas consistiram em demonstração do poder do Espírito, para que a fé que vocês

---

[3] Éber VASCONCELOS, *Mensagens memoráveis*, p. 46.

têm não se baseasse na sabedoria humana, mas no poder de Deus (1Coríntios 2.1-5).

COMPROMISSO COM A PALAVRA DO SENHOR

Assim como é necessário conhecer o Senhor da Palavra, é imprescindível conhecer a Palavra do Senhor. O compromisso do pregador para com a Palavra tem duas importantes facetas: precisamos conhecer os ensinamentos bíblicos e nos manter fiéis a eles, bem como conhecer e viver o texto bíblico que serve como base para o sermão. David Larsen destaca que, independentemente da cultura na qual pregamos e da forma que nossa pregação venha a ser apresentada, somos responsáveis em "pregar biblicamente por causa daquilo que acreditamos com relação à Bíblia". Ele acrescenta: "[...] as várias culturas valorizam diferentes formas de discurso [...]. Em todos os casos, somos chamados a ministrar sermões bíblicos em nossa pregação".[4] Estou entre os que pensam que um sermão pode até nem ter um único texto básico, no entanto jamais poderá deixar de ter sua base escriturística.

A verdade bíblica no seu todo

O conhecimento da verdade exarada nas Escrituras é um compromisso que não podemos negligenciar. Esse ponto é determinante para a teologia da nossa pregação. Cremos na Bíblia como Palavra de Deus revelada ao homem. Entendemos que, como livro de Deus, contém o registro da revelação progressiva que principiou na criação e teve seu clímax na pessoa de Jesus. Cremos que toda a Escritura aponta para Cristo e que a pregação é o recurso de Deus para tornar conhecido

---

[4] David LARSEN, *Anatomia da pregação*, p. 30.

o seu amor: "Visto que, na sabedoria de Deus, o mundo não o conheceu por meio da sabedoria humana, agradou a Deus salvar aqueles que creem por meio da loucura da pregação" (1Coríntios 1.21). Cremos que a mensagem bíblica é antes de tudo pregação cristocêntrica, uma vez que

> Há muito tempo Deus falou muitas vezes e de várias maneiras aos nossos antepassados por meio dos profetas, mas nestes últimos dias falou-nos por meio do Filho, a quem constituiu herdeiro de todas as coisas e por meio de quem fez o universo. O Filho é o resplendor da glória de Deus e a expressão exata do seu ser, sustentando todas as coisas por sua palavra poderosa. Depois de ter realizado a purificação dos pecados, ele se assentou à direita da Majestade nas alturas, tornando-se tão superior aos anjos quanto o nome que herdou é superior ao deles (Hebreus 1.1-4).

Cremos que a Bíblia é fonte única de onde podemos extrair os textos básicos dos sermões que pregamos e que, sendo a literatura de Deus e da igreja, é basilar e insubstituível na comunicação capaz de alcançar as pessoas com a mensagem do amor de Deus. John Knox, para destacar a importância da base bíblica na pregação, declarou que a mensagem não se baseia nos acontecimentos do dia a dia, na literatura em voga, nas tendências contemporâneas, na filosofia, na política ou na poesia, nem mesmo na experiência ou reflexão do pregador, mas unicamente nas Escrituras.[5] Grande é a responsabilidade do pregador diante da importância da Bíblia na vida da igreja. A esse respeito, Calvino afirmou: "[...] a igreja não pode ser governada, a não ser pela Palavra. [...] não se requer de um pastor apenas cultura,

---

[5] John Knox, *A integridade da pregação*, p. 11.

mas também inabalável fidelidade pela sã doutrina, a ponto de jamais apartar-se dela".[6]

Outro aspecto a considerar é que o pregador jamais deve levar suas dúvidas para o púlpito. Devemos estudar profundamente a Palavra, conhecer o que a crítica bíblica diz, porém jamais levar ao ouvinte qualquer palavra que o deixe equivocado. Nossa missão é compartilhar a fé e nunca abalar a fé dos ouvintes. A esse respeito, Larsen afirma que Billy Graham pode ser tomado como um modelo de compromisso com a Palavra. E menciona a oração que ele fez, quando ainda jovem:

> Senhor, não entendo muitas vezes coisas deste livro. Mas o Senhor disse que "o justo viverá pela fé". Tudo o que recebi do Senhor, recebi pela fé. Neste exato momento, aceito a Bíblia como sua palavra. Eu a aceito por inteiro. Aceito-a sem reservas. Onde houver o que eu não entenda, reservarei meu julgamento até que receba mais luz. Se isso agrada ao Senhor, dê-me autoridade ao proclamar sua Palavra, de modo que, por meio dessa autoridade, homens e mulheres se convençam do pecado e se voltem para o Salvador.[7]

Um grande exemplo também é João Calvino; ele

> desejava interpretar as Escrituras, colocando-as diante do povo, a fim de que este pudesse entendê-la e colocá-la em prática, tendo uma dimensão mais ampla da fé cristã em todo o âmbito da nossa existência. O princípio orientador da sua teologia é a glória de Deus.[8]

---

[6] Hermisten Costa, *Pensadores cristãos:* Calvino de A a Z, p. 187. Apud João Calvino, *As pastorais* (Tito 1.9), p. 313.
[7] Larsen, *Anatomia da pregação*, p. 32.
[8] Hermisten Costa, op. cit., p. 42.

Quando nosso alvo na pregação é glorificar o Senhor da Palavra, nossa pregação será sempre fundamentada na Palavra do Senhor.

A utilização de um texto bíblico

Outro ângulo do nosso compromisso com a Palavra do Senhor é o de conhecermos e vivermos os ensinamentos exarados no texto. Quem pretende ser um expositor textual precisa, antes de tudo, ser um pesquisador incansável e um seguidor fiel. Cada vez que abrimos um texto e lemos, assumimos o compromisso de explanar a porção particularizada. Nesse ponto, a homilética faz uma parceria com a hermenêutica, possibilitando a correta interpretação do texto que servirá de base para a elaboração de um sermão plenamente estribado na porção bíblica lida no início dele.

O texto básico serve como *background* na pregação. Na leitura bíblica, assumimos o compromisso com a explanação do texto em epígrafe. O ouvinte fica frustrado quando ouve a leitura do texto bíblico e constata que ele não foi nada mais que um pretexto. Se o pregador não tiver elaborado sua mensagem com base em um texto, é melhor não tentar forçar a torná-lo básico, simplesmente para não fugir da tradição de iniciar a mensagem com a leitura do texto bíblico.

COMPROMISSO COM OS LIMITES DO SERMÃO

Quais os limites de um sermão? Aqui destacaremos o título, a unidade e os desafios, que são determinados pelo desenvolvimento da pesquisa. No púlpito, tornamos claros esses limites e com eles nos comprometemos. Como vimos, parte do compromisso com a Palavra do Senhor é a abordagem adequada do texto bíblico, tomado como base do sermão. Significa que o texto é um dos limites da mensagem ao qual o pregador precisa estar atento.

O título do sermão

Outro limite da mensagem é o título. Algumas igrejas têm o costume de publicá-lo na ordem do culto. James Braga vê no título um anúncio adequado do sermão.[9] Sempre que estou na condição de ouvinte, sou atraído pelo título do sermão. Vejo-o como um compromisso do pregador e fico na expectativa de que a mensagem será determinada por aquela pequena frase inserida no boletim da igreja. É lamentável quando o título deixa de cumprir sua função e, em vez de anúncio adequado, passa a servir tão somente de chamariz. Outras vezes, o título cai no esquecimento; pode até propagar a mensagem, mas não serve como diretriz na elaboração. Nessas ocasiões, o ouvinte tem a sensação de haver sido iludido. Se houvesse um *Procon eclesiástico*, tais casos poderiam ser classificados como propaganda enganosa.

Veja no quadro a seguir, com base no texto de Salmos 63.1, como o título desempenha adequadamente o papel no esboço e na comunicação do sermão:

---

[9] James BRAGA, *Como preparar mensagens bíblicas*, p. 83.

TEXTO:	"Ó Deus, tu és o meu Deus, eu te busco intensamente; a minha alma tem sede de ti! Todo o meu ser anseia por ti, numa terra seca, exausta e sem água".

IDEIA CENTRAL DO TEXTO	TESE	TÍTULO	DIVISÕES
Davi, conhecendo Deus pessoalmente, falou do anseio por encontrá-lo e com ele ter comunhão.	Só conhecendo pessoalmente o Senhor e buscando comunhão profunda com ele, somos adoradores autênticos.	O ADORADOR AUTÊNTICO	1. Tem uma experiência pessoal com Deus 2. Anseia pelo encontro com Deus 3. Valoriza a comunhão com Deus

A mesma realidade constatamos no exemplo seguinte, com base no texto de 1Reis 19.8-18, em que se observa como, independente de um número maior de tópicos, o título desempenha importante papel na comunicação no púlpito:

IDEIA CENTRAL DO TEXTO	TESE	TÍTULO	DIVISÕES
Deus perguntou a Elias, desanimado e só, o que ele fazia e o ajudou a prosseguir.	Quando estamos desanimados e sós, o Senhor nos questiona e nos ajuda a prosseguir.	O QUE VOCÊ ESTÁ FAZENDO?	1. Sem coragem 2. Sem ânimo 3. Sem perspectivas 4. Espere o Senhor passar 5. Há trabalho para você 6. Há pessoas a quem ajudar

O título cumpre seu papel na comunicação quando, além de ser uma expressão viva e penetrante, contribui para dar relevância e atração à mensagem, tornando-a objetiva, expressiva e penetrante, capaz de expor ao máximo o texto básico, com sua contextualização e desafios.

Alguns destaques devem ser feitos nos exemplos apresentados:

1. Títulos são pertinentes ao texto e estão diretamente ligados à tese.
2. O primeiro título tem apenas três palavras; o segundo, cinco. Não são longos. O bom título tem no máximo seis ou sete palavras que lhe dão um sentido claro.
3. O primeiro título é uma declaração, e o segundo, uma interrogação. A declaração, antes incompleta, encontra explicação nos enunciados dos tópicos, e, no caso da interrogação, os tópicos dão respostas à questão levantada no título.

Nos dois exemplos, há uma estreita ligação do título com os enunciados dos tópicos:

Observe o primeiro esboço:

O ADORADOR AUTÊNTICO	1. Tem uma experiência pessoal com Deus 2. Anseia pelo encontro com Deus 3. Valoriza a comunhão com Deus

Veja neste segundo esboço:

O QUE VOCÊ ESTÁ FAZENDO?	1. Sem coragem 2. Sem ânimo 3. Sem perspectivas 4. Espere o Senhor passar 5. Há trabalho para você 6. Há pessoas a quem ajudar

4. As duas estruturas estão planejadas com vistas a caminhar para um clímax. No primeiro esboço, as ideias dos três tópicos se unem para completar o perfil do adorador autêntico. No segundo sermão, os tópicos negativos são apresentados primeiramente e, por último, os positivos, dando completa resposta à indagação levantada no título.

5. Em cada um dos modelos apresentados, o título é uma frase viva e atraente, com papel tão destacado que não daria para o sermão ser apresentado sem ela.

6. Os dois títulos têm efeito duradouro, uma vez que as pessoas, após ouvirem o sermão, podem se lembrar deles, da base escriturística e dos desafios que apresentam.

7. O bom título ajuda na contextualização, remetendo o ouvinte à tese. Após ouvir o sermão sobre O ADORADOR AUTÊNTICO, as pessoas deverão se lembrar da verdade principal apresentada:

> Só conhecendo pessoalmente o Senhor e buscando profunda comunhão com ele, somos adoradores autênticos.

De igual modo, o título O QUE VOCÊ ESTÁ FAZENDO? deve transportar o ouvinte ao resumo do que foi comunicado:

> Quando estamos desanimados e sós, o Senhor nos questiona e nos ajuda a prosseguir.

A unidade sermônica

É outro limite do sermão a ser considerado. Entendemos como unidade o modo em que as diferentes partes componentes da mensagem estão dispostas. A comunicação da Palavra não é um amontoado de frases sem nexo, nem uma colcha de retalhos mal costurada. Na elaboração do esboço, a unidade já deve ter sido considerada. Broadus, depois de afirmar que "a unidade num discurso é necessária à instrução, à convicção e à persuasão", acrescenta: "Sem ela, não se pode satisfazer o gosto dos ouvintes esclarecidos e mesmo dos incultos".[10]

A falta de unidade é um dos maiores responsáveis pela desatenção do auditório. Quando a mensagem começa a ficar confusa e o pregador já não segue uma linha clara de raciocínio, acontece a perda da atenção. É impossível manter ouvintes atentos em uma prédica sem coesão entre os seus diversos componentes. Robinson afirma que "o pregador precisa ver o seu pensamento fluir não como uma série de pontos individuais, mas em completa unidade". Ele acrescenta: "Se você sabe o que quer expressar e o assunto está diante de seus olhos de forma lógica ou psicológica, então a pregação soa como se você tivesse fazendo parte de uma conversa animada".[11]

A unidade é conseguida quando, mediante a correta interpretação do texto bíblico, o pregador contextualiza a verdade central a ser transmitida, declarando-a na forma de uma

---

[10] John BROADUS, *O sermão e seu preparo*, p. 142.
[11] Haddon W. ROBINSON, *A pregação bíblica*, p. 33.

tese,[12] à qual todas as partes do sermão (introdução, divisões, ilustrações, aplicação, desafios, conclusão e apelo) estão relacionadas. Não basta ter uma boa pesquisa: precisamos estar ligados a ela durante toda a comunicação no púlpito.

Quando seminarista, viajei algumas vezes em um pequeno avião, um monomotor, para cinco passageiros. Naquela pequena aeronave, passei a observar o importante trabalho do piloto antes de decolar. Uma atividade que, em um avião comercial, os passageiros nem percebem. No entanto, é indispensável para que a autorização de decolagem seja obtida e a viagem ser realizada em perfeita ordem. Além de checar o funcionamento dos vários componentes da aeronave, o piloto escreve detalhadamente todo o seu plano de voo e, antes de decolar, o comunica à torre. A decolagem é autorizada na condição de o plano traçado ser obedecido à risca.

Pena que no púlpito nem sempre é assim. Alguns pregadores falam sem um plano definido, e outros, mesmo havendo elaborado um esboço, afastam-se dele, sem conseguir retornar. Precisamos considerar que a tese fornece a verdade central, da qual não nos podemos desviar, sob pena de perdermos a unidade. O pregador que não conhece a verdade central de sua mensagem dará, provavelmente, algumas voltas desnecessárias com os seus ouvintes, tornando a apresentação do sermão semelhante a uma longa e tumultuada viagem.

Observe nos dois exemplos seguintes a preocupação com a unidade:[13]

---

[12] Para mais detalhes, v. os capítulos 5 e 6 de *Homilética: da pesquisa ao púlpito*.
[13] Os manuscritos completos dessas pesquisas estão nas páginas 90-3 (1º exemplo) e nas páginas 101-4 (2º exemplo).

TEXTO: Salmos 63.1	"Ó Deus, tu és o meu Deus, eu te busco intensamente; a minha alma tem sede de ti! Todo o meu ser anseia por ti, numa terra seca, exausta e sem água".		
IDEIA CENTRAL DO TEXTO	**TESE**	**TÍTULO**	**DIVISÕES**
Davi, conhecendo Deus pessoalmente, falou do anseio por encontrá-lo e com ele ter comunhão.	Só conhecendo pessoalmente o Senhor e buscando profunda comunhão com ele, somos adoradores autênticos.	O ADORADOR AUTÊNTICO	1. Tem uma experiência pessoal com Deus 2. Anseia pelo encontro com Deus 3. Valoriza a comunhão com Deus

OBSERVAÇÕES

Os TÓPICOS, sintonizados com a tese, mostram que a experiência, o encontro e a comunhão fazem o adorador autêntico.

As ILUSTRAÇÕES vêm do contexto histórico, da Bíblia, da literatura e de imagens do dia a dia. Todas dentro do foco da tese.

A APLICAÇÃO, presente desde a introdução, acompanha todo o sermão.

Os DESAFIOS provêm do texto bíblico (devidamente interpretado e contextualizado na pesquisa) e visam a motivar os ouvintes a serem adoradores autênticos.

O APELO, devocional/evangelístico (determinado pelo propósito básico), concede aos ouvintes a oportunidade de serem adoradores autênticos.

A CONCLUSÃO, sumária, em forma de súplica, introduz o convite a sermos adoradores autênticos.

Uma análise no segundo esboço mostra-nos a mesma preocupação com a unidade:

> **TEXTO: 1Reis 19.9-18**
>
> A palavra do Senhor veio a ele: "O que você está fazendo aqui, Elias?" Ele respondeu: "Tenho sido muito zeloso pelo Senhor, o Deus dos Exércitos. Os israelitas rejeitaram a tua aliança, quebraram os teus altares, e mataram os teus profetas à espada. Sou o único que sobrou, e agora também estão procurando matar-me". O Senhor lhe disse: "Saia e fique no monte, na presença do Senhor, pois o Senhor vai passar". Então veio um vento fortíssimo que separou os montes e esmigalhou as rochas diante do Senhor, mas o Senhor não estava no vento. Depois do vento houve um terremoto, mas o Senhor não estava no terremoto. Depois do terremoto houve um fogo, mas o Senhor não estava nele. E depois do fogo houve o murmúrio de uma brisa suave. Quando Elias ouviu, puxou a capa para cobrir o rosto, saiu e ficou à entrada da caverna. E uma voz lhe perguntou: "O que você está fazendo aqui, Elias?" Ele respondeu: "Tenho sido muito zeloso pelo Senhor, o Deus dos Exércitos. Os israelitas rejeitaram a tua aliança, quebraram os teus altares, e mataram os teus profetas à espada. Sou o único que sobrou, e agora também estão procurando matar-me". O Senhor lhe disse: "Volte pelo caminho por onde veio, e vá para o deserto de Damasco. Chegando lá, unja Hazael como rei da Síria. Unja também Jeú, filho de Ninsi, como rei de Israel, e unja Eliseu, filho de Safate, de Abel-Meolá, para suceder a você como profeta. Jeú matará todo aquele que escapar da espada de Hazael, e Eliseu matará todo aquele que escapar da espada de Jeú. No entanto, fiz sobrar sete mil em Israel, todos aqueles cujos joelhos não se inclinaram diante de Baal e todos aqueles cujas bocas não o beijaram".

IDEIA CENTRAL DO TEXTO	TESE	TÍTULO	DIVISÕES
Deus perguntou a Elias, desanimado e só, o que ele fazia e o ajudou a prosseguir.	Quando estamos desanimados e sós, o Senhor nos questiona e nos ajuda a prosseguir.	O QUE VOCÊ ESTÁ FAZENDO?	1. O que você está fazendo sem coragem? 2. O que você está fazendo sem ânimo? 3. O que você está fazendo sem perspectivas? 4. O que você está fazendo? Espere o Senhor passar. 5. O que você está fazendo? Há trabalho para você. 6. O que você está fazendo? Há pessoas a quem ajudar.

OBSERVAÇÕES

Os TÓPICOS, em consonância com a tese, tornam claro que, quando estamos desanimados, o Senhor nos questiona e nos ajuda a prosseguir.

As ILUSTRAÇÕES provêm, na maior parte dos casos, do próprio texto histórico. Outras fontes são: uma história de humor e experiências pessoais do pregador; todas dentro do foco da tese.

Os DESAFIOS são todos oriundos do texto, uma vez que foram formulados com base na tese, que, originária da ICT (Ideia Central do Texto), expressa o sentido claro do texto.

O APELO, como parte da conclusão, é um convite a uma resposta positiva ao Senhor que nos questiona e é o único capaz de nos ajudar.

> A APLICAÇÃO ocorre desde a introdução; uma vez que o título, a pergunta feita a Elias, é também uma indagação atual, e que exige resposta dos ouvintes, a aplicação torna-se mais fácil em todo o sermão.
>
> A CONCLUSÃO poética se concretiza na linha do propósito específico de persuadir os ouvintes a responderem com a vida no altar, na disposição de servir e honrar ao Senhor.

Infelizmente, algumas vezes um sermão que parecia estar sendo bem apresentado começa a perder a unidade. O pregador, desviado de sua linha sermônica, vai perdendo a atenção dos ouvintes. Que recursos nos podem ajudar a não fugir do foco da mensagem? Que precisamos fazer para assegurar a unidade sermônica? Há alguns cuidados que ajudam na apresentação de uma mensagem bíblica profunda, atual, coerente, clara e desafiadora.

Alguns cuidados para assegurar a unidade no púlpito

1. Conheça bem o significado do seu texto e o exponha com clareza e simplicidade ao longo de todo o sermão.
2. Trabalhe a contextualização, tornando-a relevante em forma de tese, a parte principal, que deve deixar clara a mensagem do texto para o momento atual.
3. Estabeleça o propósito básico e o propósito específico[14] — o primeiro servirá como rumo do sermão, e o segundo, como o alvo a ser alcançado.

---

[14] MORAES, *Homilética:* da pesquisa ao púlpito, p. 78-84.

4. Lembre-se de que um bom título, por ser o menor resumo da verdade a ser transmitida, deve servir como alicerce sobre o qual será erguida a estruturação sermônica.[15]
5. Cuide para que as divisões (quando houver) sejam lógicas, formuladas com clareza, e que o seu conjunto complete realmente o assunto em pauta.[16]
6. Evite longas ilustrações e seja objetivo ao narrá-las, fugindo de quaisquer detalhes que não sejam pertinentes à verdade que está sendo ilustrada.
7. Ilustre o máximo possível, mas não torne sua mensagem um amontoado de ilustrações: a ilustração é um simples recurso para tornar a comunicação mais clara.
8. Tenha em mente o foco da mensagem — o pregador que diverge perde a objetividade, torna-se cansativo e corre o risco de substituir o essencial pelo superficial.
9. Jamais faça qualquer aviso, propaganda ou destaque promocional na mensagem — isso desvia a atenção do ouvinte para outro foco.
10. Trabalhe uma só tese — quem atira em várias direções, sem um alvo definido, corre o risco de não alcançar o objetivo.
11. Nunca desvie a aplicação do sermão para alcançar uma pessoa especificamente — nesses casos, é melhor usar o aconselhamento pastoral, no gabinete.
12. Seja breve. Considere que, quanto maior o sermão, maior o risco de o pregador tropeçar em suas próprias palavras.

---

[15] MORAES, *Homilética*: da pesquisa ao púlpito, p. 103.
[16] Ibid., p. 98-115.

Os desafios

Com base na pesquisa empreendida e no esboço elaborado, vêm os desafios, que variam de acordo com os limites da mensagem. Desafiar no púlpito, como já vimos, não significa atirar em todas as direções. Até mesmo no apelo, tudo quanto é dito deve estar em harmonia com o que anteriormente foi comunicado.

A determinação do PROPÓSITO BÁSICO ajuda na manutenção da unidade e no tipo de desafio a ser apresentado. Veja no quadro a seguir como o PB tem que ver com o desafio:[17]

PROPÓSITO BÁSICO	DESAFIA O OUVINTE A:
EVANGELÍSTICO	assumir o compromisso de entregar a vida a Jesus
DEVOCIONAL	vivenciar maior aproximação com o Senhor
MISSIONÁRIO	consagrar-se cada vez mais ao Senhor e à sua causa
ÉTICO	relacionar-se com o próximo, movido pelo amor
PASTORAL	confiar no conforto que só em Jesus é encontrado
DOUTRINÁRIO	conhecer e viver as doutrinas da Palavra da Deus

Além de estar comprometido com o Senhor, sua Palavra e os limites do sermão, o bom pregador assume um compromisso também com o seu auditório.

COMPROMISSO COM OS OUVINTES

O pregador diligente considera a grande importância dos ouvintes na comunicação da mensagem. Ele considera o fato de

---

[17] Para mais detalhes sobre a importância do propósito básico, v. Jilton MORAES, capítulo 7, de *Homilética: da pesquisa ao púlpito*.

que, sem ouvintes atentos, nenhuma pregação será relevante. Precisamos ter em mente que pregar é assumir um compromisso com os ouvintes.

O auditório e a ocasião

Durante todo o tempo, desde a elaboração da mensagem até a sua comunicação no púlpito, o auditório e a ocasião devem ser lembrados. Quando aceitamos pregar em um culto infantil, assumimos o compromisso de elaborar uma mensagem para crianças. O auditório e a ocasião determinam em grande parte as necessidades dos ouvintes que devem ser consideradas pelo pregador.

Até mesmo o calendário de pregação recebe influência do auditório e da ocasião. Geralmente pregamos mais sobre o nascimento de Jesus no final do ano, quando as atenções estão voltadas para o Natal. Na Páscoa, a ênfase maior é no sofrimento de Jesus, uma vez que o povo, comemorando a Paixão de Cristo, está motivado a ouvir sobre esse assunto. Já nas celebrações gratulatórias, os sermões variam de acordo com o motivo do culto. As ocasiões especiais, conforme demonstrado no capítulo 13, representam excelentes oportunidades para o bom desempenho no púlpito, desde que o pregador seja sensível e não fique alheio ao momento vivido.

Imprevistos e mudanças

Ter um planejamento de sermões é excelente, desde que não fiquemos escravos dele. O compromisso com os ouvintes deve nos fazer sensíveis sempre que houver necessidade de mudança. Algumas vezes, tive de mudar o sermão planejado em consequência do falecimento de algum membro da igreja. Em tais ocasiões, somos impelidos a pregar sobre o conforto do

Senhor e as riquezas das suas promessas. O pior em tais mudanças é quando elas surgem com o culto já em andamento. Nesses casos, o problema geralmente não vem de fora, mas de dentro; é algo pessoal, o pregador começa a se sentir incomodado por reconhecer que o sermão elaborado não é mais pertinente ao momento; há uma desmotivação para pregar a mensagem preparada. Isso me aconteceu algumas poucas vezes. Em todas, constatei que, se tivesse dedicado mais tempo diante do Senhor, teria sido poupado de passar por esse vale aflitivo.

Por mais que não sejamos afeitos a improvisos, se sentirmos que é preciso mudar, devemos pedir misericórdia ao Senhor para nós e os ouvintes e ousarmos encontrar o que dizer. Nessas ocasiões, o melhor é lembrar de alguma mensagem já esboçada, mas ainda não pregada naquele auditório. Não precisa falar que está enfrentando esse tipo de crise. Isso equivaleria a dizer: "Não tenho mensagem". Se chegar o momento de começar a pregar e ainda precisar de mais tempo, antecipe alguma parte do programa que seria posterior à apresentação do sermão. Nesses casos, a música é o melhor recurso que temos, uma vez que ela não só prepara os ouvintes para receberem o sermão, como também inspira o pregador.

O compromisso com os ouvintes é tão sério que exige de nós o máximo de reflexão sobre a profundidade do texto e as necessidades do auditório. Interpretar bem um texto bíblico é importante; no púlpito, entretanto, é tarefa incompleta. O sermão só alcança seu objetivo quando o pregador não só interpretou bem o texto, mas "leu corretamente" o seu auditório. Esse exercício não é fácil. Como pregadores, somos responsáveis por não apenas conquistar a atenção do ouvinte, mas comunicar de tal modo que ele fique preso à mensagem, da primeira à última palavra.

Promessas devem ser cumpridas

Evitar promessas desnecessárias no púlpito deve ser uma preocupação do pregador. Algumas são feitas como expressão retórica; promete-se sem levar a sério o que é prometido e sem nenhum compromisso com o seu cumprimento. O quadro a seguir mostra algumas promessas comumente feitas no púlpito e por que evitá-las.

A FALA DO PREGADOR	A PROMESSA	O CUIDADO COM A PROMESSA
"Leiamos o nosso texto básico."	BASE TEXTUAL	O texto só deve ser denominado básico quando a mensagem é elaborada com base nas verdades nele contidas. Se sua leitura puder ser excluída do sermão, o texto não foi básico.
"Todos os seus problemas passarão."	FACILIDADE	Essa promessa carece de fundamentação teológica. Jesus afirmou o contrário: "[...] Neste mundo vocês terão aflições; contudo, tenham ânimo! Eu venci o mundo" (João 16.33). Só podemos prometer o que Jesus dá.
"Estou terminando."	FINALIZAÇÃO	Expressões como "finalmente", "concluindo" e "finalizando" dizem que o sermão está perto do amém final. Pena que alguns pregadores as proferem desde a introdução. E, quando o ouvinte acha que vai terminar, é apenas o final da primeira parte do sermão.

"Deus vai curar."	MILAGRES	Por mais que tenhamos força, precisamos lembrar que Deus é soberano; só ele sabe o que é o melhor para cada um de nós. Mais importante do que ser curado fisicamente, é ser restaurado pelo Senhor.
"Serei breve."	SÍNTESE	Essa afirmação virou simples expressão retórica; promessa feita sem nenhuma intenção de cumprimento. Mas o bom pregador zela por sua palavra: se prometer que será breve, lembrará de terminar sem demora.

Palavras devem ser pesadas, medidas

O que falamos no púlpito marca de tal modo a vida dos ouvintes que o pregador tanto pode ajudar na restauração de vidas como prejudicar os que atravessam crises e precisam de todo carinho e brandura. A Bíblia adverte: "Quem tem conhecimento é comedido no falar, e quem tem entendimento é de espírito sereno" (Provérbios 17.27). Esse conselho do sábio precisa ser levado a sério no púlpito.

Em determinadas ilustrações, há a inserção de detalhes que poderiam e deveriam ser omitidos. Um pregador, para falar de alguém que se convertera, contou vários detalhes da infância de sua personagem, realçando, em vários momentos, que a pessoa tinha um pai extremamente devoto. Entre os muitos detalhes, mencionou que certo dia, quando adolescente, o jovem fez algo incompatível com os valores da família, e o pai, por ser um homem temente a Deus, expulsou o filho de casa.

Em minha avaliação, não havia lugar no púlpito para o detalhe da expulsão do filho. Primeiro, porque não tinha relação nenhuma com o foco da mensagem e tomou tempo precioso dos ouvintes; segundo, e ainda mais importante, porque narrou uma ação contada como sendo característica de alguém piedoso, que, na realidade, não serve de exemplo. Imagine um pai, recém-convertido, que esteja enfrentando problemas com o filho adolescente e pedindo a Deus que fale, que mostre uma maneira para solucionar a situação. Ao ouvir o relato do pregador, ele poderá concluir: "Encontrei a resposta. Vou mandar meu filho embora de casa, porque ele está desonrando nosso nome". Nesse caso específico, o modelo para os pais que estão angustiados com seus filhos rebeldes é a ilustração contada por Jesus: o comportamento do pai do filho pródigo (Lucas 11.15-32).

Qualquer palavra ou detalhe que afaste o ouvinte do foco da mensagem, da essência do ensinamento de Jesus, dos princípios neotestamentários e dos preceitos bíblicos deve ser evitado. No quadro a seguir, apresentamos algumas expressões usualmente proferidas no púlpito que precisam ser analisadas.

A PALAVRA DO PREGADOR	O QUE APRESENTA	O CUIDADO COM O QUE AFIRMA
"Não sou a pessoa capacitada para falar em tão importante ocasião."	Aparente modéstia	Quem sabe não ter capacidade seria mais sincero recusando o compromisso. Se assumir, deve ser na certeza de que o Senhor capacita.

"Outro, e não eu, deveria estar aqui, pois sou o menos capacitado."	HUMILDADE FINGIDA	O lugar de fazer essa afirmação é ao receber o convite, não no púlpito.
"Tenho um santo orgulho em poder pregar neste momento."	CONTRASSENSO	Uma vez que o orgulho conduz à queda, será melhor falar em grande alegria ou privilégio.
"Fui informado de que nesta igreja há pessoas que não têm bom comportamento."	DESCORTESIA	Informações que desabonam devem ser checadas e jamais levadas ao púlpito.

Os compromissos do pregador são tão importantes que alguns deles antecedem a elaboração do sermão. Fazem parte da própria vida. Quem não estiver disposto a tratá-los com seriedade deve reavaliar não só a sua pregação, mas seu modo de viver. Falando sobre o pastor como pregador, Crabtree afirmou:

> O pastor é testemunha de uma verdade infinitamente maior do que ele. É embaixador do Deus eterno; um vaso frágil, é verdade, mas um vaso que leva aos perdidos o tesouro da vida eterna.[18]

Por essa razão, para o pregador diligente, pregação, mais que um discurso, é vida.

O pregador autêntico não apenas prega o que conhece, mas prega o que vive. Pregação é, acima de tudo, vida. Vida no altar. O preparo é mais que bíblico, exegético, hermenêutico e homilético. É a vida toda colocada diante do Senhor da pregação.

---

[18] A. R. CRABTREE, A doutrina bíblica do ministério, p. 73.

Aprovação autêntica no púlpito só é possível quando o pregador se apresenta diante de Deus, pedindo-lhe direção e forças para ser aprovado, como obreiro que não tem de que se envergonhar, por buscar manejar corretamente a palavra da verdade (2Timóteo 2.15). Significa que o pregador sem a aprovação do Alto, por mais que pareça aprovado pelas pessoas, jamais será verdadeiro porta-voz de Deus. Para tanto, precisamos ter em mente que nossos compromissos como pregadores da Palavra são primeiramente com o Senhor da Palavra e com a Palavra do Senhor e, daí, se estendem aos limites da mensagem e aos nossos ouvintes.

Quando encaramos com seriedade os compromissos no púlpito, procuramos nos preparar adequadamente, sabendo que a grande responsabilidade de comunicar a Palavra determina que nós, pregadores, estejamos com Deus e com os ouvintes.

PERGUNTAS DE REVISÃO

1. Quais os compromissos do pregador?
2. Por que devemos assumir um compromisso com o Senhor da Palavra?
3. Como deve ser o compromisso do pregador com a Palavra do Senhor?
4. Quais são os limites do sermão?
5. O que acontece quando o pregador se desvia de sua linha sermônica?
6. Quais os compromissos com os ouvintes?
7. O que é unidade?

2
Com Deus e com os ouvintes

*Somente vivendo diante do
Senhor da Palavra, somos qualificados
por ele a comunicar sua
Palavra aos ouvintes.*

Bons pregadores sabem que precisam viver com Deus e com os ouvintes. Esse binômio de verticalidade e horizontalidade representa a cruz: Jesus morreu e ressuscitou para nos possibilitar o encontro com Deus e com o próximo. Nossa responsabilidade é grande porque a visão que a comunidade tem da igreja depende da mensagem que proclamamos e de como as pessoas estão sendo persuadidas ao arrependimento. "Em relação aos homens, a Igreja mantém a verdade porque, por meio da pregação, a Igreja a proclama, a conserva pura e íntegra, a transmite à posteridade".[1] No púlpito, não bastam palavras. Pregação é vida colocada diante do altar. Quando Paulo pregava, não eram só palavras apresentando Jesus de Nazaré, mas uma vida

---
[1] Hermisten COSTA, *Pensadores cristãos:* Calvino de A a Z, p. 188. Apud João CALVINO, *As pastorais* (1Timóteo 3.15), p. 188.

toda posta no altar do Mestre e a seu serviço. Paulo foi um fiel intérprete da mensagem recebida do Senhor. Para ele, fidelidade era característica fundamental na vida do pregador.[2] Clyde Fant apresenta uma definição de pregação que diz da importância do pregador conhecer Deus e os ouvintes: "A pregação da Palavra de Deus é a interpretação da revelação divina à luz da situação contemporânea, por uma pessoa que conhece bem tanto esta quanto aquela".[3]

Esse relacionamento do pregador, com Deus e com os homens, não pode se resumir ao domingo, ou a um dia da semana: envolve a vida toda. Até mesmo o dia de folga de um pastor, para muitos a segunda-feira. Nesse dia, ele não tem compromissos agendados em seu gabinete no templo. Entretanto, passa a manhã meditando e estudando em casa. Por que o pastor precisa trabalhar no seu dia de folga? Ele responde que a necessidade não é de trabalho, mas do encontro; pode suspender as atividades pastorais por um dia, mas em nenhum dia pode deixar de se encontrar com Deus e com as pessoas que o buscam, em suas urgentes necessidades. O fato é que em momento algum o autêntico pregador deixa de ser pregador.

UM COMPROMISSO DIÁRIO

Além do trabalho, e principalmente para fazer bem o trabalho, o pregador precisa da meditação e do estudo. Mas a linha entre meditação e estudo é tênue demais; às vezes, nem dá para perceber quando ele saiu de sua devocional e passou a trabalhar na pesquisa do próximo sermão. E quantos sermões

---

[2] Jilton MORAES, Paulo e a pregação da Palavra. In: Lourenço Stelio REGA, *Paulo, sua vida e sua presença ontem, hoje e sempre*, p. 256.
[3] Clyde FANT, *Preaching for Today*, p. 41.

a preparar a cada semana! Há sempre mais um. Por essa razão, lá está ele, orando, buscando, pesquisando, para ter o que falar a seus ouvintes. Isso é feito a toda hora. Segundo afirmou o pr. Valdívio Coelho, até dormindo o pastor é um pregador da Palavra.[4] Aonde quer que o pastor vá, ele é primeiramente um comunicador das boas-novas.

É segunda-feira. O pastor não está no gabinete pastoral do templo, mas em casa. Afinal é seu dia de folga. De repente, algo inusitado acontece: chega alguém aflito à procura do pastor na residência pastoral. É um chamado urgente. O pastor esquece o dia de folga, a família e até seu almoço que já está à mesa e vai atender ao chamado. Ele tem de lidar com um ébrio que, em fúria, investe com uma faca, buscando matar a esposa. Depois de um bom tempo de trabalho e oração, os ânimos são acalmados, e ele volta para sua casa.

Chega a terça-feira. Expedientes no templo, detalhes administrativos, aconselhamentos e muitos problemas a resolver. Há um almoço com um diácono, mas há também, além de todos os compromissos da igreja, um encontro de pais e mestres no colégio onde os filhos estudam, e ele precisa participar, porque tem responsabilidades intransferíveis com os filhos.

Quarta, quinta e sexta-feiras, o frenesi de trabalho se repete. E mais as atividades noturnas: cultos, encontros, visitas, chamados, atendimentos, encontros denominacionais. Toda essa correria deixa o pastor cansado; entretanto, sua realização é maior que o cansaço. Ele está realizado pela oportunidade de ajudar as pessoas. Afinal, foi chamado para compartilhar com elas. Todavia, para estar com elas, levando-lhes a mensagem e para ter a mensagem, é imprescindível estar também com o

---

[4] Valdívio COELHO. Documento inédito enviado a Charles Dickson.

Deus que o chamou. Precisa de tempo na presença dele, para agonizar, suplicar, pesquisar, e só depois comunicar.

No sábado, o tempo está reservado para os últimos retoques nos sermões do dia seguinte. O pastor, no entanto, tem atividades domésticas a desempenhar. A esposa quer que ele a acompanhe às compras; os filhos têm novidades a partilhar... E assim o tempo passa veloz. A noite chega, e, enquanto muitos descansam, o pregador trabalha para introjetar os sermões já preparados. Ele avança pela madrugada, buscando auxílio do Alto, dialogando com o Senhor, colocando seus ouvintes diante de Deus, em nome de quem fala.

O domingo chega. Para o pastor, o dia começou muito cedo. Ele se coloca diante de Deus e pede sabedoria para o momento seguinte, quando estará diante dos homens. É um tempo de luta com o Senhor da Palavra para ter a palavra dele para os que estarão ao alcance da sua voz. O culto começa. Dezenas, centenas de pessoas estão no santuário. Hinos são cantados, e súplicas, dirigidas ao único Senhor adorado por aqueles fiéis. Da plataforma, o pastor vê seu auditório. Com naturalidade, dirige o olhar para cada canto do santuário e nota as pessoas. Das laterais para o centro, da frente para trás, elas ali estão em seus lugares. E uma pergunta o inquieta: *Por que as pessoas estão aqui?* Elas não vieram aqui atraídas pelo meu discurso, tampouco saíram de casa só para se encontrar umas com as outras. Elas deixaram de ir a um passeio, ou a qualquer outra atividade, aparentemente mais atrativa, e isso não aconteceu por acaso. Estão aqui com um propósito.

POR QUE AS PESSOAS VÃO AO TEMPLO?

Webb Garrison alistou alguns dos mais significativos motivos que levam as pessoas a ouvir sermões. 1) Lealdade a uma instituição: assistem regularmente aos cultos pelo simples fato de serem membros de uma igreja. 2) Falta de um propósito reconhecido: vão ao templo simplesmente porque adquiriram o hábito de frequentá-lo. 3) Companheirismo: vão motivadas pelo espírito gregário, para fugir da solidão, buscando encontrar amizade e companheirismo. 4) Participação: vão interessadas no engajamento em atividade eclesiástica. 5) Desejo de informação: vão para serem informadas. Mais cinco propósitos foram alistados: respeito à tradicional autoridade; curiosidade; exibição; vazão emocional; problemas pessoais.[5]

As pessoas continuam e continuarão a ser atraídas ao templo para ouvir sermões, participar de uma igreja e assistir a seus cultos. É significativo o número de fiéis que semana após semana comparece ao templo para ouvir a mensagem pregada. A motivação adequada deve ser a necessidade de alimento espiritual. O ser humano precisa de Deus. Necessita receber informações a respeito de Deus, conhecer seus preceitos, seu amor, suas promessas e sua glória. A realidade, todavia, é que nem todos os ouvintes comparecem ao templo com esta motivação.

E lá está o pregador para comunicar seu sermão. É fundamental que, nesse momento de proclamação do evangelho, só o brilho da mensagem reflita, como definiu Al Fasol: "Pregação é a Palavra de Deus aplicada a uma congregação contemporânea, comunicada por uma pessoa chamada por Deus, de tal modo que promova a mensagem e esconda o mensageiro".[6] Levando Deus a sério, o pregador tratará com seriedade o texto bíblico, reconhecerá seu lugar como simples porta-voz, e a mensagem será relevante.

---

[5] Webb GARRISON, *The Preacher and His Audience*, p. 27-34.
[6] Al FASOL, *A Guide to Self-improvement in Sermon Delivery*, p. 9.

Agostinho de Hipona, um dos pais da Igreja, grande pregador medieval, dizia que "o sermão era uma dívida de amor que deveria ser paga sempre. O amor que transbordava conhecimento vivo, vivificador. Palavra poderosa que animava, isto é, dava alma aos fiéis ouvintes".[7]

UM INSTRUMENTO PARA COMUNICAR A PALAVRA

Diante de Deus e dos ouvintes, o pregador é um instrumento para comunicar a Palavra. Deve pregar na convicção de que comunicando, tem em suas mãos o instrumento eficiente para despertar e dar vida aos ouvintes, criar nova ação, cultivar a alma do povo. "O sermão é o meio principal que Deus usa para a regeneração da humanidade [...] é o instrumento nas mãos do pregador para produzir a vida."[8]

Só vivendo diante de Deus, recebemos o poder para proclamar a mensagem dele. John Stott declarou: "O poder que salva não está na sabedoria do homem, mas na Palavra de Deus; se o pregador deseja exercer um ministério de salvação, deve pregar a Palavra de Deus".[9] É com base na admissão dessa realidade que podemos comunicar aos nossos ouvintes não o que gostaríamos de lhes transmitir, mas o que o Senhor quer que lhes transmitamos. Só podemos pregar sermões embasados nas Escrituras quando conhecemos seus ensinos e vivemos de acordo com seus preceitos.

---

[7] Gabriel CHALITA, Respeito e admiração. *Diário de São Paulo*. Disponível em: <htpp.//educação.sp.gov.br artigo 035.htm>. Acessado em: 16.10.03.
[8] J. W. SHEPARD, *O pregador*, p. 93.
[9] John STOTT, *O perfil do pregador*, p. 145.

Ebenézer Gomes Cavalcanti[10] afirmou que o ministério da pregação e o ministério da Palavra são inseparáveis:

> Impossível a diaconia da Palavra sem o exercício pleno, contínuo e perseverante da oração, que também é diaconia, serviço, ministério. Falar com o Senhor antes de falar com os homens.[11]

O pregador se coloca diante de Deus e dos homens e, por meio do seu sermão, Deus fala. Ele nos usa como instrumentos da sua graça quando nos dispomos a comunicar o que ele tem para seu povo. Para tanto, precisamos pregar sermões cristocêntricos, que não apenas falam do amor de Jesus e persuadem os ouvintes a um compromisso com ele, mas que são pregados de tal modo que os ouvintes podem sentir que a própria vida do pregador foi alcançada e transformada por Jesus.

Antes de nos colocarmos diante dos ouvintes, precisamos nos colocar diante do Senhor, preparando-nos para falar em seu nome. John Knox adverte:

> Pregador sem preparo é sacerdote infiel. E, a não ser que o pregador tenha principiado, continuado e terminado em oração e louvor, ele não está preparado, por mais sábio, "belo" ou inteligente que seja seu sermão e por mais tempo e fidelidade com que tenha labutado [...][12]

A iniciativa da pregação é do Senhor, não do pregador. Tinha razão o apóstolo Paulo ao admitir: "[...] somos cooperadores de

---

[10] Destacado pregador evangélico do século XX. Ministrou em Salvador, Bahia, onde, por quarenta e um anos foi pastor da Igreja Batista Dois de Julho.
[11] Celso Aloisio Santos BARBOSA, *O pensamento vivo de Ebenézer Gomes Cavalcanti*, p. 53.
[12] John KNOX, *A integridade da pregação*, p. 77.

Deus [...]" (1Coríntios 3.9). O empreendimento é dele, as ordens vêm dele. "Quando Deus resolve, por si mesmo, levar avante as coisas, ele nos toma, seres insignificantes que somos, seus auxiliares, e nos usa como simples instrumentos".[13]

Diante dos ouvintes, na presença de Deus, pregamos com a vida. Se não falarmos assim, nossas palavras pouco ou nada transmitirão. Spurgeon, conhecido como o príncipe dos pregadores, afirmou que "a vida do pregador deve ser um ímã para atrair homens a Cristo".[14] Esse foi o segredo de sua vida e pregação, que atraíram milhares e milhares de pessoas ao Senhor.

Fausto Aguiar de Vasconcelos declarou que, quando vê as pessoas assentadas no templo, fica pensando em que só em elas saírem de casa para irem ao templo é um milagre, e o fato de ficarem assentadas ouvindo um pregador é outro grande milagre.[15]

UM INSTRUMENTO PARA GLORIFICAR CRISTO

Diante dos homens, o pregador não tem outra responsabilidade senão a de glorificar o Senhor em nome de quem prega. Uma vez que a mensagem é dele, em seu nome falamos, e somente ele é Senhor. Nossa única alternativa é pregar de modo tal que todo o louvor, toda a honra e toda a glória sejam dados a ele. Calvino admitiu essa realidade, ao declarar:

> A fé não admite glorificação senão exclusivamente em Cristo. Segue-se que aqueles que exaltam excessivamente a homens, os privam de sua genuína grandeza. Pois a coisa mais

---

[13] COSTA, *Pensadores cristãos:* Calvino de A a Z, p. 186. Apud João CALVINO, *Exposição de 1Coríntios* (1Coríntios 3.9), p. 107.

[14] C. H. SPURGEON, *Lições aos meus alunos*, v. 2, p. 18.

[15] Entrevista com Fausto Aguiar de VASCONCELOS. Recife, maio de 1992.

importante de todas é que eles são ministros da fé, ou seja: conquistam seguidores, sim, mas não para eles mesmos e, sim, para Cristo.[16]

Um simples instrumento nas mãos do Senhor

O pregador precisa ter a sabedoria para reconhecer que é um simples instrumento nas mãos do Senhor. Quando os sacerdotes e levitas quiseram saber de João Batista quem ele era, sua resposta foi bastante clara: "João respondeu com as palavras do profeta Isaías: 'Eu sou a voz do que clama no deserto' " [...] (João 1.23). Tão somente uma voz a serviço do Senhor. É a consciência que precisamos ter: nosso privilégio está em sermos usados pelo Senhor para a proclamação da sua Palavra.

Quem quiser permanecer firme no ministério da pregação, precisa viver na convicção de que não pode desviar o seu olhar do Mestre. Não é dos homens que vêm as forças e a motivação para prosseguirmos, mas de Deus.

> Quem quer falar retamente, de acordo com Deus, tem que ter os olhos fechados quanto à complacência dos homens [...]. Se nos distraímos olhando as criaturas a ponto de não poder falar com a devida liberdade, acaso não estamos desonrando a Deus?[17]

Peter Marshall chegou a ser capelão do senado norte-americano. Uma das características que mais as pessoas admiravam nele era sua capacidade de não se deixar levar pelos elogios e aplausos, mas de se portar como simples instrumento nas mãos do Senhor.

---

[16] COSTA, op. cit., p. 186. Apud João CALVINO, *Exposição de 1Coríntios* (1Coríntios 3.5), p. 101-2.
[17] COSTA, op. cit., p. 226. Apud CALVINO, *Sermones sobre Job* (sermón nº 17), p. 203.

Um colega dele comentou: "Uma das grandes qualidades de Peter, em meio a todo aplauso e adulação que recebia, era não perder nunca seu profundo sentimento de humildade".[18]

Privilégio e responsabilidade

Estar com Deus e com os ouvintes como comunicador da mensagem da boa-nova é o maior privilégio reservado ao ser humano. O que poderia ser mais sublime que a oportunidade de se apresentar diante das pessoas com a Palavra de Deus? A responsabilidade, no entanto, está na mesma escala. Peter Marshall foi um pregador cuja palavra arrastava multidões para ouvi-lo. Sua esposa conta que ele, certa ocasião, ficou tão perplexo diante desse fenômeno que escreveu uma nota no boletim de sua igreja:

> Este ministro não considera o ajuntamento de pessoas que tem pela frente aos domingos como uma congregação que se deve conduzir ao trono da graça, nem como um auditório que se reuniu para ouvi-lo falar, mas como uma congregação que quer ouvir a voz de Deus a murmurar paz e perdão às almas cansadas e aflitas. Que a congregação se lembre de que é seu dever vir à igreja adorar a Deus — não para ouvir discursar um homem fraco, mortal e sem capacidade. Esta é uma casa de oração onde temos o privilégio de não faltar à nossa entrevista com o Chefe".[19]

Se quiser continuar atuando como "servo bom e fiel", o pregador precisa manter-se vigilante para não cair na armadilha de se tornar a atração dos cultos. As pessoas devem ser atraídas a Cristo. Ele — e tão somente ele — foi levantado na cruz para atrair as pessoas a si. O pregador que comunica atraindo os ouvintes a si, já recebeu

---

[18] Catherine MARSHALL, *Para todo o sempre*, p. 51.
[19] Ibid.

o galardão da sua vaidade e soberba. E, se não se arrepender e mudar de conduta, acabará abandonando o pastorado, pois entre os seguidores de Jesus só há lugar para os que se dispõem a tomar a cruz e caminhar com ele. Pregação não é aclamação para o pregador, mas exaltação completa ao Cristo que pregamos.

Para ser usado como instrumento do Espírito Santo no púlpito, o pregador há de buscar conhecer a vontade de Deus para sua vida e a de seu povo. Não basta o conhecimento bíblico que dá embasamento escriturístico ao discurso, ou o conhecimento exegético e hermenêutico capaz de fazer o pregador compreender e interpretar o texto, trazendo-o à atualidade. Não basta o conhecimento homilético que possibilite o devido arranjo à fala no púlpito, ou o conhecimento retórico e a habilidade de falar em público. Todo conhecimento e habilidade, se não forem depositados aos pés de Deus e a seu serviço, se não fizerem o pregador temer e tremer, diante de Deus e dos homens, serão como o metal que soa ou como o sino que tine. A esse respeito, vale uma releitura de 1Coríntios 13, parafraseando tão rica passagem bíblica e relacionando-a com a vida do pregador:

O AMOR NA VIDA DO PREGADOR
(uma paráfrase de 1Coríntios 13)

Ainda que eu seja um pregador capaz de falar as línguas dos homens e dos anjos, se não tiver a capacidade de viver o amor que me habilita a comunicar a Palavra de Deus, serei como o sino que ressoa ou como o prato que retine.

Ainda que eu tenha toda aptidão para pregar e conheça em profundidade os idiomas originais e os princípios hermenêuticos e homiléticos que tornam possível uma elaboração impecável, e tenha uma voz capaz de impressionar os ouvintes, se não viver o amor que me capacita a alcançar as pessoas, amorosamente, nada serei.

Ainda que eu ofereça aos ouvintes a mais eloquente pregação possível, e uma apresentação que dê a entender o envolvimento de todo o meu corpo, parecendo até estar sendo queimado no altar, se não tiver amor, nada disso me valerá.

O amor nos torna pregadores pacientes e nos dá a capacidade de sermos bondosos. Quem prega em amor não se vangloria, não se orgulha.

O pregador que ama não maltrata os seus ouvintes ou quem quer que seja; não faz da pregação uma plataforma pessoal para a satisfação dos seus interesses, não se ira facilmente, não guarda rancor.

Quem vive o amor que prega não se alegra com a injustiça e jamais dela participa; ao contrário, alegra-se com a verdade que, antes de proclamar, vive.

Quando a motivação das nossas palavras é o amor, somos capazes de sofrer com as aflições do próximo, de crer que Jesus tem o poder para transformar tais aflições em glória, de esperar a ação do Espírito Santo persuadindo as pessoas ao arrependimento, e de suportar as aflições e dificuldades que enfrentamos.

A verdadeira comunicação do amor nunca perece; mas as profecias desaparecerão, as línguas cessarão, o conhecimento passará.

Devemos pregar cônscios de que em parte conhecemos e em parte profetizamos, sabendo, porém, que, quando vier o que é perfeito, o que é imperfeito desaparecerá.

Quando o pregador não ama, é imaturo, fala sem lógica, não pondera as consequências e ministra sem coerência. Quando amadurece em Cristo, porém, aprende a amar, deixando para trás tudo quanto não constrói.

O amor nos dá a humildade de constatar que agora, vemos apenas um reflexo obscuro, como em espelho; e nos faz enxergar, pela fé, que, no futuro, veremos face a face. Põe diante de nós as nossas limitações, uma vez que agora conhecemos em parte e, no porvir, conheceremos plenamente, da mesma forma que somos plenamente conhecidos.

Assim, permanecem agora, na comunicação da Palavra, a fé — que nos leva a conhecer Jesus; a esperança — que nos faz aguardar a volta dele; e o amor — que nos motiva a dizer ao mundo que ele veio. O maior deles, porém, é o amor, porque só por meio dele as pessoas conhecerão que somos daquele que deu a vida por nós.[20]

APRENDENDO COM JESUS

Para estar com Deus e com os ouvintes, precisamos a todo instante aprender com Jesus. Uma de suas características como pregador foi a capacidade de ver as pessoas. O Sermão do Monte foi proferido com base nessa capacidade de Jesus: "Vendo as multidões, Jesus subiu ao monte e se assentou. Seus discípulos aproximaram-se dele, e ele começou a ensiná-los [...]" (Mateus 5.1). Ele foi capaz não apenas de ver um grupo de pessoas, mas de ver pessoas perdidas no grupo. Junto ao tanque de Betesda, havia uma multidão de pessoas e um homem perdido na multidão. Jesus foi capaz de ver aquele homem e oferecer a transformação que ele tanto necessitava: "Um dos que estavam ali era paralítico fazia trinta e oito anos. Quando o viu deitado e soube que ele vivia naquele estado durante tanto tempo, Jesus lhe perguntou: 'Você quer ser curado?'" (João 5.5,6).

Pedro e João cultivavam essa mesma capacidade. À porta do templo chamada Formosa, eles viram num simples aleijado que ali esmolava a oportunidade de ministrar em nome de Jesus:

---

[20] Jilton MORAES, *O amor na vida do pregador* (uma paráfrase de 1Coríntios 13). Trabalho inédito digitalizado. Brasília, 2007.

Pedro e João olharam bem para ele e, então, Pedro disse: "Olhe para nós!" O homem olhou para eles com atenção, esperando receber deles alguma coisa. Disse Pedro: "Não tenho prata nem ouro, mas o que tenho, isto lhe dou. Em nome de Jesus Cristo, o Nazareno, ande". Segurando-o pela mão direita, ajudou-o a levantar-se, e imediatamente os pés e os tornozelos do homem ficaram firmes. E de um salto pôs-se em pé e começou a andar. Depois entrou com eles no pátio do templo, andando, saltando e louvando a Deus (Atos 3.4-8).

Mediante essa capacidade de ver alguém que muitos não veriam, Pedro e João foram usados por Deus não apenas como instrumentos para a transformação daquele homem, mas de muitas outras pessoas. Os resultados daquela proclamação, à porta do templo — um homem, antes aleijado, saltando e louvando a Deus — tornaram possível a realização do segundo grande movimento evangelístico da igreja: "[...] muitos dos que tinham ouvido a mensagem creram, chegando o número dos homens que creram a perto de cinco mil" (Atos 4.4).

O pregador precisa cultivar essa capacidade de ver o seu auditório. Que responsabilidade! Porque ver o auditório é não apenas enxergar onde as pessoas estão, mas ser capaz de vê-las com seus problemas e necessidades. Às vezes, esses ouvintes estão como que escondidos nos lugares mais difíceis de serem localizados. Zaqueu estava em cima de uma árvore quando Jesus o viu. O pregador é desafiado a ver em todas as direções. A olhar com simpatia e ternura cada pessoa no santuário, a ver em cada uma delas uma oportunidade para ministrar em nome do Senhor, e a buscar no Senhor a palavra certa que elas precisam ouvir.

Na escola de Jesus, somos desafiados a pregar com simplicidade; com o propósito de alcançar, salvar, edificar, inspirar e jamais impressionar. A mensagem pregada com simplicidade alcança o ouvinte e, no poder do Senhor, produz resultados. J. C. Ryle, antigo bispo de Liverpool, afirmou: "Um dos segredos do reavivamento evangélico da Inglaterra no século XVIII era que seus líderes pregavam com simplicidade [...]".

Eles aplicavam o lema de Agostinho: "A chave de madeira não é tão bonita quanto a de ouro, mas, se ela abre uma porta que a chave de ouro não consegue abrir, é muito mais útil".[21]

> Jesus, o maior de todos os pregadores que o mundo já conheceu, soube apresentar sua profunda mensagem com simplicidade e adequação aos que o ouviam. Ele falou de coração aberto, sem reservas, a ponto de poder, ao fim, declarar: "[...] tudo o que ouvi de meu Pai eu lhes tornei conhecido" (João 15.15).[22]

A pregação de Paulo foi também uma opção pela simplicidade, o qual declarou: "Pois Cristo não me enviou para batizar, mas para pregar o evangelho, não porém com palavras de sabedoria humana, para que a cruz de Cristo não seja esvaziada" (1Coríntios 1.17). Comentando essa afirmação, Calvino afirmou:

> Se Paulo tivesse usado a acuidade de um filósofo e a linguagem pomposa em seu trato com os coríntios, o poder da cruz de Cristo, no qual a salvação consiste, teria sido sepultado, porque ele não poderia nos alcançar desta maneira.[23]

A respeito da simplicidade na sua pregação, Paulo disse mais: "Minha mensagem e pregação não consistiram em palavras

---

[21] John STOTT, *O perfil do pregador*, p. 121.
[22] Jilton MORAES, *Características da pregação do Senhor Jesus*. Trabalho inédito, digitalizado. Brasília, 2005.
[23] COSTA, op. cit., p. 229. Apud CALVINO, *Exposição de 1Coríntios* (1Coríntios 1.17), p. 53.

persuasivas de sabedoria, mas consistiram em demonstração do poder do Espírito" (1Coríntios 2.4).

Na qualidade de ministros de Jesus, chamados por ele para comunicar a Palavra, não temos alternativa, a não ser seguir seus passos. Precisamos ter em mente que o ministério dele foi uma opção pela simplicidade. Ele evitou a fama; proibiu que as notícias sobre seus milagres se propagassem; fugiu para não ser aclamado rei; não se preocupou com a retórica de seus discursos, mas falou com simplicidade tal que os mais humildes e iletrados puderam entender.

Com Deus para ministrar às necessidades dos ouvintes

Através dos tempos, os seguidores de Jesus têm ministrado às pessoas e suas necessidades. Como vimos no exemplo mencionado, o paralítico, à porta do templo, recebeu por meio de Pedro e João o que de mais precioso precisava, mais valioso que prata e ouro: a transformação que só Jesus podia operar em sua vida.

O sermão que agrada a Deus e verdadeiramente alcança o ouvinte é elaborado e comunicado com o coração: vem do coração de Deus para o coração do pregador, e sai do coração do pregador para o coração do ouvinte. Bill Bennett, em seu livro *Thirty Minutes to Raise the Dead* (Trinta minutos para levantar o morto), declarou:

> Alguém já disse: "A mensagem preparada na cabeça alcançará a cabeça, mas a mensagem preparada no coração alcançará o coração". Nós precisamos pregar o que vai alcançar o coração das pessoas hoje.[24]

Uma das mais tristes realidades no púlpito é a constatação de que o pregador se mantém distante dos ouvintes e suas necessidades.

---

[24] Bill BENNETT, *Thirty Minutes to Raise the Dead*, p. 176.

Bennett falou em maldição para os pregadores insensíveis que comunicam a Palavra sem coração e sem emoção. O apelo é que não podemos nos tornar profissionais e intelectuais, sem a capacidade de nos sensibilizarmos e chorarmos. Ele menciona que esse problema tem atingido não apenas os liberais, mas também os conservadores.[25] Só podemos chegar ao coração dos ouvintes em nome do Senhor para lhes comunicar a Palavra, dirigidos pelo Espírito Santo. A esse respeito, John Piper declarou: "Há no pregador cheio do Espírito um afeto terno que adoça todas as promessas e suaviza com lágrimas toda advertência e repreensão".[26]

O bom pregador considera as necessidades dos seus ouvintes. Cada vez que assomamos ao púlpito, precisamos pedir ao Senhor que nos dê a capacidade de ver as pessoas, suas necessidades, e anseios. Essa visão não se limita ao momento do encontro no templo; é mais duradoura, mais abrangente, mais exigente. A duração do culto no templo é limitada, mas a adoração pessoal e os relacionamentos são permanentes. Isso faz a pregação da Palavra não se limitar ao culto coletivo. O pregador autêntico não está com Deus e os ouvintes só no templo, mas todo o tempo, ou seja, antes de ser um bom pregador, precisa ser um pastor. Ed Rowell declarou:

> Se minha igreja reconhece minha voz como a de um bom pastor, ela a ouvirá com o ouvido da verdade e da fé. Saberá instintivamente que desejo o melhor para ela. E há um benefício agregado: a igreja pensará em mim como um pregador melhor do que na realidade sou.[27]

---

[25] Bill BENNETT, *Thirty Minutes to Raise the Dead*, p. 177.
[26] John PIPER, *A supremacia de Deus na pregação*, p. 98.
[27] Ed ROWELL, *Apaixonado pela pregação*, p. 66.

Com Deus para ter autoridade de estar com os ouvintes

Jesus jamais abriu mão de sua comunhão com o Pai. Ele estava com as pessoas, mas buscava sempre estar com o Pai. Sua comunhão com o Pai deu autoridade à sua pregação. Após proferir o Sermão do Monte, as pessoas ficaram fascinadas com as palavras que haviam ouvido: "Quando Jesus acabou de dizer essas coisas, as multidões estavam maravilhadas com o seu ensino, porque ele as ensinava como quem tem autoridade, e não como os mestres da lei" (Mateus 7.28,29).

A autoridade da pregação de Jesus foi patenteada do início ao fim de seu ministério. Ele se apresentou diante de seus ouvintes como um pregador corajoso que, mesmo com o maior amor jamais visto pelo mundo, usava palavras diretas, com base bíblica, boas ilustrações e aplicação clara.

Lucas registra que no início, em sua primeira pregação na sinagoga de Nazaré, diante dos ouvintes ele leu o seu texto nas Escrituras:

> Foi-lhe entregue o livro do profeta Isaías. Abriu-o e encontrou o lugar onde está escrito: "O Espírito do Senhor está sobre mim, porque ele me ungiu para pregar boas-novas aos pobres. Ele me enviou para proclamar liberdade aos presos e recuperação da vista aos cegos, para libertar os oprimidos e proclamar o ano da graça do Senhor" (Lucas 4.17-19).

Partindo da palavra desse texto, o Mestre da Pregação aplicou, com toda a autoridade, as verdades da passagem lida à vida dos ouvintes: "e ele começou a dizer-lhes: 'Hoje se cumpriu a Escritura que vocês acabaram de ouvir'" (Lucas 4.21).

Jesus falou com autoridade durante todo o seu ministério. Mateus registra que, ao pregar pela última vez, antes de ser elevado às alturas, ele começou afirmando a sua autoridade:

> Então, Jesus aproximou-se deles e disse: "Foi-me dada toda a autoridade nos céus e na terra. Portanto, vão e façam discípulos de todas as nações, batizando-os em nome do Pai e do Filho e do Espírito Santo, ensinando-os a obedecer a tudo o que eu lhes ordenei. E eu estarei sempre com vocês, até o fim dos tempos" (Mateus 28.18-20).

A autoridade de Jesus foi vista em todos os momentos de sua vida. Até mesmo diante de Pilatos, que presidia seu julgamento. Naquele momento em que a eloquência de Jesus provinha não de suas palavras, mas de seu silêncio, ele falou com autoridade. Quando Pilatos afirmou que tinha autoridade para libertá-lo e para crucificá-lo, Jesus respondeu: "Não terias nenhuma autoridade sobre mim, se esta não te fosse dada de cima [...]" (João 19.11).

Diante dos ouvintes, na presença e na força do Senhor, temos autoridade para pregar com coragem e autoridade. Perante a injustiça, não podemos nos calar. O mundo precisa da voz profética que denuncia o erro e aponta o pecado. Os grandes que oprimem os pequenos e os fortes que ameaçam os fracos precisam ouvir dos nossos lábios o "Assim diz o Senhor". As nossas cidades estão abarrotadas de menores carentes e abandonados, famílias sem teto, trabalhadores sem salário, pobres sem terra... Urge que denunciemos: a injustiça não agrada a Deus e o plano dele é que o rico e o pobre se encontrem, pois ele fez a ambos (Provérbios 22.2).

Com Deus para estar com os ouvintes com um brilho especial

A aparência do pregador realça a beleza da mensagem que transmite. Há um brilho nos olhos da pessoa que vive em comunhão com Deus. Foi assim com Moisés. Para ele, não havia a alternativa de estar com os homens sem estar com Deus. Ele suplicou ao Senhor a continuação de sua presença como condição para que pudesse continuar ministrando àquelas pessoas. O Senhor prometeu que estaria presente, que lhe daria descanso, e ainda mostrou-lhe sua glória (Êxodo 33.1-23). Moisés subiu ao monte, onde esteve em comunhão com o Senhor, e ao descer, com as novas tábuas da Lei nas mãos, seu rosto resplandecia (Êxodo 34.21-34).

O brilho que torna o rosto do pregador resplandecente não é uma conquista humana; é dom de Deus. Não adianta, diante de um espelho ou aos pés de um perito em comunicação, estudar posturas especiais, expressões faciais maravilhosas ou quaisquer outros recursos. O brilho vem do Alto e sai de dentro do pregador. Qualquer busca por uma aparência angelical soará como falsificação grotesca e inútil. Não adianta cobrir um pregador de purpurina — jamais esse brilho será autêntico. O brilho do pregador se torna especial quando ele não se preocupa em brilhar. Quando assoma ao púlpito escondendo-se atrás da cruz do Salvador, na disposição de comunicar para que a glória do Senhor resplandeça. Só há brilho especial quando há humildade incondicional, quando o pregador se apresenta tão somente como porta-voz, sabendo que é servo do Senhor da pregação.

É verdade a constatação de Calvino de que, "quando Deus nos concede a graça de falar em seu nome, nos corresponde dar autoridade à sua palavra e recomendá-la".[28] Essa realidade

---

[28] COSTA, *Pensadores cristãos:* Calvino de A a Z, p. 226. Apud CALVINO, *Sermones sobre Job* (sermón nº 17), p. 203.

é tão evidente que não basta aos ouvintes ver Deus enquanto a mensagem é comunicada. Só há brilho real quando pode ser visto além do púlpito, no dia a dia do pregador. Vivendo com Deus, usufruímos as bênçãos de sua presença e dele recebemos a capacitação que nos dá o privilégio de viver com os ouvintes. Só assim podemos ouvir o que ele tem a nos falar e comunicar sua Palavra aos nossos ouvintes. Depois de afirmar que "os ministros não trabalham para si mesmos, mas para o Senhor", Calvino declarou: "Não lograremos progresso a menos que o Senhor faça próspera a nossa obra, os nossos empenhos e a nossa perseverança, de modo a que confiemos à sua graça a nós mesmos e a tudo que fazemos".[29] Somente vivendo com Deus e com os ouvintes, estamos aptos a estar no púlpito e no culto.

PERGUNTAS DE REVISÃO

1. Qual a sua visão das atividades semanais do pregador, pastor?
2. Por que as pessoas vão ao templo?
3. Qual o brilho que deve refletir no púlpito?
4. Explique como o ministério de Jesus foi uma opção pela simplicidade.
5. Explique como a autoridade da pregação de Jesus foi patenteada do início ao fim de seu ministério.
6. Qual o contraste entre a duração do culto no templo e a adoração pessoal e o relacionamento com Deus?
7. Como entender que só há brilho real quando pode ser visto além do púlpito?

---

[29] COSTA, COSTA, *Pensadores cristãos*: Calvino de A a Z, p. 186. Apud CALVINO, *Exposição de 1Coríntios* (1Coríntios 3.8), p. 106-7.

3
No púlpito e no culto

Antes de estar no púlpito, o pregador está no culto. O ato de cultuar precede o ato de pregar. Quem não tiver condições de prestar culto ao Senhor jamais será um pregador.

O pregador não está no culto porque vai pregar; participa dele para adorar. O culto é indispensável ao cristão. Uma vez que é impossível viver uma vida realmente cristã sem cultuar, ser um adorador é a condição fundamental para ser um pregador. Não dá para pensar na figura do profissional do culto: alguém treinado para ministrar a Palavra e os cânticos, mas sem nenhum compromisso com o Senhor Jesus.

O pregador precisa ter em mente, de igual modo, que nem só de sermão é constituído o culto. Os fiéis que ali se encontram desejam participar de todo o ato de serviço e adoração ao Senhor. Nesse contexto, a música desempenha um papel de grande importância. Aliás, desde o começo do cristianismo a música ocupa lugar de grande destaque. Quando Jesus nasceu, um coro de anjos cantou "paz na Terra", para anunciar a chegada do Príncipe da Paz (Lucas 2.13,14). Os pastores, sob o impacto da mensagem que lhes fora transmitida pela música, voltaram louvando a Deus pelo que haviam ouvido e visto (Lucas 2.20). A Bíblia registra que Jesus usou a música no seu ministério. Um hino foi cantado na instituição da ceia (Mateus 26.30). Os apóstolos e os primeiros cristãos cantaram hinos de louvor a Deus, tanto que, na prisão em Filipos, encontramos Paulo e Silas cantando (Atos 16.25).

A IMPORTÂNCIA DA MÚSICA NA ADORAÇÃO

A música, mais antiga que o ser humano, tem estado presente na adoração desde os tempos mais remotos. No culto cristão, a música ocupa lugar de grande relevância, tanto que é impossível pensar em um culto coletivo sem que haja música. Merval Rosa vê uma provável ligação entre a música e o convite à adoração no fato de se tornar consciente da música ao ouvir as ondas do mar ou o cântico das aves. Sons misteriosos que, segundo ele, despertam o desejo de adorar o Eterno. "O homem é sensível à música, e ela tem sido veículo da arte de adorar".[1]

O uso da música no culto pressupõe a importância da arte e a presença do artista, tanto que Gelineau declarou: "A liturgia cristã, culto do verdadeiro Deus revelado em Jesus Cristo, atesta claramente que não poderia, menos que qualquer outro culto, privar-se da arte".[2] Precisamos lembrar que a arte tem seu lugar no culto não apenas por meio da música, mas da poesia, do drama, da pintura e da arquitetura.

> A arte não deve se tornar um ídolo, mas, da mesma forma que preparamos com o máximo cuidado um presente para um

---

[1] Merval ROSA, *Psicologia da religião*, p. 174.
[2] Joseph GELINEAU, *Canto e música no culto cristão*, p. 37.

amigo que amamos, devemos fazer o máximo para apresentarmos a Deus o melhor.[3]

O pregador no culto

Culto é encontro. A Bíblia mostra um Deus que vem ao encontro do homem. Karl Barth afirmou que "o culto cristão é o ato mais importante, mais relevante e mais glorioso na vida do homem".[4] Nós, pregadores, não podemos prescindir desse encontro: precisamos nos encontrar com esse Deus para termos condições de ajudar nossos ouvintes a vivenciarem tal experiência. Von Allmen descreveu o culto como lugar venturoso de encontro dos fiéis com o seu Deus, enquanto esperam a vinda de seu reino.[5]

A experiência daqueles que ministram no culto, portanto, é indispensável. O pregador não apenas proclama a possibilidade da salvação em Jesus, mas ele mesmo vive essa salvação; não somente fala da presença de Jesus, mas vive na presença do Mestre; não simplesmente anuncia a sua volta, mas aguarda e anseia por esse acontecimento; não só prega a santificação, mas procura viver para agradar ao Senhor; não apenas conduz a palavra aos ouvintes, mas vive de acordo com a Palavra; não está no culto exclusivamente para pregar, mas prega porque o culto faz parte da sua vida.

O ADORADOR DIANTE DO CRIADOR

O culto é expresso pelas palavras e ações do adorador. William Maxwell mencionou que essas palavras e ações

---

[3] Fred SPANN, *A arte contemporânea e o cristão*, p. 37.
[4] J. J. VON ALLMEN, *O culto cristão*, p. 11.
[5] Ibid., p. 84.

estão governadas pelo nosso conhecimento do Deus a quem adoramos, e pelos recursos humanos que somos capazes de proporcionar a esse culto,[6] que é o encontro do finito com o Infinito; é a criatura colocada diante do Criador, pela fé, à busca de respostas para suas indagações, alegria para suas tristezas, forças para sua fraqueza, ânimo para seu desalento, e vida para a ameaça da morte. Agostinho deixou claro que nosso coração está inquieto até que encontre repouso em Deus:

> O homem, pequena parte de tua criação, deseja louvar-te. Tu mesmo o excitas a isso, fazendo com que se deleite em te louvar, porque nos fizeste para ti, e nosso coração está inquieto enquanto não encontrar em ti descanso.[7]

Bem antes de Agostinho, o salmista já declarava sua sede de Deus:

> Como a corça anseia por águas correntes, a minha alma anseia por ti, ó Deus. A minha alma tem sede de Deus, do Deus vivo. Quando poderei entrar para apresentar-me a Deus? [...] Por que você está assim tão triste, ó minha alma? Por que está assim tão perturbada dentro de mim? Ponha a sua esperança em Deus! Pois ainda o louvarei; ele é o meu Salvador e o meu Deus (Salmos 42.1,2,5).

O pregador como adorador

Paul Johnson disse que "adoração é a reverência pelo Autor da vida e pelos verdadeiros valores" e que, na prática, "consiste em atos destinados a estabelecer uma relação melhor com esse

---

[6] William MAXWELL, *El Culto Cristiano*, p. 15.
[7] Santo AGOSTINHO, *Confissões*, v. 4, p. 41.

Ser supremo".[8] Para ele, a adoração é uma jornada, na qual o adorador procura a beleza real, objetiva e duradoura de Deus, a essência do amor. É por isso que a mudança de vida pregada no púlpito e cantada no culto precisa ser vivida primeiramente pelo pregador e por todos quantos fazem o culto.

O pregador anuncia a possibilidade do encontro que faz parte de sua própria experiência. "Se a religião é a procura humana pelo bem divino, a adoração é a estrada dessa procura, é uma busca pela resposta fundamental, o bem eterno, além das nossas limitações e frustrações".[9] O pregador não pode se apresentar como uma personagem além desta experiência: assim como os seus ouvintes, ele também está na mesma estrada à busca de respostas, à busca do encontro com o Eterno.

Johnson expôs a teoria segundo a qual nenhuma pessoa é completa em si mesma, o que a leva a procurar a reação responsiva do próximo.

> Na adoração, a comunidade religiosa reúne-se para reforçar a procura pela complementação em duas dimensões: a procura vertical do Tu, no sentido supremo, e o endereçamento horizontal a outras pessoas que se unem na comunhão do culto.[10]

É neste contexto que o pregador está inserido: um adorador como outro qualquer, com os mesmos problemas, os mesmos anseios, as mesmas necessidades. A diferença é que ele ali está com uma responsabilidade maior, de falar em nome do Deus altíssimo.

---

[8] Paul JOHNSON, *Psicologia da religião*, p. 166.
[9] Ibid., p. 177.
[10] Ibid.

O pregador serve porque cultua

O culto e a própria vida do cristão se confundem uma vez que, em Cristo, não há mais um lugar aonde os fiéis deverão ir para a adoração, mas, sendo Deus espírito, devem adorá-lo *em espírito e em verdade*, sem quaisquer restrições ou limitações impostas pelo tempo e pelo espaço. Foi esse o ensino que o Senhor Jesus deixou bem claro à mulher samaritana (João 4.19-24). Isto torna ainda maior a responsabilidade do pregador: somos pregadores em todo o tempo e devemos viver uma vida de adoração. Não cultuamos para servir; servimos porque cultuamos.

É impossível servir ao Senhor sem cultuá-lo. O conceito de culto e adoração está relacionado à ideia do serviço. Cultuar e servir se confundem. Cultuando, o adorador serve a seu Deus e servindo-lhe o adora, como tão bem afirmou o salmista: "Prestem culto ao SENHOR com alegria; entrem na sua presença com cânticos alegres" (Salmos 100.2). A expressão, "prestem culto", tem sido traduzida também por "adorem", mas na maioria das traduções ocorre como "servi" ao Senhor.[11] Mas o que entendemos por adoração? Qual o lugar da adoração na vida do crente? A adoração, na linguagem de Joan Sutton, "é a máquina que puxa a vida espiritual do fiel, e quando lhe falta a energia da adoração há o descarrilamento da jornada cristã".[12] Na experiência do pregador, quando falha a adoração, faltam ideias para sermões, motivação para elaborá-los e vida para comunicá-los.

O conceito de culto, entretanto, não deve ser limitado ao conceito de serviço. O culto não deve ser compreendido apenas em função da resposta do adorador — o que a criatura pode fa-

---

[11] ARA, BJ, Brasileira, CNBB, MT e Scofield.
[12] Joan SUTTON, Adoração, oração e ação. In: *O Jornal Batista*, 24 de fevereiro de 1991, p. 12.

zer pelo seu Criador; mas, primeiramente, em função da ação de Deus — o que o Criador tem feito e continua a fazer pela criatura. Deus veio ao encontro do homem em Cristo e tornou-se parte visível de sua história. "Aquele que é a Palavra tornou-se carne e viveu entre nós. Vimos a sua glória, glória como do Unigênito vindo do Pai, cheio de graça e de verdade" (João 1.14). "Cristo já realizou em seu ministério terreno o que os cristãos devem fazer em resposta a Deus; assim, o verdadeiro culto a Deus foi revelado na ação de Cristo".[13]

A PREGAÇÃO DENTRO DO CULTO

Lutero afirmou que, se a Palavra de Deus não fosse pregada, seria preferível não cantar, nem ler, nem se reunir para o culto.[14] Isso, no entanto, não torna a pregação superior ao culto; significa que pregação e culto se confundem. Assim como não é possível culto sem pregação, é também impossível pregação sem culto. Quanto mais o pregador valoriza o culto, mais o sermão cumpre sua função na adoração. Quanto mais o pregador é um adorador, mais autêntica se torna a sua pregação.

A pregação da Palavra é de importância imprescindível no culto.

> As palavras são, por certo, nossos mais importantes instrumentos de expressão, nossas ferramentas mais características, universais e invejáveis na conduta da vida. A fala é a marca da humanidade.[15]

Essa é uma das razões que fazem do ministério da Palavra uma das facetas mais importantes do ministério cristão. Naturalmente, é por meio desse exercício da palavra que o pregador

---
[13] J. G. DAVIES, *Culto e missão*, p. 67.
[14] VON ALLMEN, *O culto cristão*, p. 172.
[15] Susanne LANGER, *Filosofia em nova chave*, p. 54.

fala em nome de Deus ao procurar persuadir os seus ouvintes ao arrependimento e à fé — e isto no contexto do culto.

Como já afirmamos, é impossível separar a pregação do culto. Culto é pregação, e pregação é culto. Falando sobre a profunda relação entre pregação e culto, John Knox afirmou que essa inter-relação é mais íntima e profunda. Para ele, se não percebermos a pregação como um ato de culto, perderemos o que há de mais essencial nela e que a distingue mais radicalmente de outras espécies de ensino quer religioso quer secular.

> Não pode ser Pregação a não ser que seja naquele contexto. Se o contexto de culto não for encontrado, o verdadeiro sermão cria-o. A Pregação contribui ou providencia um meio de culto — ou de maneira nenhuma é Pregação.[16]

A pregação deve ser elaborada considerando o culto no qual estará inserida, com um propósito bem definido, que será alcançado não apenas por intermédio das palavras do pregador, mas da mensagem dos hinos que serão cantados e das demais partes do culto.

O dueto pregação e música

A presença da pregação e da música no culto deve ser marcada pela comunhão, não pela competição. Para cumprir seu papel como veículo para a adoração, edificação, inspiração e salvação, a música necessita da pregação tanto quanto a pregação, da música. Do mesmo modo que não dá para admitir um culto sem pregação, é inadmissível um culto sem música. Lloydd Jones classificou o uso de mais cânticos no culto de "incrementação do elemento de entretenimento no culto público".[17]

---

[16] John Knox, A integridade da pregação, p. 75.
[17] Martin Lloyd-Jones, Pregação e pregadores, p. 12.

Infelizmente, essa tem sido uma realidade em muitos cultos, em que a congregação canta todo o tempo, sem que haja espaço para a explanação, para a reflexão e até para o silêncio, no qual muitas vezes Deus fala.

Nenhum pregador deve, para justificar o declínio do púlpito hoje, ou na tentativa de elevar a pregação ao seu lugar, acusar o tipo de liturgia mais participativa usado em algumas igrejas. A época atual requer mais participação do adorador nos cultos, mais informalidade na comunicação, mais capacidade de síntese e persuasão do pregador, sem diminuir a importância da mensagem falada. Nesse contexto, pregadores e músicos têm a grande responsabilidade de trabalhar juntos, na dependência do Espírito Santo, para deixar claro que a música e a pregação existem para formar o harmonioso dueto do culto. Só assim, ruirão as ideias dos que apontam a música como uma das causas do declínio da pregação.

Parte significativa do problema causador desse "choque de importância" reside na diferença de identidade entre o pregador e o dirigente da música. Quem é o pregador? Quem é o músico? As raízes do chamado especial de Deus na vida do pregador são bem conhecidas e propagadas. Deus chama pessoas para o exercício do ministério da Palavra e, de igual modo, chama pessoas para trabalharem no ministério da música. O músico, no entanto, nem sempre é visto como uma pessoa chamada por Deus para um trabalho especial em sua área.

Pregador e músico são arautos do Senhor

O pregador é considerado um arauto do Senhor, enquanto o dirigente da música é, às vezes, visto unicamente como artista. A culpa da presente situação é não apenas da desinformação do povo, mas do tipo de informação que os próprios musicistas passam. O músico que serve no culto precisa ser artista e arauto: usa a arte para a proclamação do evangelho, possibilitando, assim, que arte e mensagem se unam e se confundam na busca do melhor para a comunicação da mensagem de Deus. O trabalho do compositor, letrista, instrumentista, regente, solista, ou outro profissional qualquer que trabalhe no culto, só terá sentido quando usado para a glória e honra do Senhor. O músico, para servir no culto, precisa ser artista e arauto: o artista que lança mão de sua arte para comunicar a mensagem de Deus. O pregador, de igual modo, mesmo que não pareça, é também um artista. Seu trabalho exige constante criatividade. Preparar um sermão, como bem sabemos, é trabalhar, com base em uma ideia e um texto bíblico, até formar um discurso a ser comunicado aos ouvintes. Tanto os que produzem e dirigem a música quanto os que elaboram e comunicam a pregação enquadram-se nesse conceito.

Na música e na pregação, símbolos e palavras são ferramentas indispensáveis. Não apenas a pregação tem uma mensagem a comunicar, mas cada hino cantado deve transmitir também uma mensagem. Tanto a pregação quanto a música lançam mão de palavras e símbolos para tornar possível a comunicação litúrgica. Ambas estão inseridas no contexto do culto com um objetivo: a comunicação do Verbo da vida. Na pregação, como sabemos, os propósitos são bem conhecidos: evangelístico, doutrinário, devocional, missionário, pastoral e ético. Na música, uma classificação feita por Breed apresenta seis propósitos para o hino: doutrinário, didático, missionário, evangelizador, devocional e experimental.[18]

---

[18] I. E. REYNOLDS, *El Ministerio de la Música en la Religión*, p. 67.

O CULTO NÃO É UMA APRESENTAÇÃO ARTÍSTICA

O artista não apenas exibe seu trabalho, mas também o cria. Rollo May declarou que "todo artista autêntico trabalha na criação da consciência da raça, mesmo quando não o percebe [...] baseado nos símbolos o artista vê e cria".[19] No culto, entretanto, o artista — pregador ou músico — não trabalha para exibir sua arte, ou cria para sua autopromoção, mas serve para a glória de Deus. Sua realização não está na exibição, mas na adoração: em poder colocar a arte e a vida no altar e dizer como Paulo: "[...] não sou eu quem vive, mas Cristo quem vive em mim [...]" (Gálatas 2.20).

O culto de adoração a Deus não pode ser confundido com uma apresentação artística. No *show*, a capacidade do artista aparece; no culto autêntico, só a glória de Deus aparece. Os talentos do pregador e do músico ficam escondidos atrás da cruz daquele a quem cultuamos. Nesse ato de serviço e entrega voluntários, os artistas que servem no culto se doam e se realizam completamente: o encontro com o Transcendente lhes dá a certeza de que estão sendo usados pelo próprio Deus para que outras pessoas se encontrem com ele. Donald Hustad afirmou: "Não pode haver nada da personalidade humana para tirar a atenção de Deus".[20] Hustad, na qualidade de excelente músico, não objeta a adequada preparação das pessoas que fazem o culto, mas deixa claro que, na adoração ao Senhor, não há lugar para exibição. Foi o próprio Hustad quem declarou que as pessoas que fazem a música no culto devem se preparar no mais alto nível possível.[21]

Quem serve no culto precisa se preparar do melhor modo possível. A falta de preparo para servir ao Senhor é negligên-

---

[19] Rollo MAY, *A coragem de criar*, p. 24.
[20] Donald HUSTAD, Adoração não é atração, *Revista Louvor*, v. 3, 1992, p. 5.
[21] Ibid.

cia, infidelidade. Sobre a necessidade de preparo do músico, Oliveira Filho declarou que "a motivação é espiritual, mas o músico precisa entender sua atuação também como artística".[22] É a mesma compreensão que deve estar presente no pregador: ele é um orador, e deve usar toda arte de sua oratória, mas com o propósito único de proclamar a Palavra do Senhor. O problema está em como conciliar o artista e o servo. Hustad dá o segredo para a solução desse conflito: "Você pode desenvolver sua sensibilidade ao mais alto nível, mas depois deve aprender a levá-la até a cruz de Cristo. E na cruz ela será acomodada à necessidade do povo".[23]

Pregação é mais que palavras

Todo pregador deseja ter ouvintes atentos ao sermão, mas isso se torna mais difícil quando ele não participa plenamente dos cânticos e das demais partes do culto. Na qualidade de adoradores, precisamos demonstrar completo interesse pelo culto, o que pode ser visto na plena atenção e participação. Fica mais fácil alcançar os ouvintes quando caminhamos em direção a eles. O pregador que fica alheio e distante durante o culto terá, provavelmente, mais ouvintes alheios e distantes enquanto prega. Eles estarão apenas seguindo os passos do pregador. Pouco adiantará atrair pelas palavras, se não conseguimos atrair pelo exemplo.

Como pregadores, precisamos estar atentos a cada parte do culto. Assim como é desagradável ouvir alguém apresentar a mensagem cantada no culto sem interesse na mensagem pregada, é também desagradável constatar que o pregador só se fez presente no púlpito. O pregador que não valoriza a música no culto ainda

---

[22] Marcílio de OLIVEIRA FILHO, A música no culto, *Revista Louvor*, v. 1, 1981, p. 3.
[23] HUSTAD, Adoração não é atração, *Revista Louvor*, v. 3, 1992, p. 5.

não aprendeu a valorizar sua própria pregação. Cantando alegremente com a igreja, o pregador tem a oportunidade de mostrar que a alegria apresentada no sermão é uma realidade em sua vida.

O pregador não participa do culto por sua habilidade em transmitir a mensagem, mas porque sua alma necessita ser saciada. Seu trabalho não se justifica pela oratória, mas pela profundidade da experiência com Deus que não pode deixar de ser partilhada. Se o pregador não tiver a sensibilidade do músico, sendo arauto e artista, sua mensagem será tão árida que não alimentará as almas famintas.

Só quando nos conscientizamos da importância do culto para a pregação e da necessidade de estar de fato no culto para podermos ocupar o púlpito, podemos viver o momento da Palavra.

PERGUNTAS DE REVISÃO

1. O pregador é um profissional do culto? Explique.
2. Qual deve ser o lugar da adoração na vida do pregador?
3. A pregação é imprescindível ao culto? Por quê?
4. O que a pregação e a música, lançando mão de palavras e símbolos, comunicam para tornar possível o culto?
5. Como você define o pregador e o músico, servindo no culto?
6. Que tipo de preparo se espera daqueles que servem no culto?
7. Explique a afirmação "Pregação é mais que palavras".

4
O momento da Palavra

Devemos pregar na convicção de que somos simples instrumentos a serviço do Senhor para comunicar a Palavra que alcança, transforma e marca.

Guardas foram enviados pelos principais sacerdotes e fariseus para prender Jesus. Voltando sem ele, foram indagados acerca da razão de não o terem prendido. Eles responderam: "Ninguém jamais falou da maneira como esse homem fala [...]" (João 7.46). Como Jesus falou? Ele soube aproveitar o momento da Palavra. Falou com sabedoria e autoridade. Logo no começo de seu ministério terreno, quando Jesus pregou na sinagoga, em Cafarnaum, "Todos ficavam maravilhados com o seu ensino, porque lhes ensinava como alguém que tem autoridade [...]" (Marcos 1.22). Depois de pregar o Sermão do Monte, comentário idêntico surge: "[...] as multidões estavam maravilhadas com o seu ensino, porque ele as ensinava como quem tem autoridade, e não como os mestres da lei" (Mateus 7.28,29). Depois de ouvirem a sábia explanação de Jesus, respondendo aos saduceus sobre a ressurreição, "[...] a multidão ficou admirada com o seu ensino" (Mateus 22.33).

Uma das causas que motivou os chefes dos sacerdotes e os mestres da lei a começar a procurar um meio de matar Jesus foi o temor, "[...] visto que toda a multidão estava maravilhada com o seu ensino" (Marcos 11.18).

Chegou o momento da Palavra, ocasião quando o sermão vai ser comunicado. Diante dos ouvintes, está um homem, com a responsabilidade de transmitir tudo quanto Deus pôs em seu coração, com base em uma porção bíblica, visando atender às necessidades de cada uma das pessoas que o escutam. Que momento especial é esse? É o momento da Palavra. Nele, há um encanto para o pregador, que, sentindo tão grande responsabilidade sobre os ombros, sabe que, para desempenhar bem a tarefa, necessita ser tutelado pelo Senhor da pregação.

Esse momento tem, de igual modo, atração e encanto para muitos ouvintes desejosos de escutar o que Deus tem a lhes dizer. Eles estão ali com a convicção de que a mensagem lhes falará, dando-lhes ânimo, respostas e conforto para as dificuldades do dia a dia; eles buscam ouvir a palavra de perdão e vida.

RESPONSÁVEIS EM SER UMA SIMPLES VOZ

Foi assim que João Batista identificou-se, como uma simples voz: "[...] Eu sou a voz do que clama no deserto: 'Façam um caminho reto para o Senhor'" (João 1.23). Aqui está a melhor definição do papel do pregador e da aceitação da sua limitação. Pregamos a Palavra, mas, jamais seremos a Palavra. Somos tão somente vozes colocadas à disposição do Senhor da pregação para proclamar a verdade do Alto. "É essa função pastoral de confrontação que coloca o ministro do evangelho na tradição profética e que torna singular o conteúdo da mensagem que anuncia".[1]

---

[1] Merval Rosa, *O ministro evangélico:* sua identidade e integridade. Recife: Edição do autor, 2001, p. 56.

Que responsabilidade para a pessoa que está atrás daquele púlpito! Pode haver tarefa mais exigente? O momento da Palavra requer do pregador dependência do Alto, sabedoria e perspicácia. Só assim podemos comunicar em nome do Senhor; pregar com o propósito de levar o ouvinte a enxergar sua condição, certo de que só em Deus há solução; pregar a mensagem bíblica, cristocêntrica, contextualizada.

A Bíblia é Palavra transmitida com ciência. Paulo afirmou que as Sagradas Letras são capazes de tornar a pessoa sábia "[...] para a salvação mediante a fé em Cristo Jesus" (2Timóteo 3.15). E mais:

> Toda a Escritura é inspirada por Deus e útil para o ensino, para a repreensão, para a correção e para a instrução na justiça, para que o homem de Deus seja apto e plenamente preparado para toda boa obra (2Timóteo 3.16,17).

Calvin Miller declarou: "O sermão não é um exemplo admirável na arte homilética. A função do sermão é facilitar o trabalho de Deus na vida das pessoas".[2]

Um grande exemplo de pregador que soube viver o momento da Palavra é Natã, o profeta. Ele foi enviado por Deus para falar ao rei Davi (2Samuel 12.1). Não era uma comunicação fácil: ele tinha a responsabilidade de confrontar o rei com o pecado cometido. O pregador Natã teve a sabedoria de começar envolvendo o seu ilustre e exclusivo ouvinte.

Oportunidade para alcançar os ouvintes

Natã começou o momento da Palavra com uma ilustração. Era a mais adequada para alcançar Davi. Seu ouvinte era o rei e, assim, tinha interesse na vida dos súditos. Um dos grandes

---

[2] Calvin MILLER, *Marketplace Preaching*, p. 141.

problemas da pregação hoje é o distanciamento entre a verdade transmitida e a realidade vivida. Sermões começam em Jerusalém, Atenas, Patmos e até no Éden, quando o interesse do ouvinte está em sua cidade natal e, mais precisamente, na localidade onde reside, em seu mundo significativo.

O pregador sábio procura alcançar o ouvinte no início do sermão, para ter sua atenção ao longo de toda a comunicação. Começar no mundo do ouvinte é o desafio para podermos oferecer-lhe respostas a seus anseios e às dúvidas. Sem alcance, não há transmissão; e sem transmissão, não há pregação. O missionário Eurico Nelson, pregador pioneiro na Amazônia, tinha voz forte e, do barco, alcançava os moradores das margens dos rios. Um dia, seu colega William Entzminger, que o acompanhava, observou sua luta no afã de comunicar a mensagem. Ansioso por alcançar mais pessoas, Nelson bradou: "Ah, se eu tivesse mil vozes! Assim proclamaria a mensagem de Cristo a todos!".[3] As palavras de Nelson ficaram gravadas no coração de Entzminger, que mais tarde escreveu um dos mais belos hinos cantados por muitas igrejas evangélicas no Brasil:

> Ah, se eu tivesse mil vozes para o Brasil encher,
>   com os louvores de Cristo, que singular prazer!
> Desta nação brasileira seja Jesus Senhor,
>   que este país tão querido renda-se ao Salvador.[4]

Nelson soube dispor sabiamente do único recurso disponível: sua voz. Hoje, certamente, ele usaria outros meios de comunicação para alcançar as comunidades ribeirinhas no Amazonas, uma vez que o rádio e a TV invadem lares distantes causando mudanças comportamentais. Nos lugares mais

---

[3] Edith MULHOLLAND, *Hinário para o culto cristão, notas históricas*, p. 392.
[4] *Hinário para o culto cristão*, hino nº 525.

remotos, as pessoas assistem aos fatos à medida que acontecem. No passado, o homem do campo, tocando seu carro de bois, ficava isolado do mundo. Hoje, ele pode até continuar na mesma trilha, mas, vivenciando nova realidade: enquanto prossegue tangendo seu "carro", está ligado ao mundo, por meio de um rádio portátil, de um telefone celular, de um *notebook* ou até mesmo de um *palmer*.

O rádio, a TV e a internet alcançam facilmente as pessoas, e nós, pregadores da Palavra, precisamos ser sábios em aproveitar tais oportunidades para a comunicação da mensagem. No último dia de uma série de conferências, um jovem perguntou: "Pastor, qual o seu endereço?". Quando o pregador lhe deu o número de sua caixa postal, o jovem devolveu: "Não, pastor, qual o seu endereço eletrônico?".

Por meio da internet, que conecta pessoas ao mundo todo, a mensagem da Palavra tem sido transmitida. Várias igrejas evangélicas hoje transmitem cultos e sermões e oferecem, por esse recurso virtual, a oportunidade de pessoas conhecerem o plano da salvação e firmarem um compromisso com o Senhor Jesus. O ciberespaço está sendo aproveitado para apresentar o momento da Palavra.

O profeta Natã soube comunicar a Palavra com sabedoria para alcançar Davi. Ele recebeu de Deus a missão de falar a um único ouvinte: o rei. A palavra a ser comunicada não era fácil: tratava-se de uma severa advertência ao monarca pelo terrível pecado cometido. Sabiamente, o profeta criou uma história, que bem poderia ter sido vivenciada por um dos súditos do rei: um homem rico, possuidor de muitas ovelhas e bois, usurpou e matou a única ovelhinha de estimação do pobre, para oferecer um banquete (2Samuel 12.1-4). Natã entrou para a História como um pregador que soube aproveitar a ocasião.

Oportunidade para envolver os ouvintes

No momento da Palavra, Deus capacita o pregador a alcançar o ouvinte, motivando-o a um envolvimento com a verdade apresentada. Foi o que aconteceu: Davi ficou tão envolvido com a parábola de Natã que se encheu de ira e não pôde deixar de reagir: "[...] Juro pelo nome do Senhor que o homem que fez isso merece a morte! Deverá pagar quatro vezes o preço da cordeira, porquanto agiu sem misericórdia" (2Samuel 12.5,6).

O recurso usado por Natã é hoje conhecido como tese de adesão.[5] A tese principal que ele tinha a comunicar era mostrar ao rei, de modo claro, o seu erro. Mas isso não era fácil, a missão poderia custar-lhe a vida. Certamente seria mais fácil começar com uma tese preparatória. Abreu afirma: "Uma vez que o auditório concorde com ela, a argumentação ganha estabilidade, pois é fácil partir dela para a tese principal".[6] Foi o que aconteceu: alcançado pela tese de adesão inicial, o rei revelou todo o seu interesse, possibilitando ao pregador Natã chegar à sua tese principal:

> "Você é esse homem!", disse Natã a Davi. E continuou: "Assim diz o Senhor, o Deus de Israel: 'Eu o ungi rei de Israel e o livrei das mãos de Saul. Dei-lhe a casa e as mulheres do seu senhor. Dei-lhe a nação de Israel e Judá. E, se tudo isso não fosse suficiente, eu lhe teria dado mais ainda. Por que você desprezou a palavra do Senhor, fazendo o que ele reprova? Você matou Urias, o hitita, com a espada dos amonitas e ficou com a mulher dele. Por isso, a espada nunca se afastará da sua família, pois você me desprezou e tomou a

---

[5] Antônio Suárez Abreu, *A arte de argumentar*: gerenciando razão e emoção, p. 46.
[6] Ibid.

mulher de Urias, o hitita, para ser sua mulher'. Assim diz o Senhor: 'De sua própria família trarei desgraça sobre você. Tomarei as suas mulheres diante dos seus próprios olhos e as darei a outro; e ele se deitará com elas em plena luz do dia. Você fez isso às escondidas, mas eu farei diante de todo o Israel, em plena luz do dia'" (2Samuel 12.7-12).

Comunicando com clareza

No momento da Palavra, o pregador não comunica a tese que gostaria de transmitir, mas a que Deus pôs em seu coração. Deus havia posto uma mensagem completa a ser transmitida por Natã. Assim continua acontecendo: a Palavra há de partir do trono da graça para o coração do pregador e, daí, alcançar seus ouvintes. Qual o impacto dos sermões que pregamos hoje?

Toda comunicação no momento da Palavra deve ser clara. No passado, algumas pessoas gostavam de ouvir o pregador que, segundo afirmavam, falava bonito. Alguns ouvintes, mesmo sem compreender muitas palavras proferidas por esses pregadores, deleitavam-se em ouvi-los. Hoje, a realidade é outra; as pessoas querem entender o que ouvem. Alguns ouvintes quando não compreendem o que o pregador comunica, anotam o que ele diz e depois cobram o significado de suas palavras. Vivemos um novo tempo; os ouvintes descobriram que têm o direito de compreender toda comunicação, incluindo a do púlpito.

O pregador precisa conscientizar-se da responsabilidade de possibilitar a seus ouvintes o envolvimento com o sermão. Quanto mais a tese alcança, mais fala, desafia, envolve e produz: salvando, equipando e edificando. A pregação autêntica acontece quando, alcançando o mundo significativo dos nossos ouvintes, somos capazes de com eles dialogar. Que responsabilidade! As pessoas precisam ser alcançadas para, compreendendo a comunicação, terem a oportunidade de se envolver com a tese apresentada no sermão.

Apresentando a Palavra do Senhor

O momento da Palavra é a ocasião adequada para o estabelecimento do "Assim diz o Senhor". Essa é uma árdua responsabilidade em tempos de corrupção, incredulidade e apostasia. A Palavra do Senhor já descreve esta realidade: "Meu povo foi destruído por falta de conhecimento. Uma vez que vocês rejeitaram o conhecimento, eu também os rejeito como meus sacerdotes [...]" (Oseias 4.6).

Pena que na atualidade a pregação da Palavra do Senhor em alguns púlpitos tem perdido a força. Rick Warren, analisando o resultado da pesquisa aplicada à comunidade no vale Saddleback, mencionou quatro queixas comuns que o povo apresentou contra as igrejas ali. A primeira delas diz respeito à pregação. Ele diz que a queixa mais ouvida foi: "A igreja é chata, especialmente os sermões. As mensagens não se relacionam com a minha vida".[7] Com base nessa terrível realidade, Warren comenta:

> É impressionante como as igrejas são capazes de pegar o livro mais emocionante do mundo e entediar as pessoas, a ponto de alguns dormirem durante o sermão. Milagrosamente, as igrejas são capazes de transformar pão em pedra![8]

OPORTUNIDADE PARA PERSUADIR OS OUVINTES

Natã foi enviado por Deus ao rei não apenas para denunciar o erro por ele cometido, mas, de modo especial, para persuadi-lo a uma mudança de atitude. Essa é uma das maravilhas da

---

[7] Rick WARREN, *Uma igreja com propósitos*, p. 191.
[8] Ibid.

pregação da Palavra. Pregar é mais que oferecer um volume de informações importantes e até mais que interpretar corretamente um texto bíblico, ou denunciar a condição pecaminosa do ouvinte. Pregar é colocar-se nas mãos de Deus para que uma nova realidade se descortine diante do ouvinte, e ele seja motivado a seguir os desafios da Palavra de Deus. Não basta convencer o ouvinte de seu erro; ele precisa ser persuadido ao arrependimento. Foi assim com Natã. O impacto de sua mensagem possibilitou a Davi ter seus olhos desvendados: "Então Davi disse a Natã: 'Pequei contra o SENHOR' [...]" (2Samuel 12.13). Saber aproveitar o momento da Palavra é ter a sabedoria de falar ao coração do ouvinte, tornando-o consciente de sua condição e ciente de que sem Deus toda ciência é vã; é apontar o pecado, levando o homem à confissão e ao arrependimento.

Um sermão não precisa, nem deve, deixar de ser claro para realçar a erudição do pregador. O pregador se torna grande à medida que reconhece sua pequenez e prega tão somente para cumprir seu papel de servo, mourejando para honrar o Senhor da pregação. Ele compreende a grandiosidade do conteúdo da mensagem e, ao mesmo tempo, a necessidade e urgência que têm os seus ouvintes de compreender o que lhes está sendo transmitido. Profundidade sem simplicidade não é proclamação; é exibição. Não tem relevância. Pode até ter exuberância, mas sem importância.[9]

Natã passou às páginas da História como um pregador que soube ser fiel no momento da Palavra. Sua pregação cumpriu de tal modo o proposto que Davi, persuadido pelo que dele ouviu, mais tarde confessou:

---

[9] Jilton MORAES, *Grandes pregadores*, p. 10.

Pois eu mesmo reconheço as minhas transgressões, e o meu pecado sempre me persegue. Contra ti, só contra ti, pequei e fiz o que tu reprovas, de modo que justa é a tua sentença e tens razão em condenar-me. Sei que sou pecador desde que nasci, sim, desde que me concebeu minha mãe (Salmos 51.3-5).

OPORTUNIDADE PARA RESTAURAR OS OUVINTES

Não podemos esquecer que a comunicação da Palavra requer base bíblica e conteúdo contextualizado. É a mensagem da fé que, ao mesmo tempo que conforta, também confronta. A restauração vem após arrependimento e quebrantamento. Davi foi restaurado porque se arrependeu e foi perdoado. É preciso cuidado com a transmissão apressada, desejosa de um *feedback* imediato, mais voltada para o atendimento dos desejos das pessoas e propagando mais as bênçãos que o preço do discipulado.

Usando sabiamente o momento da Palavra, mostramos aos ouvintes não apenas a ira do Deus que detesta o pecado, mas, de modo especial, damos a eles a oportunidade de conhecer o Deus misericordioso que aborrece o pecado, mas ama o pecador. Não só o pecado é apontado, mas, principalmente, a alternativa de perdão e restauração, com base no amor de Deus, é apresentada aos ouvintes. Essa foi a homilética de Jesus. Ele falou da condição pecaminosa da mulher samaritana: tivera cinco maridos, e aquele com quem convivia não era seu marido (João 4.16-18). No entanto, Jesus apresentou-lhe a alternativa correta de conhecer o dom de Deus e receber a água viva (João 4.10).

O capítulo 15 de Lucas, que narra as parábolas dos três bens perdidos, começa com dois importantes registros. O primeiro diz da aceitação de Jesus: "Todos os publicanos e 'pecadores' estavam se reunindo para ouvi-lo" (v. 1). O segundo fala de rejeição ao Mestre: "Mas os fariseus e os mestres da lei o criticavam: 'Este homem recebe pecadores e come com eles'" (v. 2). Foi para responder a essa crítica dos fariseus que Jesus contou as três parábolas de bens perdidos: a ovelha perdida, a moeda perdida e o filho perdido. As três ilustrações usadas pelo Mestre da pregação realçam o amor de Deus que "[...] enviou o seu Filho ao mundo não para condenar o mundo, mas para que este fosse salvo por meio dele" (João 3.17).

No momento da Palavra, temos o privilégio de apresentar o amor do Pai que ama tanto o filho desgarrado que não apenas fica aguardando a sua volta, mas sai correndo ao seu encontro para amorosamente o receber, perdoar todo o seu pecado e restaurá-lo à condição de filho. Pregar em nome do Senhor Jesus é apresentar essa mensagem, é falar do Filho do homem que veio buscar e salvar o que estava perdido (Lucas 19.10).

Por mais que um pregador descreva muito bem o pecado, a culpa e o castigo, se não realçar com maior intensidade a graça, o perdão e a restauração, estará sendo incoerente com o princípio cristão: o pregador apresenta a mensagem do evangelho da graça de nosso Senhor e Salvador Jesus Cristo. Paulo afirmou: "Pois o salário do pecado é a morte, mas o dom gratuito de Deus é a vida eterna em Cristo Jesus, nosso Senhor" (Romanos 6.23). E mais: "[...] onde aumentou o pecado, transbordou a graça" (Romanos 5.20).

OPORTUNIDADE PARA MARCAR OS OUVINTES

As pessoas precisam da Palavra que restaura. Pregação que denuncia, sem a preocupação de restaurar, é oca e vazia. E a pregação que restaura marca as pessoas. A palavra pregada por Natã marcou para sempre a vida de Davi. Ele não apenas se arrependeu de seus pecados, mas firmou novos propósitos. E deixou isso claro em sua súplica:

> Cria em mim um coração puro, ó Deus, e renova dentro de mim um espírito estável. Não me expulses da tua presença, nem tires de mim o teu Santo Espírito. Devolve-me a alegria da tua salvação e sustenta-me com um espírito pronto a obedecer. Então ensinarei os teus caminhos aos transgressores, para que os pecadores se voltem para ti. Livra-me da culpa dos crimes de sangue, ó Deus, Deus da minha salvação! E a minha língua aclamará a tua justiça. Ó Senhor, dá palavra aos meus lábios, e a minha boca anunciará o teu louvor (Salmos 51.10-15).

A oração é de um pecador restaurado por uma pregação que mudou para sempre sua vida. O bom pregador prega em oração, pedindo a Deus que o use como instrumento para marcar positivamente os ouvintes. Calvino declarou: "O alvo de um bom mestre deve ser sempre converter os homens do mundo para que volvam seus olhos para o céu".[10] Estamos pregando com o objetivo de marcar as pessoas no momento da Palavra?

O verdadeiro impacto da pregação não está no volume ou na beleza de nossas palavras, mas na profundidade da mensagem que apresentamos. Não é nossa eloquência como pregadores, mas o poder do Espírito que faz o sermão marcar vidas. Nossa sabedoria de nada vale se não nos conduzir ao Calvário, para, à sombra da cruz, comunicarmos a loucura da pregação, poder e sabedoria de Deus. "Pois a mensagem da cruz é loucura para os que estão perecendo, mas para nós, que estamos sendo salvos, é o poder de Deus" (1Coríntios 1.18).

---

[10] Hermisten COSTA, *Pensadores cristãos:* Calvino de A a Z, p. 183. Apud João CALVINO, *As pastorais* (Tito 1.2), p. 301.

No poder do Espírito Santo

O pregador autêntico crê que o Espírito Santo dirige o momento da Palavra. Jesus foi claro quando instruiu os apóstolos a não prosseguirem sem o revestimento do Espírito:

> E lhes disse: "Está escrito que o Cristo haveria de sofrer e ressuscitar dos mortos no terceiro dia, e que em seu nome seria pregado o arrependimento para perdão de pecados a todas as nações, começando por Jerusalém. Vocês são testemunhas destas coisas. Eu lhes envio a promessa de meu Pai; mas fiquem na cidade até serem revestidos do poder do alto" (Lucas 24.46-49).

O momento da Palavra é autenticado pela veracidade do cumprimento da promessa: Jesus morreu pelos nossos pecados, mas ressurgiu ao terceiro dia. Com base nessa realidade, o nome dele seria pregado, visando ao arrependimento e perdão dos pecados. Como testemunhas, eles eram responsáveis em propagar essa boa-nova, começando por Jerusalém, a todas as pessoas, em todos os lugares. Em um tempo de despedida, as palavras adquiriam um sentido mais forte, e as recomendações do Amigo e Mestre teriam uma força ainda maior. Eram as últimas palavras de Jesus, antes de abençoá-los e ser elevado ao céu (Lucas 24.50). Jamais eles esqueceriam aquela experiência e a última recomendação: "[...] fiquem na cidade até serem revestidos do poder do alto" (Lucas 24.49).

A grande verdade que aprendemos é que o Espírito Santo é quem capacita o pregador. Somente na plenitude do Espírito a pregação agrada ao Senhor da pregação. James Crane disse:

> A conversão de almas perdidas; coragem para testemunhar; sabedoria para responder aos que contradiziam; e o poder para

confundir e desfazer as artimanhas traiçoeiras do inimigo, tudo se deveu à plenitude do poder do Espírito de Deus.[11]

Crane completa sua afirmação citando o que registrou o profeta Zacarias (4.6): "'[...] Não por força nem por violência, mas pelo meu Espírito', diz o SENHOR dos Exércitos".

A esse respeito, David Larsen declarou:

> O Espírito Santo está sempre presente na Palavra, com a Palavra e por trás da Palavra. A promessa da Palavra é que o Espírito Santo vai convencer o mundo do pecado, da justiça e do juízo (João 16.11).[12]

No momento da Palavra, o Espírito Santo inspira o pregador, dando-lhe a sensibilidade de conhecer as mais profundas necessidades dos seus ouvintes e a sabedoria para ajudá-los a atravessar o vale. A esse respeito, Calvino assegurou: "O Espírito está unido com a Palavra, porque sem a eficácia do Espírito a pregação do evangelho de nada adiantará, mas permanecerá estéril".[13]

A categórica afirmação de Jesus "[...] sem mim vocês não podem fazer coisa alguma" (João 15.5) é realidade absoluta na vida do pregador. Larsen compreendeu bem essa verdade, ao afirmar: "A tarefa de comunicar a sabedoria de Deus à nossa geração seria impossível de realizar sem a ação do Espírito da verdade".[14]

---

[11] James CRANE, *O sermão eficaz*, p. 37.
[12] LARSEN, David, *Anatomia da pregação*, p. 40.
[13] COSTA, *Pensadores cristãos*: Calvino de A a Z, p. 42. Apud CALVINO, *Commentarie on the Book of the Prophet Isaiah* (Isaías 59.21; Calvin's commentaries, VIII), v. 4, p. 271.
[14] LARSEN, op. cit., p. 40.

Comunicando a graça divina

A maravilha da pregação está no fato de Deus unir a perfeição da sua majestade à nossa pequenez e imperfeição. Jamais compreenderemos a afirmação paulina:

> Mas Deus escolheu o que para o mundo é loucura para envergonhar os sábios, e escolheu o que para o mundo é fraqueza para envergonhar o que é forte. Ele escolheu o que para o mundo é insignificante, desprezado e o que nada é, para reduzir a nada o que é, a fim de que ninguém se vanglorie diante dele (1Coríntios 1.27-29).

Sublime mistério da graça que levou Paulo a admitir: "Visto que, na sabedoria de Deus, o mundo não o conheceu por meio da sabedoria humana, agradou a Deus salvar aqueles que creem por meio da loucura da pregação" (1Coríntios 1.21). Grande é a nossa responsabilidade! A despeito das nossas fraquezas e deficiências, o Senhor nos torna em seus representantes: dele somos instrumentos para a comunicação da graça. Foi por considerar tal verdade que Paulo declarou:

> Mas não pregamos a nós mesmos, mas a Jesus Cristo, o Senhor, e a nós como escravos de vocês, por causa de Jesus. Pois Deus, que disse: "Das trevas resplandeça a luz", ele mesmo brilhou em nossos corações, para iluminação do conhecimento da glória de Deus na face de Cristo. Mas temos esse tesouro em vasos de barro, para mostrar que este poder que a tudo excede provém de Deus, e não de nós (2Coríntios 4.5-7).

A pregação cristã há de transmitir graça em seu conteúdo e à vida do pregador. De outra forma, seria inconsistente e desconexa, porque é pelo amor do Deus a quem pregamos e o amor com que ministramos que a Palavra pregada marca vidas! A palavra transmite graça, marcando pessoas que são motivadas ao conhecimento de Deus. E conhecer Deus é uma experiência contínua, como tão bem desafiou o profeta: "Conheçamos o Senhor; esforcemo-nos por conhecê-lo [...]" (Oseias 6.3). O conhecimento de Deus transporta o ouvinte à condição de adorador, fazendo-o compreender sua função no Corpo de Cristo e crescer na graça e no conhecimento de Jesus (2Pedro 3.18). Somos vasos imperfeitos, mas estamos nas mãos do Oleiro que tem o poder de nos moldar e transformar segundo o seu querer. É ele quem nos dá o privilégio de proclamar a mensagem da transformação.

> Tudo isso provém de Deus, que nos reconciliou consigo mesmo por meio de Cristo e nos deu o ministério da reconciliação, ou seja, que Deus em Cristo estava reconciliando consigo o mundo, não levando em conta os pecados dos homens, e nos confiou a mensagem da reconciliação. Portanto, somos embaixadores de Cristo, como se Deus estivesse fazendo o seu apelo por nosso intermédio. Por amor a Cristo lhes suplicamos: Reconciliem-se com Deus (2Coríntios 5.18-20).

Paulo pregou a Onésimo, e ele, alcançado por Jesus, foi transformado. Restaurado pela graça de Deus, deixou de ser inútil; marcado pelo Espírito Santo, passou de escravo a irmão. É esse o milagre do momento da Palavra, quando nos tornamos instrumentos do Espírito Santo para a comunicação da mensagem da graça. Paulo cumpriu fielmente sua missão e marcou vidas porque Jesus havia marcado a sua vida primeiramente, tanto que ele disse: "[...] que ninguém me perturbe, pois trago em meu corpo as marcas de Jesus" (Gálatas 6.17).

No momento da Palavra, Deus se faz presente e fala por meio do pregador. A esse respeito, Robson Marinho afirma:

Isto é pregação: um poderoso milagre de Deus, o infinito fluindo por via finita, o perfeito chegando até nós por meio do imperfeito, a santidade sendo transmitida através de pecadores, e isso tem o poder de transformar outros pecadores.15

Ajudar os ouvintes deve ser o alvo de todo pregador. Calvino declarou:

> Aquele que não tenta ensinar com o intuito de beneficiar, não pode ensinar corretamente; por mais que faça boa apresentação, a doutrinação não será sã, a menos que cuide para que seja proveitosa a seus ouvintes.[16]

O missionário John Mein pregava ao ar livre, em Maceió, quando um adolescente de 13 anos entregou-se a Jesus. Órfão de pai e mãe, com sérios problemas de saúde, seria uma vida marcada pela tragédia. Entretanto, no momento da Palavra, ele foi alcançado e marcado pela mensagem. Jamais alguém poderia imaginar que aquele adolescente se tornaria um dos mais brilhantes pregadores que o nordeste do Brasil conheceu — era Lívio Lindoso, professor de grego e Antigo Testamento no Seminário Teológico Batista do Norte do Brasil.

Na qualidade de pregadores da Palavra, precisamos ter em mente que o valor de uma vida é maior que os tesouros do mundo todo. Jesus deixou esse princípio, ao indagar: "[...] que adianta ao homem ganhar o mundo inteiro e perder a sua alma?" (Marcos 8.36). Diante de tão grande desafio de sermos participantes no projeto divino de resgatar pessoas, precisamos pedir ao Senhor que nos ajude a pregar com eloquência.

---

[15] Robson Moura MARINHO, *A arte de pregar*, p. 16.
[16] COSTA, *Pensadores cristãos: Calvino de A a Z*, p. 183. Apud João CALVINO, *As pastorais* (Tito 6.3), p. 165.

PERGUNTAS DE REVISÃO

1. Como você define o momento da Palavra?
2. O que significa sabedoria para aproveitar o momento da Palavra?
3. Descreva como o profeta Natã aproveitou o momento da Palavra.
4. Qual o papel do Espírito Santo no momento da Palavra?
5. Quando é que a pregação agrada ao Senhor da pregação?
6. Você aceita o fato de Deus unir a perfeição da sua majestade à nossa pequenez e imperfeição? Como isso acontece?
7. Como o pregador pode ser instrumento da graça para anunciá-la aos ouvintes?

5
Comunicando com eloquência

*O sermão é eloquente quando as
palavras que apresentam vida são
proferidas com entusiasmo
e ilustradas com sua própria vida.*

Pregar um sermão com eloquência é o desafio. Pregadores almejam ser eloquentes, e ouvintes gostam de ouvir pregadores eloquentes. Não obstante, o que é eloquência? Pascal a definiu como "a pintura do pensamento". E. Ferri a viu como "o talento de transmitir com força ao espírito dos outros, o sentimento de que o orador está possuído". Dammien a definiu como "a arte de dizer bem aquilo que é preciso, tudo quanto é preciso, e nada mais do que isso". Para Rui Barbosa, "a eloquência é a sinceridade na ação".[1]

O pregador eloquente tem a habilidade de criar quadros vivos na mente dos ouvintes, a capacidade de transmitir com força a mensagem que recebeu do Senhor da pregação para o coração

---

[1] Sérgio Biagi GREGÓRIO, Eloquência. Disponível em: <www.ceismael.com.br/oratória>.

dos ouvintes, a perspicácia para dizer de modo adequado tudo quanto as pessoas precisam ouvir, e a sinceridade para falar de modo autêntico ao coração dos ouvintes.

Broadus, citando Cícero, afirmou: "Será orador eloquente aquele que puder falar, com frases modestas, de coisas pequenas, e temperadamente puder falar sobre tópicos comuns, e de grandes assuntos, com emoção e poder".[2] No passado, o conceito de eloquência no púlpito estava associado à potente voz do pregador e sua capacidade de expressão corporal. Alguns pregadores tidos como eloquentes falavam, gritavam e gesticulavam abusivamente. Hoje, quando a comunicação se aproxima mais dos ouvintes, o conceito de eloquência está se dissociando do volume da voz. Há grandes pregadores que comunicam com voz suave, sem grandes gestos e com um discurso breve.

A pregação evangélica primitiva desenvolvida no primeiro século do cristianismo foi cheia de graça e poder. Os apóstolos, transbordantes do entusiasmo característico daqueles que haviam encontrado o Mestre, e impulsionados pelo poder do Espírito Santo, pregaram a mensagem com força e ousadia. Nos séculos que se seguiram, entretanto, muitos pregadores foram se desvirtuando da essência da mensagem cristã, delineando assim uma longa fase de declínio no púlpito. No período medieval (430-1095), a pregação entrou em um estado de profunda obscuridade. O brilho da pregação de verdadeiros cristãos nesse período não teve a intensidade capaz de conseguir clarear as trevas dominantes. No período escolástico (1095-1361), embora se verificasse um maior número de pregadores que no período anterior, o estado do púlpito ainda permaneceu caótico. A partir do século XIV, foi possível ouvir mais nitidamente as vozes de homens que envidaram esforços para restaurar o poder

---

[2] Cícero, *Orator*, p. 29. Apud John Broadus, *O sermão e seu preparo*, p. 221.

da pregação. Somente no século XVI, os reformadores levantaram bem alto suas vozes, lutando por uma volta à pregação bíblica, e por meio da sua mensagem conseguiram restaurar o poder do púlpito. Infelizmente, os dias atuais estão marcados por um declínio no púlpito. Como temos visto, a televisão e a internet tornaram possível, via satélite, a comunicação com os lugares mais distantes e o intercâmbio de informações, no exato momento em que os fatos acontecem.

Não há na vida do pregador nenhuma responsabilidade maior do que comunicar a Palavra de Deus. Wayne McDill afirma que a comunicação oral é a mais importante responsabilidade para o pastor, a que requer mais tempo e atenção.[3] Isso significa que durante a semana toda, em tudo o mais que o pastor faz, deve fazê-lo pensando e se preparando para o desempenho de sua responsabilidade mais exigente, que é a comunicação da Palavra.

A PREGAÇÃO DEVE SER ELOQUENTE

O autêntico pregador da Palavra não deve se preocupar em ser eloquente. Precisamos considerar o que afirmou Calvino:

> O Espírito de Deus também possui uma eloquência particularmente sua [...]. A eloquência que está em conformidade com o Espírito de Deus não é bombástica nem ostentosa, como também não produz um forte volume de ruídos que equivalem a nada. Antes, ela é genuína e eficaz, e possui muito mais sinceridade do que refinamento.[4]

Nossa preocupação deve estar no desejo de sermos instrumentos para a proclamação da Palavra. Lloyd-Jones chama a

---

[3] Wayne V. McDill, *The Moment of Truth*, p. 58.
[4] Hermisten Costa, *Pensadores cristãos:* Calvino de A a Z, p. 108. Apud João Calvino, *Exposição de 1Coríntios* (1Coríntios 1.17), p. 56.

atenção para o perigo do orgulho na vida do pregador. No afã de ser eloquente, ele pode se tornar mais preocupado com o modo de expressar do que com a própria verdade a ser expressa, demonstrando, assim, mais preocupação com o modo em que as pessoas receberão a mensagem do que um real interesse na vida dos ouvintes.[5] Ele afirma que, em termos de eloquência, a única norma que estabelece é que nenhum pregador deve buscar ser eloquente:

> Um pregador nunca deveria tentar mostrar-se eloquente; mas se ele perceber que é naturalmente dotado de eloquência, então, tal qualidade se revestirá de grande valor e poderá ser usada por Deus.[6]

Concordamos que o pregador não deve buscar mostrar-se eloquente; isso seria um esforço para seu próprio deleite e o desviaria do ideal de pregar a mensagem, escondido à sombra da cruz, para que só o brilho do Crucificado seja visto pelos ouvintes; isso tornaria o pregador vaidoso, fazendo-o perder a condição de autêntico arauto do Cristo que, humildemente, caminhou até o Calvário e deu a vida por nós. No entanto, creio que todo pregador deve buscar ser eloquente para melhor comunicar a Palavra da verdade. Sabendo que comunicar a mensagem do amor de Deus é o maior privilégio que o ser humano pode receber, precisamos considerar também que tamanho privilégio acarreta enormes exigências. Mesmo porque, por mais que um sermão seja bem elaborado, se não for bem apresentado, todo trabalho de pesquisa e preparo do manuscrito pode ser perdido. A elaboração é importante e indispensável, mas é na apresentação eloquente que ela se completa. Pregação é comunicação verbal que só se torna possível com uma boa apresentação.

---

[5] Martin LLOYD-JONES, *Pregação e pregadores*, p. 174.
[6] Ibid.

Quando o pregador não dá atenção especial ao modo de comunicar suas prédicas, acaba perdendo a atenção dos ouvintes. Essa é a principal razão por que na atualidade a pregação tem perdido seu lugar de destaque. Dirce de Carvalho realizou uma pesquisa de opinião para saber o pensamento dos leigos sobre a homilia. Falando sobre a pobreza da comunicação, uma ouvinte realçou a falta de sermões marcantes: "Poucos foram os padres que conseguiram deixar uma mensagem que marcasse a minha vida". Ela apontou o despreparo e a monotonia como causa para a falta de qualidade na comunicação: "Parece-me que eles não se preparam o suficiente para fazer a homilia. A meu ver, fazem aquilo mecanicamente". Seu depoimento prossegue, falando de sua frustração como ouvinte:

> Eu tenho vontade de aprender aproveitando um pouquinho mais, aproveitando aquele momento, mas quase sempre volto pra casa mais vazia. Às vezes, sinto-me até mais sabida do que o padre. Eu digo: Poxa, não era isso que eu queria ouvir. Não era isso. Ele está dando bobeira".[7]

Será importante termos uma pesquisa na igreja evangélica para sabermos como os ouvintes estão recebendo a mensagem na atualidade. Na era da comunicação, a eloquência é indispensável para que a pregação chegue ao coração de cada ouvinte.

O que é eloquência na pregação?

A eloquência tem sido vista por alguns ouvintes na beleza das palavras e em como são proferidas. Na tribuna secular, pode até ter

---

[7] Dirce de CARVALHO, *Homilia*: a questão da linguagem na comunicação oral, p. 55.

alguma razão, mas no púlpito a exigência é bem maior. Não basta as palavras serem bonitas e o modo de dizê-las, de bom gosto: só será pregação eloquente quando, baseada em um texto bíblico, a mensagem alcançar o pregador para, por meio dele, alcançar o ouvinte. Só assim, podemos definir eloquência na pregação.

Sermão eloquente é um discurso que, partindo de sua base bíblica, é capaz de atrair e manter a atenção dos ouvintes, por construir uma ponte que, transpondo a barreira do tempo e do espaço, entra no seu mundo significativo para, com autoridade e brandura, comunicar-lhes a verdade bíblica de modo vivo, atual e penetrante, com a sensibilidade de confortar os perturbados e a coragem de perturbar os confortados; é a mensagem que faz diferença na vida dos ouvintes, da igreja e da sociedade.

O sermão eloquente é elaborado e pregado com paixão e vida. E o pregador, à semelhança de Pedro e João, afirma: "[...] não podemos deixar de falar do que vimos e ouvimos" (Atos 4.20); ou, como Paulo deixa bem claro: "[...] Ai de mim se não pregar o evangelho!" (1Coríntios 9.16). Do ponto de vista do ouvinte, o sermão eloquente, quando começa bem, e com o seu excelente conteúdo, é tão bem apresentado que surpreende o auditório com sua finalização. É exatamente o contrário do sermão que começa mal, caminha mal, e de tão mal parece interminável.

Todo pregador pode ser eloquente?

Ser eloquente é dever do pregador. Para muitos, a ideia de eloquência é que ela é um dom, fluência com as palavras — uns têm; outros, não. Concordo que algumas pessoas têm mais facilidade de falar, mas minha convicção é que, quando Deus chama alguém para pregar, dá a capacidade para falar. Foi assim com Moisés: não apenas se julgava incapacitado, como também não tinha nenhum interesse em capacitar-se. O fenômeno se repete hoje. Muita gente foge do chamado por não ter interesse em capacitar-se. Era o meu caso; no entanto, aprendi que o Senhor nos chama porque tem poder para nos capacitar e deseja realizar em nós esse milagre.[8] O Senhor da Palavra tem poder para tornar eloquentes as pessoas a quem chama para ministrar em seu nome. Outro prisma dessa questão a considerar é que ser um pregador eloquente depende do modo de a pessoa encarar a responsabilidade de comunicar a Palavra.

Algumas vezes, há comunicadores que têm mais desenvoltura no púlpito e menos destreza no gabinete. Considerando que a pregação é uma atividade complexa que envolve tanto a pesquisa quanto o púlpito, a participação do pregador será sempre exigente e difícil. Quem tem mais facilidade no púlpito precisa de mais empenho na elaboração; quem é mais desenvolto no preparo precisa trabalhar mais depois de feito o esboço, para se sair bem no púlpito.

Como a eloquência pode ser vista na pregação

A eloquência na pregação é bem mais exigente do que em qualquer outro discurso: vai além das palavras e envolve a vida do pregador, tanto que uma aparente eloquência, vista apenas no púlpito, não é eloquência — é simulação, fingimento, som de sino, barulho de prato. O pregador eloquente tem a capacidade de comunicar com ternura, sem perder sua autoridade. Mesmo pregando uma dura mensagem com forte conteúdo de admoestação, ele o faz de modo tão especial que as pessoas no auditório o ouvem atentamente. A comunicação eloquente, mesmo quando repreende, não é autoritária e ríspida; e mesmo admoestadora, é capaz de conquistar a atenção, granjear amigos e marcá-los com a Palavra.

---

[8] Jilton MORAES, *Procura-se um pregador capacitado*, p. 3.

A pregação eloquente requer autoridade e ternura. Mas esse binômio só se torna evidente quando reconhecemos nossas limitações, buscamos a capacitação do Senhor e cultivamos o amor pelos ouvintes. Diante das multidões, Jesus, com toda a sua autoridade, sentia compaixão. A eloquência na pregação vai além das exigências do discurso secular. Sozinho, jamais o pregador será eloquente. Pode até parecer eloquente, mas entre o parecer e o ser há uma diferença abismal: o primeiro comunica para se encantar e encantar os ouvintes; o segundo comunica porque, encantado com a Palavra de Deus, almeja que ela encante os ouvintes.

A eloquência não está presente apenas na apresentação do sermão. Não é vista só no modo de o pregador falar, mas no conteúdo de sua fala. O sermão bem elaborado, com pensamentos claros, coerentes, pertinentes e profundos, tem mais condições de chegar ao coração dos ouvintes do que a mensagem alinhavada sem conteúdo e propósito definido.

Arte, vida e alegria na elaboração e na comunicação

A arte há de estar presente na elaboração; a vida, na apresentação; e a alegria, na realização em pregar. Apresentação com vida não dispensa elaboração com arte; e esta não dispensa aquela. Um sermão deve ser profético e bem elaborado. A vida no púlpito não diz respeito somente ao entusiasmo do pregador, mas à necessidade que temos de pregar o que vivemos e viver o que pregamos. Quem prega com arte e vida, prega com alegria, na convicção de realizar a mais gloriosa tarefa já reservada ao ser humano: anunciar o amor de Deus. Quem prega sem alegria está sendo incoerente, pois a única mensagem capaz de mudar vidas, realizar completamente aqueles que a recebem, não pode ser proclamada com indiferença ou tristeza. Mesmo atravessando problemas de enfermidade ou perda, o autêntico pregador — na força do Senhor da pregação — proclama a mensagem de Jesus com total realização.

O estilo pessoal

O estilo é pessoal, reflete a personalidade do comunicador. Uns falam com vigor; outros, com suavidade. Uns falam alto; outros, suavemente. Os mais vigorosos devem estar alertas para não perder a atenção do auditório, por parecerem nervosos e autoritários; e os mais brandos precisam cuidar para não ficar sem ouvintes, por parecerem sem entusiasmo e sem vida.

O QUE O PREGADOR DEVE FAZER?

O desafio é buscar fazer o melhor, de acordo com seu estilo, com a ocasião, com as necessidades dos ouvintes e com os recursos disponíveis. Uma vez que a luta do comunicador é por ouvintes atentos, precisamos considerar alguns fatores que influenciam a audição: 1) motivação — determinada pela razão que leva alguém a participar do culto: Por que estou aqui?; 2) o assunto — relacionado ao interesse em ouvir o que está sendo apresentado: Isto é proveitoso para mim?; 3) o pregador — diz do nível de aceitação da pessoa que está pregando: Vale a pena ouvir esse pregador? Com base nessas considerações, quem prega deve conhecer o tipo de pregador que é e o tipo de pregador que deseja ser para melhor comunicar a Palavra da verdade. Há alguns recursos que ajudam grandemente na comunicação no púlpito.

Com base nessa consideração, para ser eloquente o pregador precisa avaliar sua religiosidade e caráter; seus conhecimentos homiléticos e emoções; sua linguagem não verbal e verbal e a criatividade.

RELIGIOSIDADE E ELOQUÊNCIA

Dependa de Deus

No livro *Homilética: da pesquisa ao púlpito*,[9] um dos primeiros capítulos é intitulado "Antes de tudo". A ideia ali apresentada é que, para cumprir a grande responsabilidade de se colocar diante das pessoas e falar em nome de Deus, o pregador precisa, antes de tudo, colocar-se diante dele. Somente conhecendo Deus, podemos pregar em seu nome.[10] Sem buscar a orientação do Senhor, jamais um pregador será eloquente.

Quanto mais o pregador depende do Senhor, mais condições tem de pregar com eloquência. Moisés viveu em intensa comunhão com Deus. A experiência no monte Horebe mudou-lhe a vida. A partir daquele chamado, com a oportunidade de conhecer mais e mais o Deus que o chamava, ele mudou o foco do seu viver, redirecionando-o para a realização da missão que o Senhor tinha para ele. É o que precisa acontecer na vida de todos quantos somos desafiados a viver da pregação.

Cultive experiências de fé

Moisés viveu grandes experiências com Deus. Quando ele desceu do monte, trazendo as tábuas da Lei (Êxodo 34.29-35), não chegou anunciando que seu rosto brilhava; foi o povo quem constatou o brilho no rosto dele. Um véu era colocado para que as pessoas pecaminosas pudessem olhar (através dele) para um rosto que brilhava refletindo a santidade de Deus.

Hoje, há pregadores propagando o brilho do seu rosto, proclamando aos quatro cantos sua grande espiritualidade

---

[9] Jilton MORAES, Editora Vida, 2005.
[10] Ibid., p. 28.

que, muitas vezes, não passa de um falso brilho — é como se tivessem colocado purpurina no rosto — um brilho arranjado, falso e passageiro, que cai logo depois. Pregador eloquente não se preocupa em ser visto como tal. Ao contrário, por viver na presença de Deus, ele é humilde e, em vez de estar preocupado em aparecer, preocupa-se em esconder-se à sombra da cruz do Senhor da pregação. Pregador capacitado sabe que não deve brilhar, mas viver e pregar para que Jesus brilhe.

Experiências de fé abrem os olhos do pregador fazendo-o saber que nada sabe. Daí a estrita relação entre capacitação e comunhão com Deus. As palavras de Jesus (João 15.5) — "[...] sem mim vocês não podem fazer coisa alguma" — jamais podem ser esquecidas por aqueles que têm diante de si o desafio de falar em nome do Senhor.

É impossível alguém viver experiências de fé sem uma vida entregue nas mãos do Senhor e pautada pelo louvor da sua glória. E isto não tem nada que ver com exibição. Quem prega para se exibir, já recebeu o galardão da sua vaidade. Quanto mais o pregador vive experiências de fé, mais condições tem de pregar um sermão bíblico e contextualizado, que alcança, desafia e muda vidas. As experiências com Deus capacitam o pregador a experimentar a autêntica alegria e realização em ser instrumento nas mãos do Senhor para a proclamação da Palavra.

CARÁTER E ELOQUÊNCIA

Assuma sua identidade

No púlpito, alguns comunicadores iniciantes são tentados a imitar pregadores mais experientes. Com o passar do tempo, contudo, aprendemos que o estilo é uma questão pessoal. Não fica bem tentar ser quem não somos; o ideal é procurar conhecer o que somos, agradecer a Deus o que somos e, pondo toda essa nossa bagagem nas mãos dele, pedir que ele nos ajude a sermos bênçãos como somos. "A imitação, por mais servil que seja, nunca é perfeita; e o próprio caráter da pessoa muitas vezes, mesmo sem que ela o queira, denota seu estilo".[11] Pregadores que tentam imitar outros devem lembrar da experiência de Davi, ao enfrentar Golias. Ele tentou usar as roupas de guerra de Saul, mas constatou que em nada ajudava: "[...] 'Não consigo andar com isto, pois não estou acostumado'. Então tirou tudo aquilo" (1Samuel 17.39). No púlpito é assim: é uma estupidez tentar ser quem realmente não somos. A naturalidade é indispensável à boa comunicação; o pregador artificial dificilmente consegue se aproximar dos seus ouvintes.

Aperfeiçoe e utilize seus próprios recursos

Um esboço de outro pregador pode ser uma tentação, como o melhor a ser levado ao púlpito. Mas o pregador precisa ter em mente que a mensagem será mais eloquente à medida que ele mesmo a receber do Senhor para transmitir aos ouvintes.

Um pastor procurou seu ex-professor e pediu-lhe determinado esboço. O professor respondeu com espanto: "Não me lembro desse esboço". Para avivar a mente do professor, o pastor começou a oferecer alguns detalhes. Quando o professor se lembrou da existência do velho esboço, ficou ainda mais curioso, desejando saber a razão do interesse: "Agora eu me lembro", disse o professor. "Mas, diga-me, por que você quer esse esboço?". Sem vacilar, sem nenhum constrangimento, o pregador respondeu: "É que fui convidado a pregar em uma igreja que está me consultando para

---

[11] BROADUS, *O sermão e seu preparo*, p. 219.

o seu pastorado. E, como não sabia dessa consulta, não o trouxe comigo". A essa altura, o professor não entendia mais nada. "Consulta para um pastorado?". Não dava para admitir que um pregador, consultado para o pastorado de uma igreja, pretendesse levar ao púlpito um sermão que ele mesmo não havia preparado. E o velho professor prosseguiu, tentando ajudá-lo: "Quando uma igreja convida um pastor para pregar, consultando-o para o seu pastorado, quer ter a oportunidade de conhecê-lo melhor. Cada vez que vivi esta experiência, sempre levei meus sermões que mais se parecem comigo e mais gosto de pregar". Para completo desapontamento do professor, o pregador respondeu: "Mas esse é o sermão que eu mais gosto de pregar". Só faltou dizer que era o sermão que mais parecia com ele. É inadmissível que o sermão que um pregador mais goste de pregar seja preparado por outro pregador!

Nenhum sermão será melhor para um pregador do que aquele que ele mesmo preparou. O sermão não é uma mercadoria a ser vendida ou oferecida de qualquer modo. Pregação é vida, e vida diante de Deus. O pregador recebe de Deus a mensagem, com a responsabilidade de transmiti-la a seus ouvintes. Não é usando recursos alheios que o pregador se torna eloquente, mas a partir do momento em que se dispõe a depositar seus recursos nas mãos do Senhor. O sermão eloquente não é o que foi preparado por um professor ou por um notável pregador, mas o que custou o tempo e os talentos de quem vai pregá-lo.

Exerça autoridade sem ser autoritário

A autoridade do pregador vem do Senhor da pregação e da profundidade da experiência que temos com ele. Nenhum pregador precisa ser autoritário para mostrar sua autoridade. Atitudes como esmurrar o púlpito, depreciar os fiéis e ofender o auditório tornam a comunicação deselegante e criam uma barreira, afastando o pregador de seus ouvintes. A autoridade do pregador vem de uma vida transformada. Nada fala tão alto quanto a própria vida do pregador. O sermão é eloquente não apenas quando pregado com graça e vida, mas quando procede de uma vida verdadeiramente transformada pela graça. A autoridade do pregador vem, de igual modo, de sua intimidade com a Palavra do Senhor e com o Senhor da Palavra, o que envolve conhecimento e vivência.

Seja humilde sem ser inferior

A maior tentação para a empáfia está no púlpito, onde falamos a fiéis piedosos que se dispõem a nos ouvir. Que privilégio! Infelizmente, isso tem criado um ar de superioridade em alguns e os conduzido à arrogância. Mas é impossível ser vaidoso quando se vive ao pé da cruz. A um servo do Cristo crucificado, não resta outro estilo de vida senão a humildade. Ser humilde, entretanto, não significa ser inferior. Nunca peça desculpas alegando falta de condições para pregar. É mais coerente não aceitar o convite do que começar com uma atitude de inferioridade. Ainda que o melhor pregador que você conhece esteja presente, não diga que ele é quem deveria falar, e não você. Quando assomamos ao púlpito, devemos fazê-lo na convicção de que o Senhor que nos levou até lá nos conduzirá até os ouvintes, dirigindo-nos no que temos a comunicar.

HOMILÉTICA E ELOQUÊNCIA

Vá além do esboço

Não basta finalizar o esboço ou o manuscrito. Alguns sermões são como clara de ovo ou chuchu sem sal, porque são apresentados sem vida. No púlpito, não dá para ter vida sem conhecimento. Além de todo o tempo gasto na elaboração do esboço, precisamos de mais tempo, depois de prepará-lo, para transformar o que está no papel em um discurso oral. Quanto mais intimidade com o conteúdo do sermão, mais condições de pregá-lo com eloquência. A familiaridade com o esboço é um dos passos mais importantes para a boa comunicação. A eloquência independe da forma usada para a apresentação do sermão. Um pregador sem quaisquer anotações no púlpito pode ser insípido, e, por outro lado, um sermão todo escrito pode ser apresentado com eloquência. Obviamente, quanto maior o esboço, mais será exigido do pregador na apresentação, uma vez que nenhum sermão alcançará êxito se apresentado por alguém que se comunica bem com seu manuscrito, mas precariamente com seus ouvintes.

Considere a ocasião

O momento da pregação é determinante. Um sermão dirigido a crianças em um culto infantil não terá o mesmo desenvolvimento e duração que um apresentado a jovens e adultos. A comunicação em um acampamento poderá ser bem mais informal do que no santuário. Uma prédica para um grupo de empregados no culto da empresa onde trabalham será diferente do sermão dominical no templo. Considerar a ocasião é ser inteligente em aproveitar a motivação das pessoas que ali se encontram. Se um pregador, em pleno Natal, tentar pregar sobre o sofrimento e a morte de Jesus, terá de trabalhar bem mais pela atenção de seus ouvintes, motivados a ouvir sobre o nascimento de Jesus.

Conquiste os ouvintes

É algo que começa antes do início do sermão, em como o pregador participa. A atenção do ouvinte é conquistada pelo conteúdo das palavras e pelo modo de nos comunicarmos. Não há melhor fórmula para conquistar pessoas do que comunicar com atualidade e vida a Palavra da vida. Spurgeon afirmou que "os melhores ouvintes para o pregador são aqueles com quem ele já está mais familiarizado".[12] Significa que a tarefa de conquistar ouvintes começa no dia a dia e se estende por todo o tempo da vida cristã.

Comece e continue bem

As primeiras palavras a serem proferidas são um grande desafio, mas não apenas estas. Tudo o que iremos dizer constitui um grande desafio. Começar bem não significa fazer rodeios para entrar na mensagem. Alguns pregadores falam sobre a família ou contam um caso qualquer para depois iniciar o sermão. Começar bem é mostrar aos ouvintes com cordialidade e competência que existe algo a ser comunicado. Continuar bem é comunicar de tal modo que o ouvinte se mantenha atento a tudo quanto for dito e, ao final, satisfeito com tudo quanto foi ouvido.

Comunique com simplicidade

Paulo apresentou a mensagem com simplicidade:

> Minha mensagem e minha pregação não consistiram em palavras persuasivas de sabedoria, mas consistiram em demonstração do poder do Espírito, para que a fé que vocês têm não se baseasse na sabedoria humana, mas no poder de Deus (1Coríntios 2.4,5).

Um jovem pregador, admirado da simplicidade do sermão de seu professor, disse: "Se eu pregar um sermão desses, o

---

[12] C. S. SPURGEON, *Lições aos meus alunos*, v. 3, p. 177.

que as pessoas vão pensar de mim?". O professor respondeu: "Nós não pregamos para que as pessoas nos avaliem; pregamos para comunicar a Palavra. Somos simples porta-vozes". Todo pregador precisa vencer a tentação de pregar para demonstrar conhecimento. John Stott afirma que a mensagem é simples e deve ser pregada de modo simples: "Não há por que pregar como quem acabou de engolir um dicionário".[13]

Aplique ao longo da mensagem

Precisamos lembrar que sem aplicação não há pregação. H. C. Brown Jr. apresentou alguns fatores que influenciam a aplicação: 1) a pessoa do pregador e o que ele representa para os ouvintes; 2) o texto bíblico e sua correta interpretação; 3) a contextualização, com o transporte do texto para o presente momento; 4) a ocasião em que o sermão está sendo pregado; 5) os desafios apresentados na mensagem; 6) o conhecimento dos ouvintes e suas necessidades; 7) a importância do que está sendo apresentado na vida do pregador e dos ouvintes; 8) a teologia e a práxis do pregador comparados aos conceitos de sua pregação; 9) as emoções do pregador e dos ouvintes e a empatia criada entre eles; 10) a ação do Espírito Santo na pregação.[14]

Evite o supérfluo

O bom comunicador tem a sabedoria de apresentar o essencial e eliminar o superficial. Às vezes, para contar uma ilustração, o pregador gasta duas ou mais vezes o tempo dos ouvintes com detalhes desnecessários. Ainda pior, apresenta pormenores levianos, sem nenhuma profundidade ou utilidade, fugindo do

---

[13] John Stott, *O perfil do pregador*, p. 123.
[14] H. C. Brown Jr. *A Quest for Reformation in Preaching*, p. 63.

foco apresentado. Quando o pregador se desvia do propósito de sua mensagem ou se dá a divagações, a comunicação perde o encanto, deixa de ser atrativa e penetrante.

Aproveite o momento certo

O bom culto prepara as pessoas para ouvirem o sermão, e o pregador sábio aproveita esse recurso para comunicar a Palavra no tempo certo. É lamentável que, depois de uma mensagem musical dentro do tema do culto, quando todos esperam que o pregador inicie o sermão, ele passe a contar um gracejo ou faça propaganda de algum evento ou programação que nada tem que ver com o momento. O pregador que procede dessa maneira desperdiça tudo quanto foi conquistado até aquele momento e desmotiva seus ouvintes.

Saiba parar

O amém final precisa ser posto no seu devido lugar. Quando o conteúdo do sermão chega ao fim, não há por que prolongar a comunicação. Os ouvintes sentem quando o pregador está perdido no púlpito. É sábio o pregador que evita as promessas de finalização que criam falsas expectativas nos ouvintes, tornando a comunicação ainda mais enfadonha e cansativa. A relevância do sermão está nos valores permanentes que apresenta, não na permanência de uma longa apresentação.

EMOÇÕES E ELOQUÊNCIA

Vença a ansiedade

Pregadores iniciantes ficam muito nervosos com a aproximação do momento de proferir o sermão. A Palavra de Deus é clara: "Lancem sobre ele toda a sua ansiedade, porque ele tem cuidado de vocês" (1Pedro 5.7). Quem não se lembra da ansiedade que sentiu ao pregar o primeiro sermão? Um pouco de nervosismo é natural a todos os oradores, mas o pregador da Palavra precisa confiar no acompanhamento do Senhor.

As promessas de Deus são válidas aos pregadores no presente. A Moisés, Deus prometeu estar com ele e lhe ensinar o que falar (Êxodo 4.12). A Isaías, Deus tocou-lhe os lábios com uma brasa assegurando-lhe: "[...] a sua culpa será removida, e o seu pecado será perdoado" (Isaías 6.7). Para encorajar Jeremias, que afirmava ser imaturo, Deus disse: "[...] Não diga que é muito jovem. A todos a quem eu o enviar, você irá e dirá tudo o que eu lhe ordenar. Não tenha medo deles, pois eu estou com você para protegê-lo [...]" (Jeremias 1.7,8). Não há lugar para a aflição quando pregamos a Palavra do Senhor, ajudados pelo Senhor. Quanto mais pregamos, mais vencemos a ansiedade. Precisamos vencer toda a ansiedade para termos condições de alcançar os ouvintes.

Fale ao coração

Só é possível falar ao coração quando a mensagem parte do íntimo. O sermão precisa passar por nós para chegar ao ouvinte. Spurgeon deixou claro que o povo é todo ouvidos quando o pregador fala de todo o coração.[15] Falar ao coração envolve o relacionamento do pregador com Deus e com seus ouvintes. Só é possível o sermão partir do coração quando, alcançados pela graça de Deus, amamos sua Palavra e nossos ouvintes. Por isso, os sermões que mais falam aos ouvintes são os que mais falaram ao pregador. Os melhores textos para pregarmos são aqueles que nos são mais familiares. Quem comunica com amor abre os ouvidos do povo.

---

[15] C. S. Spurgeon, *Lições aos meus alunos*, v. 2, p. 178.

LINGUAGEM NÃO VERBAL E ELOQUÊNCIA

Cuide do porte no púlpito

O púlpito é um aliado do pregador. Serve para portar a Bíblia e as anotações e também para proteger quando o comunicador, de tão nervoso, "bate palmas com os joelhos". O modo de as pessoas se portarem no púlpito depende de como vivem. O porte no púlpito deve ser elegante, sem ostentação; um porte adequado, natural. Curvar-se sobre o púlpito ou aproveitar-se dele para se escorar são atitudes a serem evitadas.

Movimente-se

Os movimentos no púlpito são determinados pelo estilo do pregador, variando da excessiva agitação ao completo sossego. Os movimentos devem ser naturais, enfatizando o que está sendo comunicado. Gesticulamos no púlpito como fazemos quando conversamos. Aqui cabe bem o princípio de evitar os extremos: gestos em demasia podem irritar o auditório, e ausência de gestos pode entediá-lo. É preciso considerar também a existência de gestos que atrapalham. Um deles é o dedo em riste, usado geralmente como gesto de acusação. "A mão fechada com o dedo apontando é um dos gestos mais irritantes que um orador pode usar, particularmente quando marca o compasso de suas palavras".[16]

Falando sobre a importância da linguagem não verbal no discurso, Allan e Barbara Pease lembram Richard Nixon e John Kennedy disputando a presidência dos Estados Unidos. A maioria das pessoas que ouviu o debate pelo rádio achou que Nixon seria o vencedor, enquanto a maioria que assistiu pela televisão acreditou na vitória de Kennedy. "Isto demonstra que

---

[16] Allan e Barbara PEASE, *Desvendando os segredos da linguagem corporal*, p. 39.

a convincente linguagem corporal de Kennedy acabou contribuindo para conduzi-lo à presidência".[17]

Olhe seus ouvintes

Sem olhar para os ouvintes, o pregador não terá a completa atenção deles. Enquanto fala, o pregador deve buscar todas as pessoas no santuário com o seu olhar. É olhando os ouvintes que temos condições de perceber os sinais da distração. Isto exige que o pregador olhe todos os ouvintes, em todos os pontos onde estão. Pregar olhando para um ponto fixo é uma falha que precisa ser corrigida. O contato visual é indispensável à boa comunicação. Se todo movimento do corpo comunica, sem palavras o olhar fala ainda mais. O comunicador que não atenta para os ouvintes não pode esperar a completa atenção deles.

LINGUAGEM VERBAL E ELOQUÊNCIA

Fale com entusiasmo

Nenhum comunicador consegue persuadir sem que esteja realmente entusiasmado pelo que comunica. "O entusiasmo é uma espécie de combustível da expressão verbal".[18] Ao pregador, foi confiada a missão mais nobre que o ser humano pode desempenhar: comunicar a Palavra de Deus. O conteúdo sermônico oferece a única alternativa que transforma completamente as pessoas. Como apresentar tal mensagem sem o brilho especial de quem vive essa realidade? Não dá para pregar com apatia sobre o poder de Deus que salva todo aquele que crê (Romanos 1.16). Para a boa comunicação secular, afirma-se que

---

[17] Ibid, p. 48.
[18] Reinaldo POLITO, *Como falar corretamente e sem inibições*, p. 46.

é preciso apresentar cada mensagem como se estivéssemos carregando uma bandeira para o campo de batalha. Vibrar com cada afirmação, entusiasmar-nos pela ideia, envolver o auditório num ambiente de emoção e credibilidade.[19]

Se essa afirmação é válida para qualquer comunicação, muito mais o é quando o que se comunica é a verdade divina.

Use bem a voz

Além do fato de que precisamos conhecer nossa voz, e trabalhá-la em vez de tentar substituí-la,[20] devemos agir sabiamente, usando-a como instrumento que possibilita a mensagem aos ouvintes. O volume da voz é um detalhe importante. Sabiamente usado, esse volume dependerá do tamanho e da acústica do auditório. Na comunicação em um ambiente menor, com menos pessoas, o volume da voz não precisa ser tão forte. Há de se considerar também a questão da amplificação. Ajudados por um microfone, podemos usar de menos intensidade ao falar. Com ou sem microfone, uma boa fórmula é atentar para os ouvintes da primeira e última fileiras de assentos — começo e final do auditório. Devo falar tão alto que seja ouvido pelas pessoas mais distantes, e tão suave que não agrida os ouvidos das que estão mais próximas. Além do volume, vale a pena cuidar da velocidade da voz. Quem fala rápido demais deixa de ser compreensível e perde o auditório; por outro lado, quem fala muito devagar torna-se cansativo e monótono e também perde o auditório.

Atente para a dicção

Uma dicção problemática ocasiona prejuízos para a comunicação. Alguns pregadores têm dificuldades com a pronúncia

---

[19] Ibid.
[20] MORAES, *Homilética*, p. 187.

de determinadas palavras. As mais comuns são sílabas que contêm a consoante "l" seguida de uma vogal e precedidas de sílabas que trazem a consoante "r", como, por exemplo: problema, proclama etc. São comuns também os tropeços em vocábulos nos quais se dá a repetição da consoante "r", como: proprietário, procrastinar, procriar, procronismo etc. Podemos melhorar a dicção ao ouvir sistematicamente a gravação dos nossos sermões, anotando os tropeços na fala e procurando corrigi-los. A dicção também é aperfeiçoada por meio de exercícios próprios. Em livros de oratória e pelo vocábulo "dicção" na internet, encontramos exercícios em vários níveis que auxiliam na pronúncia correta das palavras.

Formule perguntas retóricas

Tais indagações, usadas com sabedoria, são como "uma arma para unir e focalizar o pensamento, devendo, portanto, ser utilizadas em algum ponto transicional, num momento em que o orador pretenda que o auditório demonstre energia adicional".[21] Deve-se evitar perguntar o óbvio, o que acabou de ser respondido. Também é preciso cuidado com pausa após a pergunta. Se o pregador não pretende que haja uma resposta pública do auditório, não deve fazer uma pausa demorada.

Descarte os vícios de linguagem

Existem muitas palavras e expressões de uso popular que, por serem incorretas, empobrecem a comunicação no púlpito. Os pregadores precisam estar atentos para não tropeçarem nesse quesito. Veja alguns dos casos mais comuns de vícios de linguagem.

Negligência na pronúncia de consoantes finais determinantes: A falta do "s" — "nossos irmão"; a letra "s" final

---

[21] Charles T. BROWN, *Introdução à eloquência*, p. 207.

deve ser bem pronunciada — "nossos irmãos". A negligência do "r" — "vamos desafiá"; a letra "r" final há de ser bem audível — "vamos desafiar". A ausência do "m" — "muitos vale"; a pronúncia desse "m" é fundamental — "muitos valem". Outro caso a considerar é a importância do "l" final — pantanal, colossal, abismal, celestial etc.

A troca de consoantes é outro ponto para o qual precisamos estar alertas. A pronúncia da letra "l" em algumas regiões do Brasil se confunde com a do "u" ou do "r". Precisamos estar atentos para não cometer tal permuta na comunicação. Exemplo: caldas, não "caudas ou cardas".

Há de se evitar também os vulgarismos: advogado, não "adevogado"; psicólogo, não "pisicólogo"; um telefonema, não "uma telefonema". Ter especial cuidado com a cacofonia é de igual modo importante, para que a colisão de fonemas não prejudique o sentido do que está sendo comunicado. "Uma mão" pode ser confundido com "um mamão"; "aula da Olga" pode ser trocado por "aula de ioga"; "sempre estar" soa idêntico a "sem prestar" etc. As frases precisam ser formuladas de tal modo que não deixem dúvidas sobre o que queremos comunicar.

Fuja dos buracos e corruptelas

Na boa comunicação, não há lugar para lacunas, espaços vazios e o uso de corruptelas, ou vícios de linguagem. É comum ouvirmos sermões nos quais não só as lacunas estão presentes, mas são preenchidas com o uso exagerado de corruptelas. Talvez a mais comum seja a pergunta "Né?". Uma junção de "Não é?". A palavra *ok* também é usada em ocasiões quando o pregador parece aguardar para completar seu pensamento. Outra expressão bastante usada nos últimos tempos para preencher os vazios da comunicação é o famoso "amém perguntado". E o mais terrível é quando ele é introduzido completamente fora de propósito.

Livre-se dos tiques

Quem comunica precisa descobrir se possui hábitos ridículos que prejudicam o discurso. Com o pregador, não é diferente. Há pessoas que fazem caretas enquanto falam, e os ouvintes, para quem tais expressões faciais são exibidas, tiram a atenção das palavras e passam a se concentrar nos gestos ridículos do pregador. Depois do culto, alguns não sabem nada do sermão, mas são capazes de dizer quantas vezes o pregador tirou e colocou os óculos, piscou os olhos e sacudiu os ombros.

CRIATIVIDADE E ELOQUÊNCIA

Mantenha-se alerta

A falta de criatividade leva o pregador a uma infindável repetição. Ainda que pregue sobre novos textos, repete ideias pela falta de criatividade. Uma boa maneira de avaliar a criatividade no púlpito é pensar nas partes principais do sermão: começo, meio e fim. 1) Como começo a pregar? 2) Como o sermão é desenvolvido? 3) Como finalizo o sermão? Pregadores que começam, desenvolvem e terminam o sermão do mesmo modo tornam-se monótonos para seus ouvintes. Estes nem precisam prestar atenção para saber em que ponto do sermão o pregador está. Há recursos homiléticos que possibilitam variedade e criatividade na elaboração do sermão para dar mais vida à comunicação. A criatividade pode ser vista no púlpito também por meio do uso de novas formas sermônicas, conforme apresentado nos capítulos de 8 a 12. A criatividade no púlpito surpreende agradavelmente os ouvintes. Ela pode ser expressa nos quadros criados pelo pregador, em sua capacidade de pregar com graça, utilizar recursos visuais e lançar mão de símbolos.

Pinte quadros

Os ouvintes hoje estão acostumados a não apenas ouvir, mas ver o que lhes está sendo comunicado. A televisão e a informática têm colocado imagens diante das pessoas. O bispo J. C. Ryle afirmou: "O homem eloquente transforma os ouvidos de seus ouvintes em olhos, de modo que eles podem ver aquilo de que ele está falando".[22] Pintar quadros no púlpito é mais do que usar recursos visuais; é ter a capacidade de criar figuras de linguagem que falam ao coração.

Pregue com graça

Uma vez que comunicamos a mensagem da graça de Deus, não podemos fazê-lo sem graça. É contraditório ouvir alguém falar em amor sem que sua fala comunique esse amor. Pregadores com cara feia, voz gritada e dedo em riste não comunicam graça. O sermão precisa de um toque de graça. "O homem destituído de cordialidade, melhor seria que fosse agente funerário e enterrasse os mortos, porque nunca terá sucesso quanto a influenciar os vivos".[23] E quem não tem condições de influenciar pessoas, jamais será capaz de comunicar a mensagem da graça de Deus. Sem que o pregador deixe de ser arauto e passe a ser palhaço, um pouco de humor, usado com inteligência e bom senso, dá um brilho especial à comunicação, tornando-a mais atraente. A verdade que é dita com graça pode alcançar melhor o coração do ouvinte. Mas há alguns cuidados que precisamos ter no uso do humor: o humor deve ser usado na medida certa. O pregador não está no púlpito para divertir a plateia, mas para pregar o "Assim

---

[22] J. C. RYLE, *Light from Old Times*. Apud John STOTT, *O perfil do pregador*, p. 124.
[23] C. S. SPURGEON, *Lições aos meus alunos*, v. 3, p. 178.

diz o Senhor"; nenhuma brincadeira deve ser feita apontando para limitações ou problemas das pessoas; condição social, nacionalidade e religiosidade não devem servir de diversão; passagens e personagens bíblicas não devem servir de humor; o humor não deve ser usado para preencher o vazio da falta de conteúdo da mensagem; o humor deve ser usado para dar mais alcance à mensagem que está sendo pregada. Falar com graça é saber usar as palavras certas.

Empregue recursos visuais

O uso de recursos visuais se torna mais fácil nas igrejas que dispõem de computador com equipamento de *data-show*. As imagens projetadas precisam ser planejadas para destacar os pontos principais do sermão. O uso de figuras ajudará a ilustrar certos pontos, mas é preciso cuidado especial para não fugir do foco da mensagem (tese) e não colocar um grande esboço para ser projetado em *slides*, o que tornaria a comunicação enfadonha. Muitos outros recursos visuais podem ser usados, sempre com dois objetivos em mente: o auditório e a ocasião.

Aproveite os símbolos

A igreja tem recorrido a alguns símbolos para tornar a comunicação mais clara e mais real. A pregação de Jesus é repleta de símbolos, expressos especialmente nas parábolas. Todavia, foi no final de seu ministério que Jesus apresentou a mensagem simbólica mais profunda e que mais tem acompanhado a comunicação litúrgica em todos os tempos. Os símbolos ajudam na comunicação e compreensão da mensagem. "A simbolização é o ato essencial da mente; e a mente acolhe mais do que é comumente denominado pensamento".[24] Uma vez

---

[24] LANGER, *Filosofia*, p. 51.

que a pregação pretende persuadir as pessoas a uma mudança comportamental, o uso do símbolo é de grande importância.

A CAPACITAÇÃO DO SENHOR SUPERA AS LIMITAÇÕES DO PREGADOR

A história da pregação está repleta de pessoas que enfrentaram grandes problemas e limitações, mas, na força do Senhor, venceram. "O jovem americano Dwight L. Moody quase não foi aceito para o batismo, por não saber responder a algumas perguntas sobre doutrina e fé. Mas cresceu espiritualmente e acabou abalando dois continentes com a sua pregação".[25] Da Inglaterra, dentre outras, temos a experiência de Campbell Morgan. Quando criança, era tão enfermo que precisou receber aulas em casa, por não ter condições de ir à escola. Jerry Key menciona que Morgan "fracassou quando pregou diante de um grupo de líderes, sendo aconselhado a esquecer seu ideal de se preparar para o ministério da Palavra".[26] Foi ele, entretanto, que chegou a ser pastor da famosa catedral de Westminster e também um dos maiores pregadores da Inglaterra na primeira metade do século XX.

Aqui no Brasil, temos exemplos como o de Lívio Lindoso. Ele nasceu com séria dificuldade visual que o acompanhou por toda a vida. Foi não apenas uma criança com terrível limitação física, mas, de igual modo, um menino marcado pela tragédia: a mãe faleceu tragicamente quando ele tinha apenas 7 anos de idade. Um ano depois, seu pai também morreu, acometido por um infarto. A mensagem do evangelho, contudo, mudou a vida de Lívio, e ele tornou-se um pregador notável. Albérico Alves

---

[25] Jerry S. KEY, *Uma análise das características dos grandes pregadores e seus sermões*, p. 2.
[26] Ibid.

de Souza é outro exemplo: expulso de casa ao decidir se preparar para ser pastor, prosseguiu e se tornou um grande pregador, ministrando em várias regiões do nosso país.

Não importam as dificuldades, nas mãos do Senhor da pregação todas elas podem ser superadas, para que o plano do Senhor se cumpra em cada um de nós. Pregar com eloquência é pregar com vida, e a mensagem da vida há de ser pregada assim para que o pregador chegue mais próximo dos ouvintes.

PERGUNTAS DE REVISÃO

1. Quando é que o sermão é eloquente?
2. O que é eloquência?
3. O que é eloquência na pregação?
4. Em que sentido o pregador não deve se preocupar em ser eloquente?
5. Qual a relação entre religiosidade e eloquência na pregação?
6. De que modo o caráter é fundamental na eloquência do sermão?
7. Por que a linguagem não verbal é importante para a eloquência?

6
Mais próximo dos ouvintes

*A pregação se torna mais próxima
quando as pessoas no auditório
deixam de ser simples ouvintes
e se tornam participantes.*

Tudo fazia crer que um excelente sermão seria pregado naquela manhã. Os fiéis, de várias igrejas da mesma região, se reuniam para ouvir a palavra do Senhor. O título do sermão, já antecipadamente divulgado, prometia uma mensagem desafiadora, capaz de abalar e despertar os ouvintes. Depois da inspiração musical, o pregador começou a falar. Suas palavras comprovavam seu preparo, eloquência e erudição. Excelentes conceitos foram apresentados, todos com profunda base bíblica. Muito pouco ou nada de lição prática, no entanto, foi exposto. Os ouvintes, até então atentos, foram se desmotivando e perdendo o interesse à medida que o tempo passava. A certa altura, podia-se constatar o grande abismo criado entre o púlpito e os bancos, a barreira intransponível entre o pregador e os ouvintes.

A RAZÃO DO ABISMO

A indagação levantada em tais ocasiões é: Por que um sermão com visível base bíblica, bons conceitos teológicos, elaboração esmerada e apresentado com aparente maestria é incapaz de alcançar os ouvintes? O sermão deixa de alcançar os ouvintes não apenas quando lhe falta base bíblica, mas também quando falta identificação entre as palavras do pregador e o auditório. O grande abismo entre as palavras do pregador e a realidade dos ouvintes precisa ser transposto. O sermão precisa funcionar como uma ponte, apoiada em cada uma dessas margens tão distantes. Só assim haverá verdadeira comunicação.

Se o pregador não alcançar o coração das pessoas, jamais conseguirá empatia com elas. Contudo, para alcançar o ouvinte com o sermão, primeiramente o pregador precisa ser alcançado por ele. O sermão que não alcança o pregador dificilmente alcança o ouvinte. A empatia na pregação começa com a atitude do pregador para com o texto bíblico que servirá de base para sua mensagem e as verdades que pretende comunicar no púlpito.

Quanto mais o pregador conhece e vive o conteúdo de seu sermão, tanto mais identificação há entre ele e a mensagem; quanto mais se identifica com o que está comunicando, mais é possível ter ouvintes interessados e atentos. Há uma grande diferença entre o pregador que prega porque tem de pregar e o pregador que prega porque tem alegria de pregar. Os ouvintes percebem a diferença entre o sermão pregado por obrigação e o sermão pregado por satisfação.

Quando a mensagem do texto e a vida do pregador se identificam sem restrições, quando cada palavra comunicada no púlpito tem que ver com a vida do pregador, quando não dá para separar os conceitos da práxis, quando a teologia e a vida andam juntas, quando o mensageiro é a mensagem e a mensagem é o mensageiro, começou a haver a tão esperada proximidade na pregação. Somente quando se dá essa empatia no púlpito, os ouvintes podem ser realmente alcançados e envolvidos na comunicação.

Ouvir sermões é uma oportunidade e um privilégio do povo de Deus através dos tempos. Os israelitas ouviram grandes sermões do líder Moisés, que lhes falou em nome de Javé, o Deus que o chamara a libertar aquela gente, conduzindo-a à terra prometida. Depois vieram os profetas — grandes pregadores — que, de igual modo, proclamaram a mensagem do Deus de Israel. Eles falaram com autoridade e vida, apresentando o "Assim diz o Senhor". A era neotestamentária começou com especial destaque à pregação. João, o Batista, surgiu "[...] batizando no deserto e pregando um batismo de arrependimento para o perdão dos pecados" (Marcos 1.4). A Bíblia registra que Jesus também começou suas atividades ministeriais pregando: "[...] Jesus foi para a Galileia, proclamando as boas-novas de Deus" (Marcos 1.14).

No Novo Testamento, grandes nomes se destacam na pregação da Palavra, no qual, naturalmente, o maior realce, não só do período, mas de todas as épocas, é Jesus de Nazaré, uma vez que "Ninguém jamais falou da maneira como este homem fala [...]" (João 7.46). A história da Igreja registra nomes de pregadores notáveis que, através dos tempos, falaram em nome do Senhor, comunicando a mensagem ao povo. E a história da pregação evangélica no Brasil, de igual modo, tem sido marcada com nomes que se tornaram notáveis pela grandiosidade de sua pregação e pelo modo simples com que souberam se aproximar de seus ouvintes para lhes comunicar a mensagem do amor de Deus.

CUMPLICIDADE: UMA COMUNICAÇÃO MAIS PRÓXIMA

A cumplicidade na pregação, apesar de ser um recurso para o momento, não é uma inovação — foi usada no Antigo Testamento pelo profeta Natã. No capítulo 4, já o vimos como exemplo de comunicador no momento da Palavra. Quando pensamos em pregação mais próxima, é ele também que nos serve de modelo entre os pregadores veterotestamentários. Responsável por levar a palavra do Senhor em um momento crítico da vida do rei Davi, foi sábio em despertar a atenção do ouvinte, fazendo-o co-participante da mensagem. A cumplicidade, sabiamente estabelecida pelo profeta, possibilitou a mensagem que precisava ser comunicada no mundo significativo de Davi. Assim, a atenção do rei Davi foi despertada de tal modo que se lhe tornou impossível deixar de interagir. Quando ele reagiu afirmando que o homem rico que roubara a cordeirinha do homem pobre era digno de morte (2Samuel 12.5), ofereceu resposta à questão crucial apresentada na mensagem: A injustiça social, o grande esmagando o pequeno. Essa verdade central foi tão bem apresentada pelo pregador — tão sabiamente colocada diante dele — que era impossível deixar de reagir.

Em Jeremias, encontramos outro exemplo de proximidade na pregação. Ele foi até a casa do oleiro, onde ouviu a mensagem do Senhor que seria transmitida ao povo. Trabalhando sobre as rodas, o oleiro moldava um vaso de barro, que era quebrado e refeito, de acordo com a sua vontade (Jeremias 18.1-4). Com base nesse recurso visual, Jeremias recebeu a palavra a ser dirigida a seus ouvintes:

> "Ó comunidade de Israel, será que eu não posso agir com vocês como faz o oleiro?" pergunta o Senhor. "Como o barro

nas mãos do oleiro, assim são vocês nas minhas mãos, ó comunidade de Israel. Se em algum momento eu decretar que uma nação ou um reino seja arrancado, despedaçado e arruinado, e se essa nação que eu adverti converter-se da sua perversidade, então eu me arrependerei e não trarei sobre ela a desgraça que eu tinha planejado. E, se noutra ocasião, eu decretar que uma nação ou um reino seja edificado e plantado, e se ele fizer o que eu reprovo e não me obedecer, então me arrependerei do bem que eu pretendia fazer em favor dele" (Jeremias 18.6-10).

A tese principal dessa pregação de Jeremias era que, assim como o oleiro quebrava o vaso que não lhe agradava, o Senhor estava pronto a quebrar o povo de Israel, se não se arrependesse do seu mau caminho. A mensagem tinha um convite ao arrependimento: "[...] converta-se cada um de seu mau procedimento e corrija a sua conduta e as suas ações" (Jeremias 18.11).

JESUS, O MAIOR EXEMPLO DE PROXIMIDADE

Basta examinar os seus sermões. Para alcançar a samaritana, à beira do poço de Jacó, ele pediu água: "[...] Dê-me um pouco de água" (João 4.7). Com esse pedido, entrou no mundo significativo daquela mulher tão necessitada, não só da água daquele poço, mas da água da vida. Começando com algo que era do máximo interesse da mulher, ele conquistou sua atenção, tornou possível a interação da ouvinte e apresentou a tese da mensagem: "[...] Se você conhecesse o dom de Deus e quem lhe está pedindo água, você lhe teria pedido e ele lhe teria dado água viva" (João 4.10). A cumplicidade estabelecida foi tanta que a mulher se rendeu e pediu a Jesus: "[...] Senhor, dê-me dessa água [...]" (João 4.15).

À multidão interessada no pão material, Jesus se apresentou como o pão da vida: "[...] 'Eu sou o pão da vida. Aquele que vem a mim nunca terá fome; aquele que crê em mim nunca terá sede'" (João 6.35). Aos discípulos turbados pela proximidade do Calvário, a mensagem do Mestre levou o conforto de que tanto necessitavam: "Não se pertube o coração de vocês [...]" (João 14.1). Ele criou parábolas para ilustrar sua pregação e mais facilmente entrar no mundo dos ouvintes; Jesus usou figuras retóricas que fizeram sua pregação mais atual, mais atraente, mais relevante, mais penetrante, mais cheia de cumplicidade.

TORNANDO A PREGAÇÃO MAIS PRÓXIMA

A comunicação se torna mais próxima quando as pessoas no auditório deixam de ser simples ouvintes e se tornam participantes na pregação. O abismo entre a verdade comunicada e a realidade do ouvinte começa a ser transposto. O pregador entra no mundo do ouvinte com a mensagem e possibilita ao ouvinte entrar no mundo fascinante da revelação bíblica, oferecendo ao auditório a oportunidade de interagir, sentindo-se assim como coautor e coapresentador do que está sendo dito no púlpito.

Foi o que aconteceu naquele dia. A mensagem era sobre o paraíso, com base em Gênesis 2.8. Como você começaria um sermão assim? Vejamos algumas possibilidades: Uma ideia seria começar no paraíso: uma introdução textual falando sobre o jardim do Éden como o paraíso, sua possível localização, como Deus o preparou e alguns detalhes do lugar. Outra alternativa seria o recurso da ilustração bíblica: usar o diálogo de Jesus com o ladrão arrependido, prometendo-lhe o paraíso. Entretanto, considerando que, se assim o fizesse, estaria usando realidades muito distantes dos seus ouvintes, o pregador começou com uma pergunta: "Ao ouvir a palavra 'paraíso', o que vem à sua mente?

Pense em um sinônimo de 'paraíso'". Com essas palavras, o pregador motivou seus ouvintes a pensar: "O que é paraíso?". "Qual o meu conceito de paraíso?". "Qual a palavra que me vem à mente como sinônimo de paraíso?". Depois de assim se dirigir ao auditório, o pregador declarou: "Vamos ler apenas o versículo 8, no capítulo 2, do livro de Gênesis". O texto foi lido em várias versões. Terminada a leitura, o pregador voltou aos conceitos de paraíso, mencionando várias acepções desse vocábulo. Dependendo da ocasião e do auditório, pode-se dar aos ouvintes a oportunidade de expressar o que pensaram como sinônimo de paraíso. Vários vocábulos foram apresentados pelo auditório e, com base neles, o pregador conceituou o que pretendia apresentar, tendo ouvintes atentos e interessados.

Proximidade, um imperativo

Ao assomar ao púlpito, o pregador tem diante dele uma multidão à espera do que Deus tem a lhe falar. Grande é a responsabilidade desse comunicador: ele é arauto das boas-novas, com a missão de falar em nome do Senhor! Estará a pregação na atualidade alcançando os corações necessitados? Ouvir sermões é um exercício de fé; mas algumas vezes é também um exercício de paciência. A apresentação da pregação para alguns fiéis tem deixado de ser o momento mais querido para ser o mais combatido. Uma das causas para essa falta de interesse de alguns ouvintes é a ausência de cumplicidade nos sermões de muitos pregadores. É impossível uma comunicação atraente quando quem comunica faz questão de manter-se distante.

Alguns sermões são tão distantes que os ouvintes só continuam assentados nos bancos do templo por respeito ao lugar sagrado, para não serem vistos como pouco piedosos, ou simplesmente por uma questão de hábito. O pior é que, quando o sermão está distante, por mais que os ouvintes pareçam presentes, estão ausentes; por mais que pareçam próximos, estão longe. Se o pregador divaga em teorias e conceitos abstratos, os ouvintes viajam num mundo de problemas, preocupações e esperanças. Estão presentes, mas, na verdade, ausentes.

O pregador se torna mais próximo antes mesmo da mensagem começar a ser pregada. O modo de o pregador adorar é importante. O culto é o maravilhoso momento quando nos encontramos com Deus e uns com os outros. Tão sublime realidade aumenta ainda mais a responsabilidade de quem prega.

Mais conhecimento, maior aproximação com o povo

Quanto maior a identificação do pregador com os ouvintes, tanto mais possibilidade ele tem de penetrar no seu mundo significativo. O pregador visitante, chamado a pregar um sermão ou uma série de sermões em uma região diferente da sua, será sábio em procurar obter o máximo possível de informações sobre aquele povo, sua cultura, costumes, problemas e anseios. Se o pregador focaliza o que é importante para os ouvintes, demonstrando conhecer o que lhes interessa, tem muito mais possibilidade de conquistá-los, mantendo-os assim atentos às verdades comunicadas.

RECURSOS PARA UMA PREGAÇÃO MAIS PRÓXIMA

A teologia da pregação como veículo de aproximação

Do conceito que temos de Deus, depende a mensagem que anunciamos. Muitos pregadores apresentam um Deus distante e ausente, que não se importa com as pessoas, que não responde aos anseios dos fiéis. Sobre os problemas de natureza teológica na pregação da Igreja Católica, Dirce de Carvalho registrou alguns pensamentos de ouvintes entrevistados, que falam desta realidade: "O 'Deus-católico' é um Deus distante, por demais ausente". Um segundo entrevistado desabafou: "O Deus geralmente apresentado nas homilias não responde às necessidades do homem de hoje. Tá numa outra, lá em cima, esperando que você vá se encontrar com ele depois da morte".[1]

Diante dessa realidade, a terrível indagação é: Qual a imagem de Deus que está sendo apresentada no púlpito evangélico na atualidade? Os ouvintes esperam uma teologia que lhes traga esperança ao viver. "A autêntica pregação é uma celebração da vitória dada por Deus sobre as crises da vida".[2] O grande abismo colocado por comunicadores que mais parecem deístas que pregadores do evangelho tem tornado os sermões áridos, monótonos e desinteressantes. Eles têm feito a façanha de tirar a graça da mensagem que é pura graça. Outro depoimento, registrado por Dirce de Carvalho, diz bem dessa realidade: "O mais importante na homilia não é a explicação exegética, mas a vivência. Ou seja, relacionar a Palavra com o dia a dia das pessoas, suas dificuldades, trabalhos, relacionamentos, dores, tristezas".[3]

A teologia da nossa pregação há de sair dos compêndios para a vida. Um sermão fúnebre, por mais rico em profundos conceitos bíblicos e teológicos, se não tiver o elemento pastoral, capaz de penetrar no mundo das pessoas enlutadas, levando-lhes o conforto, será (no dizer de Paulo) como o sino que ressoa ou

---

[1] Dirce de CARVALHO, *Homilia:* a questão da linguagem na comunicação oral, p. 66.
[2] Lloyd M. PERRY & Charles SELL, *Pregando sobre os problemas da vida*, p. 58.
[3] CARVALHO, op. cit., p. 67.

como o prato que retine. Por mais bem elaborado e apresentado que seja tal sermão, se não for capaz de enxugar o pranto dos que choram, de nada valerá. Suárez Abreu apresenta como uma das condições para a boa argumentação o uso de uma "linguagem comum" com o auditório. "Somos nós que temos de nos adaptar às condições intelectuais e sociais daqueles que nos ouvem, e não o contrário".[4] E sabemos que, só usados pelo Espírito Santo, somos capazes de confortar.

Imagens que tornam o sermão mais próximo

Quando o pregador começa frio e distante, fica incapacitado de trazer o povo para junto do púlpito. Um dos propósitos da introdução do sermão é persuadir o ouvinte de que a ideia a ser pregada é relevante e por isso vale a pena ser ouvida. Ajudar o ouvinte a criar imagens é importante para conquistar a atenção. Há imagens próprias do mundo do ouvinte e que exercem um fascínio quando mencionadas. Entre as telas que tenho em minha casa, há uma que mais se destaca: *A doação*, de Areli Perruci. O que há nessa tela que tanto me atrai? Além da beleza e da maestria como as cores estão distribuídas, o quadro tem uma mensagem que fala do relacionamento *educador — educando*, mostrando que o mestre está sempre pronto a passar mais uma verdade ao educando. Como educador, a imagem da tela me fascina.

Precisamos desenvolver a habilidade de incluir algumas imagens conhecidas dos ouvintes na tela que queremos pintar diante deles no púlpito. O maior exemplo nessa arte é Jesus.

---

[4] Antônio Suárez Abreu, *A arte de argumentar*: gerenciando razão e emoção, p. 38.

Ninguém jamais falou como ele e ninguém jamais conseguiu se aproximar tanto dos ouvintes quanto ele. Os quadros que ele expõe em sua pregação apresentam em cores vivas a realidade de seus ouvintes. Às pessoas interessadas no pão material, ele se apresenta como o pão da vida (João 6.25-59).

Boas ilustrações e aplicação ao longo da mensagem são excelente recurso. O tempo quando o pregador despendia quase uma hora no púlpito trabalhando apenas a explanação do texto bíblico já passou. Tais sermões, mesmo sendo boas aulas de Bíblia, são incapazes de manter a atenção do ouvinte.

Quando a aplicação começa a ocorrer desde a introdução, a mensagem tem muito mais poder de atração, por apresentar realidades vivas, não apenas conceitos abstratos. Broadus afirmou que "o sermão precisa ser entendido, precisa ser interessante, precisa tocar fundo a vida e seus problemas, precisa ser movimentado". E acrescentou: "A verdadeira prédica não é verdade centralizada, focalizada; é, sim, a verdade centrada na Bíblia.[5]

É necessário também que os pregadores estejam atentos ao uso dos vários propósitos básicos, usando não apenas um ou dois tipos prediletos, mas lançando mão de todos. Pregadores para os quais o sermão só será evangelístico se apresentar os cinco pontos do plano da salvação terão dificuldade de envolver os ouvintes evangélicos, uma vez que o púlpito vai se tornar repetitivo, com a finalidade exclusiva de atingir os perdidos. Ao contrário, quando o pregador se preocupa em pregar mensagens bíblicas, com relevância e cumplicidade, independentemente do propósito básico, torna-se capaz de alcançar descrentes e edificar os crentes com a mesma mensagem.

---

[5] John BROADUS, *O sermão e seu preparo*, p. 225.

TRAZENDO O OUVINTE PARA MAIS PRÓXIMO

Na elaboração do sermão

No meu último pastorado, realizamos durante bom tempo um culto de oração, na noite de segunda-feira. Várias vezes, eu levava um texto bíblico e o compartilhava com os irmãos, dando-lhes a oportunidade de discutirem a passagem. Eles eram informados de que o texto seria usado em um dos sermões do domingo seguinte. Cada vez que isso aconteceu, mencionei que o texto fora estudado por alguns irmãos, no culto de oração. Isto me dava a oportunidade de constatar quanto eles se mostravam felizes em, de alguma forma, terem participado da elaboração da mensagem. Tenho observado que os irmãos que participam do estudo prévio do texto são os mais atentos quando o sermão é pregado.

A prática de pregar sermões em série é um excelente recurso para trazer a pregação para junto dos ouvintes. Um dos recursos que esse método provê é possibilitar uma ligação entre o sermão anterior, o que está sendo pregado e o próximo a ser apresentado. Isso dá ao ouvinte a motivação para começar a ouvir antes mesmo de o sermão começar e o motiva a ouvir os próximos sermões. Obviamente que não é um milagre pelo simples fato de estarmos pregando em série; isso se deve à oportunidade de envolvermos o ouvinte não apenas com as verdades apresentadas em um sermão, mas em todos que naquele grupo serão apresentados.

No discurso construtivo

A mensagem negativa não tem a mesma capacidade de alcance do discurso positivo. Pais sábios, em lugar da severidade, dureza e distância que repreende, lançam mão do carinho e da brandura que aconselha. Enquanto a censura distancia, o conselho aproxima. A pregação negativa faz muito barulho, mas traz poucos resultados. É verdade que o sermão também adverte e ensina. Pregar não é só confortar; é também perturbar. No entanto, até os mais contundentes sermões precisam ser pregados com o amor que os faz construtivos e jamais negativos.

Uma abordagem sobre a inconveniência dos jogos de azar alcançará mais os ouvintes se enfatizar a advertência bíblica[6] e conselhos sobre o melhor uso dos recursos do que a implacável condenação aos jogadores. Se quisermos que a mensagem motive os jovens a se vestirem com mais decência, o melhor caminho será falar sobre os trajes dignos do que condenar a indignidade do vestir. Quando você prega sobre o dízimo, é melhor enfatizar as bênçãos que a obrigação. E até mesmo ao pregar sobre o inferno e a condenação, é preciso haver uma clara explanação do céu e da salvação, como meio de escape que a graça de Deus nos oferece.

Na apresentação do sermão

Não se trata de oba-oba nem de transformar a comunicação da mensagem em um programa de auditório. O que se requer é que os ouvintes sejam indagados ao longo da apresentação e tenham a oportunidade de participar. Boa oportunidade é durante a apresentação de passagens paralelas. Quando tais versículos bíblicos são bem conhecidos, o pregador pode, em vez de citá-los, dar ao auditório a oportunidade de fazê-lo. Ao pregar sobre como o Senhor nos fortalece, o exemplo do apóstolo Paulo pode ser mencionado, como parte da explanação ou como ilustração. São mencionadas as dificuldades que ele enfrentou e

---

[6] "Por que gastar dinheiro naquilo que não é pão, e o seu trabalho árduo naquilo que não satisfaz...?" (Isaías 55.2).

como maravilhosamente aprendeu a contentar-se, adaptando-se a toda e qualquer situação. A essa altura, o pregador pode afirmar: "Isto só foi possível porque Jesus fortalecia Paulo; nele, o apóstolo podia tudo, por isso ele escreveu Filipenses 4.13". Quem pode fazer essa afirmação com base em sua própria experiência? Quem gostaria de recitar esse versículo porque o tem vivenciado em seu cotidiano? Os ouvintes, em sua maioria, certamente estarão recitando silenciosamente a passagem referida. A psicologia ensina que, quanto mais a comunicação coincide com o eixo vivencial dos ouvintes, mais probabilidade tem de produzir respostas satisfatórias.[7]

Estar capacitado a falar a linguagem do ouvinte, para comunicar a Palavra, é o desafio. Para tanto, necessitamos de toda compaixão: a graça que comunicamos precisa ser vivida. Se o pregador não for sensível a ponto de sentir o sofrimento das pessoas, jamais a mensagem por ele pregada será verdadeiramente próxima. Precisamos compreender que a proximidade no púlpito é um reflexo da proximidade nas demais esferas da vida.

> O pastor arrogante, que passeia na superioridade pelas ruas sem cumprimentar ninguém, prejudica a comunicação de sua prédica, com tal imagem. Os ouvintes terão, de antemão, reservas em relação à sua mensagem. O pastor empático, amável, solidário, aquele "pastor de verdade" terá facilidade na comunicação de sua prédica, ainda que seja um mau orador.[8]

A comunicação se mantém muitas vezes distante dos ouvintes porque o pregador não lhes dá a chance de aproximação. Se com a sua mensagem o pregador não estiver disposto a

---

[7] José Maria Nascimento PEREIRA, Fundamentos psicológicos da comunicação. In: Adísia SÁ, *Fundamentos científicos da comunicação*, p. 141.
[8] Nelson KIRST, *Rudimentos de homilética*, p. 43.

caminhar na direção das pessoas que o ouvem, o abismo será visível. O exercício para aproximar o púlpito dos bancos não começa na arquitetura do templo, mas na atitude do pregador. Começa na linguagem não verbal e se evidencia ainda mais na verbalização do discurso. O pregador que fala tão difícil que parece ter devorado todo o dicionário pode até impressionar os imaturos e deslumbrados, no entanto jamais alcançará o coração dos mais simples e necessitados. Como um pai que amorosamente se aproxima dos filhos, assim devemos nos aproximar dos nossos ouvintes. O pai que ama os filhos jamais lhes fala a distância; ele é sábio para ajuntá-los bem próximo e lhes falar ao coração. John Stott adverte que devemos falar aos nossos ouvintes com a mesma simplicidade com que um pai se dirige a seus filhos. "Se os amamos, nosso objetivo não será o de impressioná-los com o nosso conhecimento, mas ajudá-los dentro do conhecimento que eles possuem".[9]

Devemos pregar a mensagem capaz de alcançar as pessoas desse tempo. Somos pregadores do terceiro milênio. A atualidade requer que sejamos atualizados. Somos desafiados a levar a sério o compromisso de alcançar o ouvinte que, vivendo nesta sociedade apressada e cheia de mudanças, entra em crise por não acompanhar ou não compreender a realidade do momento e necessita da mensagem que perdura para sempre. Para tanto, além da proximidade, precisamos buscar o equilíbrio na pregação.

---

[9] John STOTT, *O perfil do pregador*, p. 121.

PERGUNTAS DE REVISÃO

1. Quando é que a comunicação se torna mais próxima dos ouvintes?
2. De que modo a pregação é capaz de superar o abismo entre o texto bíblico e os ouvintes?
3. Qual foi a pregação mais próxima do ouvinte registrada no Antigo Testamento?
4. Qual a relação entre a teologia da pregação e sua capacidade de aproximação dos ouvintes?
5. Dê exemplos de proximidade com os ouvintes na pregação de Jesus.
6. Sua pregação é construtiva ou negativa?
7. Por que é importante ao pregador estar disposto a caminhar na direção dos ouvintes?

7
Equilíbrio, uma questão importante

Na pregação relevante, há não apenas o equilíbrio aparente, visto na mensagem, mas o equilíbrio real, nem sempre tão visível, porém presente na vida do pregador.

Mais que importante, o equilíbrio é indispensável em todas as esferas da vida. Não basta uma variedade de instrumentos musicais, tocados ao mesmo tempo, para estarmos diante de uma orquestra. A mistura desses sons pode resultar em orquestra ou em bagunça. A primeira é extremamente agradável aos ouvidos; a outra, insuportável. Uma orquestra precisa que cada instrumento esteja não apenas afinado e seja bem executado, mas em harmonia com os demais, de acordo com as instruções do maestro. Para dirigir bem, além do equilíbrio emocional, o motorista precisa considerar as condições do veículo, a estrada por onde viaja, a velocidade, a mudança das marchas e o uso dos freios. Sem esse equilíbrio, será impossível viajar tranquilamente. O médico precisa de equilíbrio para diagnosticar e tratar o paciente. De igual modo, o engenheiro precisa de equilíbrio, ou seu trabalho resultará em tragédia. Nem dá para pensar no trabalho do piloto sem equilíbrio: ele precisa harmonizar muitos detalhes para que o voo transcorra em paz. O mesmo é exigido nas atividades do construtor e do pedreiro, nas quais qualquer desequilíbrio pode ser fatal. Prova disso é que o pedreiro trabalha com um prumo, objeto que diz se os tijolos estão sendo ajuntados equilibradamente.

Tão importante é *estar equilibrado* que, sem essa condição, não há realizações duradouras. Quem sofre de labirintite, nas piores crises fica sem condições para andar. É uma experiência terrível olhar para os lados e sentir que está sem equilíbrio. Prova do valor do equilíbrio na vida é que *desequilibrado* diz respeito não somente àquele que tem ausência de equilíbrio, mas do "louco, alienado".[1]

A NECESSIDADE DE EQUILÍBRIO NA PREGAÇÃO

As primeiras palavras do pregador naquele dia foram: "Vou falar sobre *Doze razões* por que devemos entregar o dízimo". Um ouvinte pensou: "*Doze razões...* ninguém merece tantas numa só manhã". Com esse pensamento, ele acionou seu cronômetro. Meia hora depois, ainda mais impaciente, o ouvinte constata que o pregador ainda está na terceira razão. Outra vez o raciocínio foi rápido: "Se ele gastou meia hora em três razões, precisará de mais uma hora e meia para as outras nove".

Apesar da lucidez do ouvinte, nos próximos vinte minutos o pregador, sentindo que o tempo passara, alinhavou todas as demais razões e encerrou a mensagem. Esse é um exemplo de completa falta de equilíbrio no púlpito. O sermão foi preparado

---

[1] Aurélio Buarque de Holanda FERREIRA, *Novo dicionário da língua portuguesa*, p. 561.

e pregado com três tópicos exageradamente maiores que os demais. Ninguém precisa ficar escravo das palavras a ponto de tentar medir, com exatidão, o conteúdo de cada tópico, mas é preciso considerar que "as divisões não precisam ser exatamente iguais, mas nenhuma deve ser tão grande a ponto de sacrificar o tempo das demais".[2]

Na afirmação do pregador da experiência mencionada anteriormente, dois problemas podem ser constatados: nenhuma estrutura de sermão em tópicos deve ultrapassar seis divisões; o pregador não precisa declarar aos ouvintes o número de tópicos do seu sermão para não criar falsas expectativas, como aconteceu no caso em foco. No ministério da pregação, o equilíbrio é indispensável. Precisamos pedir sabedoria a Deus e fazer a nossa parte para equilibrar a vida pessoal e o trabalho homilético. E, quando conseguimos viver e pregar de modo equilibrado, obtemos muitas vantagens:

1. Podemos controlar as atividades diárias, semanais, mensais, com a possibilidade de mais realizações e menos estresse.
2. Conseguimos organizar a vida devocional, diária, com tempo reservado diariamente à oração, meditação e ao estudo da Palavra de Deus.
3. Encontramos tempo para a família, podendo pastorear, de modo especial, a esposa e os filhos. "[...] se alguém não sabe governar sua própria família, como poderá cuidar da igreja de Deus?" (1Timóteo 3.5).

---

[2] Jilton MORAES, *Homilética:* da pesquisa ao púlpito, p. 122.

4. Temos condições de manter um programa diário de estudos, capaz de prover novidade, relevância e profundidade na pregação.

O que vem a ser equilíbrio na pregação?

A manutenção dos diversos componentes e partes do sermão, no seu volume e lugar apropriados, a fim de formar uma unidade capaz de alcançar e manter a atenção do ouvinte, apresentando as verdades advindas do texto bíblico, com aplicação para o presente e desafios para o futuro. Na pregação relevante, há não apenas o equilíbrio aparente visto no conteúdo e na apresentação da mensagem, mas o equilíbrio real, nem sempre tão visível, porém presente na vida do pregador.

À BUSCA DO EQUILÍBRIO NA PREGAÇÃO

Para aferir o equilíbrio no trabalho homilético, consideraremos a escolha dos livros e textos bíblicos, o estabelecimento dos propósitos básicos, a harmonia no emprego dos elementos funcionais e os recursos usados na apresentação do sermão.

Na escolha dos livros e textos bíblicos

Temos à nossa disposição 66 livros bíblicos. A tendência de muitos pregadores, porém, é a de concentrar sua pregação apenas em alguns livros. Meu livro predileto é a carta de Paulo aos Filipenses; já preguei mais de cem vezes nessa carta. Meu capítulo favorito é Lucas 15, sobre o qual tenho pregado mais de uma centena de mensagens. Tenho também vários versículos que me são muito especiais e bastante usados por mim no púlpito. Entretanto, preciso ter todo o cuidado para não embasar minha pregação somente nessas poucas passagens. Precisamos considerar que temos diante de nós a Bíblia toda! Nenhum livro deve ficar fechado! Certamente pregar em algumas passagens é um desafio maior; entretanto, procurar equilibrar o uso dos textos bíblicos na pregação trará grandes benefícios:

1. *Consolidação do lugar da pregação no culto e na vida das pessoas* — Nada melhor do que constatar que sua pregação tem lugar especial na vida dos ouvintes.
2. *Os sermões se tornam mais atraentes* — Não por serem excepcionais, mas por apresentarem a novidade de abrir para a pregação livros fechados.
3. A *atenção do povo é mais facilmente mantida* — Nada mantém mais a atenção do povo do que a explanação responsável das verdades bíblicas; aliadas à novidade de passagens desconhecidas, elas se tornam ainda mais eficazes.
4. *O pregador é desafiado a desenvolver mais seu programa de estudo* — Textos menos conhecidos exigem mais tempo em meditação, estudo e pesquisa.
5. *Os ouvintes passam a ter uma admiração especial pelo seu pastor* — Eles constatam que o ministério da pregação é encarado com seriedade, capaz de possibilitar o uso da Bíblia toda na pregação.

No estabelecimento do propósito básico

O propósito básico é o rumo a ser seguido na mensagem; a linha sobre a qual os elementos funcionais (explanação, ilustração e aplicação) caminharão para que o propósito específico seja alcançado.³ O pregador tem à sua disposição seis principais propósitos básicos: evangelístico, devocional, missionário, pastoral, ético e doutrinário. Um programa de pregação equilibrado abrange todos os propósitos. Em um planejamento de púlpito trimestral, por exemplo, deve haver o equilíbrio para que os diversos PBs (Propósitos Básicos) estejam presentes. Esse cuidado dará maior alcance ao púlpito, uma vez que ajudará os pecadores a se encontrarem com Jesus e os fiéis a se integrarem de modo completo na causa do Mestre.

No uso dos elementos funcionais

No sermão, somos desafiados a usar, com equilíbrio, os elementos funcionais: explanação, ilustração e aplicação.

> Cada sermão, em sua estrutura, deve fazer a exposição do texto bíblico, com ilustrações e aplicações apropriadas. Cada vez que o obreiro prega, ele deve ter esses três elementos em mente e pensar na melhor forma de usá-los.⁴

O quadro a seguir mostra a introdução de um sermão, constituído com base na pesquisa: TEXTO, ICT (Ideia Central do Texto), TESE, PB (Propósito Básico), PE (Propósito Específico) e título:⁵

---

3. MORAES, *Homilética:* da pesquisa ao púlpito, p. 91.
4. Jerry S. KEY, *O preparo e a pregação do sermão*, p. 279.
5. O esboço completo desta introdução está no capítulo 9.

PESQUISA	INTRODUÇÃO
Texto: 1Reis 19.1-18	O que você está fazendo aqui?
ICT: Deus perguntou a Elias, desanimado e só, o que ele fazia e o ajudou a prosseguir.	Grandes empreendimentos algumas vezes trazem grandes problemas. Aquela abençoada série de pregações terminou. E agora, o que vou fazer? Há muitos momentos no ministério quando indagamos a nós mesmos: o que estou fazendo?
TESE: Quando estamos desanimados e sós, o Senhor nos questiona e nos ajuda a prosseguir.	Elias fugia; estava dominado pelo medo, pelo desânimo e pela solidão; foi assim que Deus o encontrou. O Senhor nos encontra sempre; ele nos encontra quando mais precisamos.
PB: Devocional/Pastoral	
PE: Viver em completa comunhão com Deus para ter condições de prosseguir.	Deus perguntou a Elias, desanimado e só, o que ele fazia e o ajudou a prosseguir. Quando estamos desanimados e sós, o Senhor nos questiona e nos ajuda a prosseguir.
Título: O que você está fazendo aqui?	

Tendo por base a mesma introdução, veja no quadro a seguir o uso dos elementos funcionais:

GRÁFICO DO EQUILÍBRIO

Texto: 1Reis 19.1-18	**Título:** O que você está fazendo aqui?
ICT: Deus perguntou a Elias, desanimado e só, o que ele fazia e o ajudou a prosseguir.	
TESE: Quando estamos desanimados e sós, o Senhor nos questiona e nos ajuda a prosseguir.	

ILUSTRAÇÃO	EXPLANAÇÃO	APLICAÇÃO
		O que você está fazendo aqui?
Grandes empreendimentos algumas vezes trazem grandes problemas. Aquela abençoada série de pregações terminou. E agora, o que vou fazer?	Elias fugia; estava dominado pelo medo, pelo desânimo e pela solidão; foi assim que Deus o encontrou.	Há momentos no ministério quando indagamos: o que estou fazendo? O Senhor nos encontra sempre; ele nos encontra quando mais precisamos.
	A Elias, desanimado e só, Deus perguntou o que ele fazia e o ajudou a prosseguir.	Quando estamos desanimados e sós, o Senhor nos questiona e nos ajuda a prosseguir.

Há uma aparente falta de equilíbrio nessa introdução. Uma primeira olhada mostra que o volume de material de ilustração e aplicação é bem maior que o de explanação. Mas a pregação não pode ficar escrava aos números e regras. O bom senso dirá ao pregador como anda o equilíbrio de seu sermão. Jamais necessitaremos contar linhas, palavras e caracteres para aferir o equilíbrio da mensagem. Também, o equilíbrio sermônico não pode e não deve limitar-se ao volume de matéria dos elementos funcionais em determinada parte do sermão.

É preciso considerar também que a contemporaneidade da experiência vivida por Elias permite que o pregador tenha maior volume de material de aplicação. Exemplo disso são as primeiras palavras desse sermão: "O que você está fazendo aqui?". Essa indagação terá o impacto de uma pergunta retórica, motivando o ouvinte a pensar em si mesmo: O que estou fazendo aqui? O que estou fazendo de minha vida? Todavia, esse material, inserido como aplicação, é tanto aplicação quanto explanação, uma vez que traduz a pergunta feita pelo Senhor a Elias.

Outro fator digno de destaque é que, por se tratar de material biográfico de grande atração, a explanação, em vários pontos da mensagem, serve também como ilustração. Enquanto explicamos sobre a experiência de Elias, provemos ilustrações. Isto significa que, mesmo não trazendo histórias e experiências de outras fontes, o sermão foi ilustrado com a vida da personagem em foco.

John Piper oferece alguns conselhos aos pregadores: despertem sentimentos santos, iluminem a mente, saturem com as Escrituras, empreguem analogias e imagens, usem ameaças e advertências, peçam uma resposta, sondem as operações do coração.[6] Para pôr em prática essa fórmula, o pregador deverá usar os elementos funcionais. O desequilíbrio no uso dos elementos funcionais torna-se facilmente perceptível no sermão, conforme demonstra o quadro a seguir:

SERMÃO SÓ COM EXPLANAÇÃO	SERMÃO SÓ COM ILUSTRAÇÃO	SERMÃO SÓ COM APLICAÇÃO
Aula de Bíblia, mas não plenamente pregação; o sermão explana a Palavra de Deus, com aplicação para o presente e desafios para o futuro.	Amontoado de histórias, porém não necessariamente pregação. O sermão tem como objetivo confrontar e confortar, não passar o tempo.	Discurso de autoajuda, sem base bíblica, também não é pregação. No sermão bíblico, todo conselho e toda advertência têm base escriturística.

---

[6] John Piper, *Supremacia de Deus na pregação*, p. 81-94.

O EQUILÍBRIO NO SERMÃO COMO UM TODO

Temos visto o equilíbrio na pregação desde o cuidado na escolha dos livros e textos bíblicos, na determinação dos propósitos básicos, na harmonia entre os elementos funcionais e nos recursos usados na apresentação. Além desses cuidados, o pregador deve finalizar o esboço da melhor forma possível, tendo em mente que nem sempre ter todos os elementos da pesquisa no lugar é garantia de um bom e equilibrado desempenho no púlpito.

Clyde Fant afirmou haver três fases distintas na elaboração do sermão. Na primeira, o sermão está *sem forma e vazio e há trevas sobre a face do abismo*; é a fase do caos criativo, necessária ao processo de preparação. A próxima etapa é quando tudo deve ser feito *com decência e ordem*; é a fase em que a unidade e o movimento são estabelecidos. Fant afirma que "nenhum sermão deve falar de tudo e de qualquer maneira" e acrescenta: "Alguns pregadores assomam ao púlpito na fase do caos, e outros pregam com esboço rígido e bem-feito, mas nem uma etapa nem a outra é a fase inicial do sermão".[7] Ele menciona a terceira fase, em que o sermão é transformado em um discurso oral; algo que sai do papel para ser comunicado aos ouvintes. Essa é a fase mais negligenciada, apesar de ser a mais importante do ponto de vista do ouvinte.

Baseado no pensamento de Fant, o quadro a seguir ilustra as diferentes fases que o pregador precisa alcançar a fim de um bom desempenho no púlpito.[8]

---

[7] Clyde Fant, *Preaching for Today*, p. 135.
[8] Ibid.

PESQUISA SERMÔNICA E BOA COMUNICAÇÃO

1ª fase — Habilidade para transpor o *sem forma e vazio*

Escolhendo uma ideia	Pregando a toda hora e em todo lugar, é preciso cuidado para não ficar sem ter o que pregar. O pregador que não estiver atento ao cultivo de novas ideias repetirá os mesmos assuntos e, desmotivado, ficará sem condições de prosseguir. É necessário buscar sabedoria do Alto para não se esgotar.
Buscando um texto bíblico	Os fiéis vão ao templo precisando ouvir a Palavra de Deus. Pregação é comunicação da Palavra de Deus, com aplicação para o presente e desafios para o futuro. O pregador deve estar atento à sua responsabilidade, pois, sem interpretação da Bíblia, sem aplicação e sem desafios não há pregação.
Definindo um plano para pregar	Assim como o piloto faz um plano de voo antes de iniciar a viagem, precisamos de um plano antes de começar a trabalhar detalhes do esboço. Partindo da escolha do texto e sua correta interpretação e contextualização, o rumo a ser seguido será considerado, até se chegar aos desafios e ao título.

2ª fase — Empenho para *fazer tudo com decência e ordem*

Trabalhando as divisões	Para causar impacto, o sermão precisa de coerência; palavras soltas e frases desconexas não produzem resultados permanentes. As divisões ajudam o pregador a usar uma argumentação lógica no púlpito. O trabalho das divisões torna-se mais fácil quando realizado após a elaboração do plano sermônico.
Escolhendo as ilustrações	O pregador deve ser tão hábil em contar histórias quanto sábio em cultivá-las. Elas estão em toda parte, bastando o hábito de anotá-las e arquivá-las, com um bom sistema de identificação. Quem comunica a Palavra precisa crescer na arte de ilustrar, seguindo o exemplo do Senhor Jesus.

Determinando a aplicação	Aplicar é tornar o sermão prático, acomodando-o ao auditório por meio da adaptação dos seus conceitos e ensinamentos, de tal modo que resulte em uma boa adequação, capaz de possibilitar ao pregador acesso ao mundo significativo do ouvinte, a fim de trazê-lo à mensagem pregada.
Preparando a conclusão	Um sermão deve terminar bem. Uma boa conclusão não cansa os ouvintes com promessas não cumpridas e acréscimo de material novo. Como um avião que empreendeu uma viagem e, ao chegar ao aeroporto de destino, deve aterrissar, o sermão, ao chegar à conclusão, precisa parar.
Elaborando a introdução[9]	Começar bem, ganhando o coração, o ouvido e a mente das pessoas, é um grande desafio. Quando o pregador começa bem, tem muito mais possibilidades de ser bem-sucedido no decorrer de toda a comunicação; ao contrário, quando começa mal, dificilmente tem chances de reconquistar os ouvintes.
3ª fase —	Trabalho para transformar o esboço em um discurso oral
Aprimorando o esboço	Ter um bom esboço é importante, mas não é tudo. Depois de finalizá-lo, o pregador precisa lê-lo várias vezes, colocando diante de Deus o material preparado e fazendo anotações (acréscimos e supressões) para adequar a mensagem escrita à verbal.

---

[9] O preparo da introdução situa-se como último passo na elaboração do esboço por ser esta a ocasião mais propícia para fazê-lo. Cremos que, somente depois de conhecer todas as partes do seu esboço, o pregador tem condições de determinar como ele será introduzido.

Cuidando do pregador — Para um bom desempenho, o pregador precisa cuidar de seu físico, controlar as atividades, alimentar-se bem, repousar o suficiente, evitar a ansiedade, cuidar de sua aparência, vestir-se bem e ter cuidado no cultivo da voz.

ALGUNS CUIDADOS PARA MANTER O EQUILÍBRIO NO PÚLPITO

Evitar o exibicionismo

O equilíbrio na apresentação do sermão é visto não somente no material apresentado, mas no modo de o pregador se comportar no púlpito. Uma apresentação equilibrada, portanto, requer organização pessoal e homilética.

O propósito do púlpito é glorificar Jesus, apresentando a mensagem do amor às pessoas necessitadas de perdão e salvação. Jamais alguém deve pregar para exibir seus conhecimentos e habilidades, mas escondido à sombra da cruz. John Stott disse: "A peregrinação cristã começa com a cabeça inclinada e os joelhos dobrados. Não existe outro caminho no reino de Deus para a exaltação, senão a humildade".[10] O pregador exibido desequilibra sua mensagem no que há de mais importante, ao querer apresentar-se a si mesmo, em vez de apresentar a palavra da cruz.

Aproveitar o volume da voz

Deve ser mantido de modo natural, evitando-se os extremos: gritos incomodam porque agridem os tímpanos, e sussurros aborrecem porque se tornam inaudíveis; a comunicação deve

---

[10] John STOTT, *Eu creio na pregação*, p. 332.

ser em voz suave, porém forte para que todos possam ouvir. "Não importa quão maravilhosas e criativas sejam as ideias e os pensamentos do pregador, tampouco quão bela seja a maneira de expressá-las, se os ouvintes não conseguem ouvir bem".[11]

Considerar a velocidade da voz

Alguns pregadores falam tão rápido que mais parecem locutores esportivos transmitindo uma partida de futebol; outros, falam tão devagar como que motivando os ouvintes a uma boa soneca. O equilíbrio na velocidade da voz é importante para que a mensagem não se torne monótona pela lentidão da voz do pregador, nem incompreensível pela pressa com que as palavras são pronunciadas.

Ser sábio no uso do humor

Sério demais, o pregador parecerá zangado e risonho em extremo correrá o risco de parecer burlesco. Nenhum lugar exige mais do comunicador que o púlpito: é preciso cuidado com o uso do humor. Há lugar para a desconcentração, mas precisamos considerar que culto não é programa humorístico; é encontro com Deus. O pregador não é o bobo da corte, mas o arauto das boas-novas. A finalidade da mensagem bíblica não é entreter, mas apresentar o "Assim diz o Senhor". Ouvi um pregador que fez o povo rir durante todo o sermão. Até alguns gracejos impróprios ao púlpito foram usados. Ao final, os ouvintes estavam irreverentes e inquietos. A terrível realidade é que, quando ele chegou ao apelo, os ouvintes continuavam se comportando como se estivessem naquele circo, armado

---

[11] KEY, *O preparo e a pregação do sermão*, p. 308.

pelo próprio pregador. Ele convidava o povo a uma decisão, entretanto não obtinha êxito; os ouvintes estavam irreverentes e dispersos, alguns ainda riam. Desejando prosseguir no apelo, repreendeu o auditório, solicitou que se fizesse reverência, mas pouco conseguiu. Ele colheu o que semeou: sua falta de equilíbrio no uso do humor o impossibilitou de alcançar o propósito.

Gesticular naturalmente

Gestos são necessários na linguagem não verbal e devem ser usados adequadamente. O pregador que quase não gesticula na introdução e depois intensifica em extremo sua movimentação parecerá ter sofrido uma variação de humor. Há pregadores iniciantes que revelam uma exagerada preocupação com as mãos enquanto pregam. Eles querem saber o que fazer com as mãos. Sempre que alguém me faz essa pergunta, respondo: use suas mãos no púlpito como as usa nos demais momentos; use-as com naturalidade e elegância. Os gestos devem ser naturais, como acontece quando falamos fora do púlpito. Precisamos ter cuidado para que eles estejam em harmonia com o que comunicamos verbalmente.

Empreender uma aterrissagem perfeita

Como em uma viagem de avião, os procedimentos finais do sermão devem ser suaves. Se, para concluí-lo, o pregador ficar dando voltas sem fim, a atenção dos ouvintes se dispersará, e o que foi comunicado também será perdido. Uma boa comunicação requer um bom desfecho e, para consegui-lo, é preciso voltar à sua pesquisa e considerar o propósito específico, sabendo que nenhum material novo deverá ser acrescentado à conclusão. De igual modo, é necessário evitar aquelas conhecidas promessas de um breve término. É preciso ter em mente que a clareza e a objetividade necessárias em todo sermão devem se tornar ainda mais evidentes no final.

O EQUILÍBRIO NA VIDA DO PREGADOR

Equilíbrio na pregação pressupõe equilíbrio na vida do pregador. Não se pode reduzir a comunicação da Palavra de Deus à simples observação de práticas homiléticas. Pregação é teologia, é vida. Pregação é Deus presente no meio dos seus filhos para lhes comunicar por meio de um deles. Não se pode separar a comunicação no púlpito da pessoa que a comunica. Por essa razão, é importante destacarmos a importância do equilíbrio na vida do pregador.

Equilíbrio nas emoções

Ser equilibrado emocionalmente é um requisito indispensável em qualquer esfera da vida. Um profissional desequilibrado é uma catástrofe! Jamais faríamos uma opção preferencial por alguém assim. No púlpito, não é diferente. Quem quiser ser, diante de Deus, "aprovado como obreiro que não tem do que se envergonhar e que maneja corretamente a palavra da verdade", precisa ter equilíbrio nas emoções. E os fiéis constatarão por intermédio do comportamento do pregador se ele realmente é emocionalmente equilibrado:

1. *Pela coerência nas reações* — Pessoas equilibradas reagem com bom senso; não são movidas pelas circunstâncias; têm *estilo de vida* bem definido; não mudam de comportamento com a mudança do clima ou das estações.

2. *Pela estabilidade no humor* — O equilíbrio não conhece extremos; alguém será risonho ou sério, de acordo com o seu próprio temperamento; não significa que em determinados momentos estará nos pincaros da euforia e em outros, no vale da tristeza.
3. *Pela capacidade de enfrentar crises* — O pastorado algumas vezes é palco de muitas crises que atingem a vida do ministro pregador. Saber atravessá-las, sem por elas ser tragado, é prova de grande equilíbrio emocional.

Equilíbrio na palavra

A palavra do pregador precisa ser equilibrada. O falar e o agir devem estar em perfeita harmonia. Devemos falar com tal seriedade, a ponto de estabelecer um diferencial com nossas palavras. "Foi o pastor quem afirmou". Isso envolve todas as áreas da vida. Nos mínimos detalhes, estamos sendo testados. Faz-me lembrar a experiência vivida por um jovem pastor. Convidado a pregar no primeiro culto matinal de uma grande igreja, ele ficou de se encontrar às 7 horas com o pastor que o convidara, uma vez que tomariam café juntos e, depois, iriam ao templo. Aquele domingo gelado marcava o primeiro dia do horário de verão. Pouco antes do horário combinado, o jovem pregador chegou e, logo depois, o colega que o convidara. Ao se encontrarem, o colega mais experiente falou ao jovem: "Mesmo com o horário de verão, eu não tinha dúvida de que iria encontrar o irmão". E acrescentou: "Pontualidade é uma questão de caráter". O pregador deve ser um homem de palavra; deve valorizar sua palavra; deve usar bem a palavra.

Na qualidade de homens de Deus, precisamos ser equilibrados no modo de falar para termos condições de proclamar o "Assim diz o Senhor". Uma pessoa sem palavra não pode ser porta-voz da palavra do Senhor! Durante quase quarenta anos, o Distrito Federal conheceu um dos maiores pregadores batistas do Brasil, o pastor Éber Vasconcelos. Valia a pena ouvi-lo! Quando ele falava, todos queriam escutar suas palavras. Sua mensagem era uma peça retórica, com excelente base bíblica. Ilustrava com maestria e contextualizava com arte, aplicando a mensagem aos seus ouvintes. Eu mesmo tinha prazer em ouvi-lo. Acima de tudo, era compensador constatar que ele era um gigante no púlpito, porque sua honradez não se limitava ao púlpito. Jamais se levantaram dúvidas sobre sua palavra e conduta. Ele foi chamado à Casa do Pai, e em seu túmulo foi posta uma epígrafe: "Pastor Éber Vasconcelos: homem de palavra, da Palavra e das palavras". Descreve alguém que soube honrar sua palavra, proclamar bem a Palavra de Deus e falar com total maestria.

Equilíbrio diante da capacitação e das limitações

Além do equilíbrio na palavra, o pregador precisa ser equilibrado diante de sua própria capacitação e limitações. Toda capacitação deve ser encarada como dom da graça. Deus nos capacita para o louvor de sua glória. Por mais capacitado que alguém seja, isso não lhe deve servir como motivo de vaidade diante dos outros. Quem mais recebe do Senhor, mais responsabilidade tem de repartir com o próximo. Quanto mais sábio o pregador, mais reconhecedor do quanto tem a aprender. Entretanto, se precisamos aprender a lidar com nossa capacitação, também é preciso saber enfrentar nossas limitações. Algumas pessoas são mais habilidosas e versáteis, outras têm mais dificuldades em determinadas áreas. Consola-me pensar que ninguém é incapacitado de todo, tampouco completamente capacitado. Precisamos pedir a Deus que nos dê equilíbrio para desenvolvermos ao máximo nossos dons, sem ostentação, sem inquietação, e com sabedoria para lidar com nossa incapacidade.

Equilíbrio nas finanças

A melhor fórmula para alcançarmos uma vida financeiramente equilibrada é vivenciar a experiência de Paulo: o apóstolo aprendera a adaptar-se a toda e qualquer circunstância; sabia o que era passar necessidade e ter fartura; conhecia o segredo de viver contente em toda e qualquer situação (Filipenses 4.11,12). Nem sempre a vida do pregador é de abastança. Alguns homens de Deus que se destacaram no ministério da pregação enfrentaram dificuldades: usaram roupas velhas; não tiveram condições de dar o conforto que gostariam aos familiares; não tiveram um carro; outros venderam o único veículo que tinham para não deixar de honrar seus compromissos. O desequilíbrio na vida financeira vem mais em razão do quanto gastamos. Há pessoas que têm pequenos salários, mas se ajustam para viver deles. Não há nada mais triste do que um pastor com o nome no rol dos maus pagadores. O dono de uma loja disse a uma piedosa irmã: "O seu pastor tem uma dívida comigo e nunca pagou". De imediato, a irmã respondeu: "Conheço meu pastor, e ele tem um nome honrado". E o desafiou: "Se meu pastor lhe estiver devendo, eu pago". Ainda bem que o comerciante estava, de fato, enganado. Infelizmente, hoje são poucos os membros de nossas igrejas que se arriscariam assim por nós; e a culpa não é deles, e sim dos que maculam o ministério.

Equilíbrio nos relacionamentos

O desafio da boa convivência é um dos mais exigentes na vida cristã. E não há meio-termo, não há outro caminho, senão o do amor ao próximo. Jesus deixou bem claro que é pelo modo de amarmos que seremos conhecidos como seus servos:

> "Um novo mandamento lhes dou: Amem-se uns aos outros. Como eu os amei, vocês devem amar-se uns aos outros. Com isso todos saberão que vocês são meus discípulos, se vocês se amarem uns aos outros" (João 13.34,35).

Precisamos de equilíbrio para conviver com as pessoas como elas são, e não como gostaríamos que fossem; para incluir os outros em nosso mundo significativo; para amar, mesmo sem ser amados; para transmitir amor, mesmo quando nos ferem e nos maltratam. Precisamos de equilíbrio para amar sem reservas, ministrando aos que ouvem de bom grado e aos que olham para o púlpito com rancor ou deboche. Somente com uma vida dirigida pelo Senhor, equilibrada pela presença do fruto do Espírito Santo (Gálatas 5.22,23), temos condições de nutrir relacionamentos equilibrados, nos quais uns não sejam preferidos e outros preteridos, mas todos amados e respeitados.

Equilíbrio no exercício do ministério

Todos os momentos no exercício do ministério exigem do pregador uma vida equilibrada. O começo de um novo pastorado, de modo especial, é um momento bastante exigente. É preciso cuidado para que o pastor/pregador não se torne dependente de uma pessoa, família ou grupo de pessoas. Um jovem pastor, ao assumir seu primeiro pastorado, foi cercado de favores por um membro de sua igreja. Depois de alguns meses, quando precisou dar um encaminhamento para estudo a uma proposta que aquele irmão queria que fosse imediatamente decidida, o irmão levantou-se, em plena sessão, e declarou sua decepção com o pastor, dizendo: "Eu fiz tantos favores a ele, e agora ele me decepciona". O melhor no pastorado é o pastor ser amigo de todos, sem depender de ninguém em particular.

No pastorado, é importante estabelecer o equilíbrio entre os planos e a exequibilidade. Quando a distância entre o que está no papel e a práxis é abismal, todo planejamento pode cair no descrédito. É preciso saber lidar com as frustrações; nem tudo quanto sonhamos conseguimos realizar e muitas vezes nos frustramos. Mesmo assim, precisamos ter equilíbrio para ver que há muitas realizações à nossa espera. Outra esfera no ministério que deve ser equilibrada é a participação de leigos nas atividades pastorais. Sem perder seu próprio espaço, o pastor precisa cultivar o desprendimento de dar espaço aos outros, e isso não é fácil.

Equilíbrio na teologia

As convicções do pregador são grandemente importantes e determinam a mensagem pregada. Do conceito que o pregador tem de Deus, depende o tipo de mensagem que prega. A falta de equilíbrio no púlpito é consequência da falta de profundidade teológica do pregador. Falando sobre o desafio de pregar de modo eficaz, Stott declarou: "O segredo essencial não é dominar certas técnicas, mas ser dominado por determinadas convicções. A teologia é mais importante que a metodologia".[12] Há muitos sermões ricos em metodologia, porém fracos em conteúdo. Piper afirmou: "A pregação que não contém a grandeza de Deus pode entreter por algum tempo, mas não tocará o clamor secreto da alma: 'Mostra-me a tua glória' ".[13] Como pregadores, precisamos

---

[12] STOTT, *Eu creio na pregação*, p. 97.
[13] PIPER, *Supremacia de Deus na pregação*, p. 9.

conhecer o Deus que pregamos para termos condições de torná-lo conhecido dos nossos ouvintes. Não basta o conhecimento teórico; não bastam os conceitos aprendidos nos seminários e nos livros; não basta a experiência dos outros. Precisamos conhecer verdadeiramente aquele que nos chama a pregar, o Senhor da pregação.

Muita heresia está sendo propagada por falta de equilíbrio teológico do pregador. Há pregadores criando seus próprios deuses; recebendo ordens de seus fiéis e a eles "prestando serviços", por meio de rosas ungidas, água do Jordão e até colírio, desde que retribuídos com a devida compensação financeira. Tais pregadores prestarão contas ao Senhor soberano!

Quem quiser viver e pregar de modo equilibrado deve buscar conhecer mais e mais o Senhor, procurando obedecer à vontade dele e viver para o louvor de sua glória.

PERGUNTAS DE REVISÃO

1. O que vem a ser equilíbrio na pregação?
2. Quais as vantagens de viver e pregar de modo equilibrado?
3. Como é possível conseguir equilíbrio nos elementos funcionais?
4. Mencione alguns cuidados que o pregador precisa ter para conseguir equilíbrio no púlpito.
5. De que modo os ouvintes poderão constatar o equilíbrio emocional do pregador?
6. O que significa ter uma teologia equilibrada no púlpito?

PARTE II

A busca da forma adequada

Encurtada a distância para superar o grande abismo que nos aproxima dos ouvintes, a próxima etapa é definir a forma sermônica a ser usada. Essa definição depende das possibilidades do texto e dos limites da pesquisa sermônica; do local onde pregaremos e dos ouvintes que teremos; da ocasião em que pregaremos e do propósito do culto.

As formas sermônicas aqui expostas diferem das comumente apresentadas. Focalizaremos o *sermão expositivo*, o método por excelência para comunicar a Palavra, porque, sendo capaz de pregar um bom sermão expositivo, o pregador terá possibilidade de ser bem-sucedido em qualquer outra forma sermônica.

A opção pelo *sermão biográfico* vem logo a seguir. Esse é o trabalho homilético mais aceito pelos ouvintes, pois comunica de forma atraente profundas verdades sobre personagens bíblicas. Apresentando o *sermão narrativo*, descobrimos que pregar nesse modelo não é simplesmente livrar-se da preocupação com os tópicos, mas encontrar a forma eficaz de dar vida à comunicação seguindo a estrutura do texto.

No *monólogo*, encontramos um sermão biográfico narrativo em que o pregador, assumindo o papel da personagem, apresenta a mensagem como se estivesse contando sua própria história.

Pregando um *sermão segmentado*, unimos palavra e música na proclamação da Palavra, para a salvação dos perdidos e edificação dos salvos, para o louvor da glória de Deus.

8
Pregando um sermão expositivo

O método por excelência no púlpito é o expositivo: quem é capaz de trabalhar expositivamente tem possibilidade de se sair bem em qualquer outra forma sermônica.

Quando se fala em diferentes formas de sermões, a maioria das pessoas pensa em três tipos: tópico (ou temático), textual e expositivo. Fugindo a essa regra, apresentaremos cinco opções: expositivo, biográfico, narrativo, monólogo e segmentado. Cada uma dessas formas será objeto de nosso estudo neste e nos próximos quatro capítulos.

Depois de avançar na pesquisa, estudando os detalhes pertinentes ao texto e ao modo de transportá-lo para o momento presente, é preciso definir a forma sermônica a ser usada no púlpito. O método por excelência para a comunicação da Palavra é o sermão expositivo. Sendo capaz de pregar um bom sermão expositivo, o pregador terá possibilidade de se sair bem em qualquer outra forma sermônica.

David Larsen afirma que, independentemente da forma usada, o pregador tem a responsabilidade e o desafio de pregar biblicamente. E que o sermão expositivo deve ser a forma predileta para o pregador mestre, desejoso de alimentar o rebanho de maneira sistemática.[1] Vários homiletas e pregadores veem o sermão expositivo como a forma mais adequada para a proclamação da Palavra. Para Haddon Robinson, "é o tipo de pregação que melhor transmite da autoridade divina".[2]

Stafford North vê a pregação expositiva como a forma que "explica uma passagem das Escrituras dividindo-a em suas ideias ou aplicações principais".[3] Samuel Vila, de igual modo, afirmou: "Chama-se pregação expositiva a que toma como texto uma vasta porção bíblica".[4] A mesma linha de pensamento é encontrada em Charles Koller, quando diz: "O 'Sermão Textual' é essencialmente igual ao sermão expositivo, mas empregando uma passagem bíblica mais curta, em geral apenas um versículo ou uma ou duas sentenças".[5]

J. W. Shepard vê a possibilidade de o sermão expositivo ter como base uma passagem mais curta das Escrituras. Ele apresenta o exemplo de Spurgeon, ao elaborar um sermão sobre a expressão "pequei", explicando a significação em sete diferentes passagens da Bíblia.[6]

---

[1] David L. Larsen, *A anatomia da pregação*, p. 30.
[2] Haddon W. Robinson, *A pregação bíblica*, p. 15.
[3] Stafford North, *Pregação: homem & método*, p. 73.
[4] Samuel Vila, *Manual de homilética*, p. 93.
[5] Charles Koller, *Pregação expositiva sem anotações*, p. 18.
[6] J. W. Shepard, *O pregador*, p. 125.

O QUE FAZ O SERMÃO SER EXPOSITIVO

O sermão é expositivo quando, independente do tamanho da passagem bíblica em pauta, tem não apenas as divisões principais procedendo do texto, mas todo material sermônico explanando constantemente esse texto básico. Quanto mais o pregador se aprofunda, estudando o texto numa perspectiva exegética e hermenêutica, mais condições tem o sermão de ser expositivo. No sermão expositivo, o texto é não apenas relevante, mas indispensável durante toda a mensagem. E os ouvintes serão grandemente abençoados com uma melhor compreensão da passagem bíblica em destaque. Se um sermão expositivo não tornar mais clara ao ouvinte as verdades do texto básico, não terá valido a pena pregar.

Temos a seguir o exemplo de um sermão expositivo, baseado apenas no versículo 1 do salmo 63. Acompanha o manuscrito uma análise, objetivando indicar a função de cada parte do sermão dentro da pesquisa. O PB (Propósito Básico) desse sermão é *devocional,* e o PE (Propósito Específico): *Buscar profunda comunhão com Deus para sermos adoradores autênticos.* Os demais elementos da pesquisa — TESE, ICT (Ideia Central do Texto) e enunciados dos tópicos — aparecem claro no próprio manuscrito.[7]

---

[7] A estrutura desse sermão, com três tópicos, apresenta algo digno de destaque: nos tópicos 2 e 3, há *subtópicos* que completam o assunto em pauta. O conteúdo do 1º tópico, no entanto, não é composto de subtópicos. O pregador não deve ficar escravizado à existência de subtópicos para dar conteúdo a todos os tópicos. O importante é que, ao dividir o sermão, tenha em mente que ao longo da mensagem os elementos funcionais — explanação, ilustração e aplicação — devem estar presentes. Quando naturalmente os subtópicos são encontrados, como nos tópicos 2 e 3 desse sermão, não devemos desprezá-los; por outro lado, não se deve forçar a pesquisa para simplesmente encontrar enunciados para os subtópicos.

	O ADORADOR AUTÊNTICO
Texto: Salmos 63.1	"Ó Deus, tu és o meu Deus, eu te busco intensamente; a minha alma tem sede de ti! Todo o meu ser anseia por ti, numa terra seca, exausta e sem água."
Introdução Começa com uma situação real: a necessidade de comunhão com Deus	Há em nós uma profunda necessidade de comunhão com Deus. Somos criaturas e precisamos encontrar o Criador. Por isso, estamos aqui. O culto provê esse encontro! Assim, ele é indispensável à vida do cristão. É impossível alguém ser crente sem cultuar.
ICT	Davi, conhecendo Deus pessoalmente, falou de seu anseio por encontrá-lo e com ele ter comunhão.
A relação da ideia a ser pregada com o texto básico	No texto lido, há uma amostra da necessidade de comunhão com Deus: "Tu és o meu Deus, eu te busco intensamente; a minha alma tem sede de ti! Todo o meu ser anseia por ti".
TESE	Só conhecendo pessoalmente o Todo-poderoso, e buscando profunda comunhão com ele, somos adoradores autênticos.
Passando naturalmente da introdução para o 1º tópico	O ADORADOR AUTÊNTICO TEM UMA EXPERIÊNCIA COM DEUS (v. 1): "Ó Deus, tu és o meu Deus".
Perguntas retóricas para mostrar o lugar que damos a Deus	Quem é Deus? Quais têm sido as nossas experiências com Deus?
Explanação	Esse salmo foi escrito por Davi, no deserto de Judá, quando fugia de Saul ou Absalão. Davi passou por ali em tempos de profunda dificuldade: na primeira ocasião, Saul queria matá-lo; na segunda o filho traidor o perseguia. Em toda a sua vida, Davi sentiu a mão de Deus:

Explanação com material do contexto biográfico, que serve ao mesmo tempo para ilustrar	Preterido na família, entre todos os irmãos, ele foi o escolhido pelo Senhor, porque "[...] o Senhor não vê como o homem: o homem vê a aparência, mas o Senhor vê o coração" (1Samuel 16.7).
Continuação da explanação com material do contexto biográfico, que serve também como ilustração	Apesar de ser o menos indicado para enfrentar Golias, o gigante, ele o venceu, afirmando sua fé em Deus: "[...] eu vou contra você em nome do Senhor dos Exércitos, o Deus dos exércitos de Israel, a quem você desafiou" (1Samuel 17.45). Depois de enfrentar terrível fracasso, ajudado pelo profeta Natã, ele reconheceu seu pecado e orou: Contra ti, só contra ti, pequei e fiz o que tu reprovas, de modo que justa é a tua sentença e tens razão em condenar-me. [...] Cria em mim um coração puro, ó Deus, e renova dentro de mim um espírito estável. [...] Devolve-me a alegria da tua salvação e sustenta-me com um espírito pronto a obedecer (Salmos 51.4,10,12).
Continuação da explanação com textos paralelos do mesmo autor	Algumas das mais belas páginas sobre a comunhão com Deus são da autoria de Davi: O Senhor é o meu pastor; de nada terei falta [...]. Mesmo quando eu andar por um vale de trevas e morte, não temerei perigo algum, pois tu estás comigo; a tua vara e o teu cajado me protegem (Salmos 23.1,4). O Senhor é a minha luz e a minha salvação; de quem terei temor? O Senhor é o meu forte refúgio; de quem terei medo? [...] Ainda que um exército se acampe contra mim, meu coração não temerá; ainda que se declare guerra contra mim, mesmo assim estarei confiante (Salmos 27.1,3).

Pois a sua ira só dura um instante, mas o seu favor dura a vida toda; o choro pode persistir uma noite, mas a alegria vem pela manhã (Salmos 30.5).

A minha alma descansa somente em Deus; dele vem a minha salvação. Somente ele é a rocha que me salva; ele é a minha torre segura! Jamais serei abalado! (Salmos 62.1,2).

Contextualização com aplicação	Qual o conhecimento que temos de Deus? Do conceito que temos de Deus, depende o modo com que o adoramos. Jesus Cristo disse: "Deus é espírito, e é necessário que os seus adoradores o adorem em espírito e em verdade" (João 4.24). Que tipo de adorador tenho sido?
Aplicação por meio de perguntas retóricas	Estou adorando o Senhor em espírito e em verdade? Sou um adorador autêntico?
Passando do 1º tópico para o 2º, sem mencionar o número do tópico	O ADORADOR AUTÊNTICO ANSEIA PELO ENCONTRO COM DEUS (v. 1b): eu te busco intensamente = "sem cessar te procuro" (Bíblia Interconfessional)
1º subtópico, explanando o tópico, seguido de ilustração bíblica	Não se trata de alguém tateando para buscar a Deus. Paulo, pregando em Atenas, fala da realidade dessa busca: "[...] Para que os homens o buscassem [a Deus] e talvez, tateando, pudessem encontrá-lo, embora não esteja longe de cada um de nós" (Atos 17.27).
Ilustração da literatura	Castro Alves, em seu poema *Vozes d'África*, indagou: "Deus, ó Deus! Onde estás que não respondes? Em que mundo, em que estrela tu te escondes? [...] Onde estás, Senhor Deus?".

2º subtópico, explanando o tópico, seguido de contextualização e aplicação	É a ansiedade pela presença do amigo; é sentir a falta de alguém muito querido. É algo que acontece em nossos relacionamentos. Já ansiou pela presença de alguém assim? No salmo 142, Davi busca em Deus esse amigo:
Ilustração bíblica (do contexto histórico)	Em alta voz clamo ao Senhor; elevo a minha voz ao Senhor, suplicando misericórdia. Derramo diante dele o meu lamento; a ele apresento a minha angústia. Quando o meu espírito desanima, és tu quem conhece o caminho que devo seguir. [...] Não tenho abrigo seguro; ninguém se importa com a minha vida. clamo a ti, Senhor, e digo: Tu és o meu refúgio; és tudo o que tenho na terra dos viventes. Dá atenção ao meu clamor, pois estou muito abatido; livra-me dos que me perseguem [...] Liberta-me da prisão, e renderei graças ao teu nome. Então os justos se reunirão à minha volta por causa da tua bondade para comigo.
3º subtópico, explanando e aplicando	É aquele que ama buscando a pessoa amada — assim deve ser o nosso anseio pelo encontro com o Senhor.
Textos paralelos. Usados para enfatizar a realidade da presença de Deus	(Salmos 18.1,2): Eu te amo, ó Senhor, minha força. O Senhor é a minha rocha, a minha fortaleza e o meu libertador; o meu Deus é o meu rochedo, em quem me refugio. Ele é o meu escudo e o poder que me salva, a minha torre alta. (Salmos 116.1,2): Eu amo o Senhor, porque ele me ouviu quando lhe fiz a minha súplica. Ele inclinou os seus ouvidos para mim; eu o invocarei toda a minha vida.

Explanação	Essa busca é movida por amor. Desejamos nos encontrar com Deus pelo que ele é, não apenas pelo que ele faz; queremos estar na presença dele pelo que ele já fez, não pelo que venha a fazer; buscamos a face dele para o adorar, não somente para suplicar; ansiamos estar com ele porque sem ele a vida não tem sentido.
Ilustração por citação de frase atribuída a um dos pais da Igreja	Agostinho declarou que "a dificuldade com este mundo é que as pessoas adoram o que usam e usam o que adoram".
Aplicação por perguntas retóricas	O que faz do domingo um dia diferente? Qual o nosso interesse em vir ao templo? Qual a intensidade do nosso amor ao Senhor Jesus?
Frase de transição para a transposição ao 3º tópico	Além de ter uma profunda experiência pessoal com Deus e buscar intensamente a comunhão com o Pai...
Enunciado do 3º tópico	O ADORADOR AUTÊNTICO VALORIZA A COMUNHÃO COM DEUS (v. 1c): "a minha alma tem sede de ti!"
Subtópico explanando o tópico	Como a água é indispensável à vida, assim é a presença de Deus— "a minha alma tem sede de ti" — sem ele não dá para prosseguir.
Ilustração bíblica (contexto histórico)	No salmo 42, a mesma figura é usada: Como a corça anseia por águas correntes, a minha alma anseia por ti, ó Deus. A minha alma tem sede de Deus, do Deus vivo. Quando poderei entrar para apresentar-me a Deus?
Contextualização e aplicação, com base em perguntas retóricas	Deus é indispensável em meu viver? Por que frequentamos o templo? Porque temos sede de Deus. Já experimentou grande sede?

Contextualização e aplicação Explanação	Como é agradável podermos nos saciar quando estamos com sede de verdade! Assim é a experiência espiritual. Nada mais precioso do que podermos sentir a presença de Deus! Não podemos viver sem água nem sem Deus. "A minha alma tem sede de Deus!".
Subtópico tornando mais claro o tópico para a contextualização e aplicação	Exprime o desejo da mais completa comunhão com Deus: "Ó Deus, tu és o meu Deus, eu te busco intensamente; a minha alma tem sede de ti!". Valorizar a comunhão com Deus significa tê-lo como o alvo da nossa adoração!
Contextualização	Não estamos aqui no templo para monologar, mas para dialogar com o Criador. Aqui vivenciamos a mais profunda experiência que o ser humano pode ter: encontramo-nos com o único capaz de receber a nossa adoração, o único que é digno do nosso louvor, o único que nos satisfaz plenamente. Quando alguém perde esse alvo, deixa de ser adorador. Pode até estar no templo, mas como mero espectador, não como autêntico adorador. Adorando o Senhor, não apenas falamos com ele por meio dos cânticos e das orações, mas o ouvimos falar por meio das leituras, mensagens dos hinos, dos testemunhos, da pregação e até no silêncio.
Aplicação	Estamos ouvindo a voz do Senhor? No silêncio do nosso dia a dia temos procurado ouvir o Senhor?

Subtópico explanando o tópico e trabalhando a contextualização	O adorador autêntico valoriza a comunhão com Deus! Como adoradores autênticos, valorizamos a comunhão com Deus porque só ele nos satisfaz — (v. 1c): "Todo o meu ser anseia por ti, numa terra seca, exausta e sem água".
Explanação	Estando no deserto de Judá, Davi falava de sua própria experiência. Numa terra seca, exausta e sem água, não há possibilidade de vida. Se alguém insistir em ficar nesse deserto, ficará sem vida. São vidas que se tornaram em desertos — "terra seca, exausta e sem água" — porque estão tentando viver longe de Deus. No silêncio do nosso dia a dia, temos procurado ouvir o Senhor? O adorador autêntico valoriza a comunhão com Deus porque só ele nos satisfaz — (v. 1c): "Todo o meu ser anseia por ti, numa terra seca, exausta e sem água".
Ilustração, citando pensamento de um dos pais da Igreja	Agostinho afirmou que fomos criados para Deus e só há quietude no coração quando encontramos descanso em Deus.
Contextualização	A adoração é a resposta da criatura ao Criador; é o encontro do finito com o eterno. Na adoração pessoal, procuramos nos isolar da agitação e do contato com as outras pessoas, para nos encontrarmos com Deus; no templo, nos irmanamos e, juntos, nos encontramos com ele. Uma vez que Deus não nos criou para o isolamento, mas para comunhão, nossa adoração só se completa quando nos encontramos uns com os outros.
Contextualização com aplicação — o valor do relacionamento com o próximo na adoração	Culto é encontro com Deus que passa primeiramente pelo próximo. É impossível alguém se encontrar com Deus se não estiver disposto a se encontrar com o próximo.

	Culto é uma experiência que se renova a cada dia e a todo instante. Quanto mais nos aproximamos do Senhor, tanto mais descobrimos a impossibilidade de viver sem ele. "Ó Deus, tu és o meu Deus, eu te busco intensamente; a minha alma tem sede de ti! Todo o meu ser anseia por ti, numa terra seca, exausta e sem água."
Conclusão sumária, em forma de súplica, com aplicação final	Que a nossa oração seja: Senhor, ajuda-me a ser um adorador autêntico! Que a minha experiência contigo seja mais real a cada dia; que todo o meu ser anseie por ti e que eu valorize sempre a comunhão contigo, sabendo que sem a tua presença a minha vida não tem sentido. Ajuda-me a amar e a me encontrar com o próximo para que o meu encontro contigo aconteça, em espírito e em verdade. Amém.

Com base nesse esboço e em sua rápida análise, vejamos algumas considerações que podem ajudar na comunicação de um sermão expositivo.

O QUE NÃO É UM SERMÃO EXPOSITIVO

Não é um simples estudo exegético de um texto bíblico

Por mais completo que seja o trabalho exegético, o pregador não deve ficar restrito a ele. O trabalho exegético é fundamental, mas é necessário ir além da exegese (quando os detalhes do texto são encontrados), da hermenêutica (quando é formulada a correta interpretação do texto e sua contextualização), da homilética (quando toda a pesquisa é sistematizada na forma sermônica, com ilustrações, aplicação e desafios).

Não é apenas um estudo pormenorizado do texto

Esse trabalho ajuda grandemente o pregador, mas o faz como preliminar à tarefa de sistematização da pesquisa e elaboração de um esboço. A boa comunicação de um sermão expositivo, assim como de qualquer outra forma, requer a elaboração de um bom esboço, com recursos homiléticos, que ajuda o pregador a determinar o que é essencial ao foco de sua mensagem e deixar de lado tudo o que for superficial. Esse é um princípio básico para que a comunicação não se torne prolixa.

Não é um simples comentário versículo por versículo do texto básico

Não se trata de particularizar um texto bíblico e ir comentando os versículos. Hernandes Dias Lopes declarou que "o sermão expositivo é um sermão que extrai uma mensagem da Escritura e a torna acessível aos ouvintes contemporâneos".[8]

QUANDO A PREGAÇÃO É EXPOSITIVA

Munguba Sobrinho identificou o trabalho expositivo no púlpito pela exegese e exposição de um texto completo. Ele definiu sermão expositivo como "o que se ocupa principalmente da exegese ou exposição completa de um texto ou palavras das Escrituras".[9] Robinson define pregação expositiva como:

---

[8] Hernandes Dias Lopes, *A importância da pregação expositiva para o crescimento da igreja*, p. 21.
[9] Munguba Sobrinho, *Esboço de homilética*, p. 69.

comunicação de um conceito bíblico, derivado de, e transmitido através de um estudo histórico, gramatical e literário de uma passagem no seu contexto, que o Espírito Santo primeiramente aplica à personalidade e experiência do pregador e, depois, através dele, aos seus ouvintes.[10]

Alguns homiletas veem a pregação expositiva pelo tamanho do texto básico; como é o caso de Samuel Vila.[11] James Braga corrobora a mesma ideia. Para ele,

> sermão expositivo é aquele em que uma porção mais ou menos extensa da Escritura é interpretada com relação a um tema ou assunto. A maior parte do material desse tipo de sermão provém diretamente da passagem, e o esboço consiste em uma série de ideias progressivas que giram em torno de uma ideia principal.[12]

North afirmou: "O sermão expositivo tipicamente cobre não menos de um parágrafo e pode mesmo abranger um capítulo ou até um livro inteiro".[13]

Para Jerry Key, as definições formuladas com base no tamanho do texto não são satisfatórias. Com base em um texto mesmo pequeno, pode-se pregar um sermão expositivo. Ele afirma ser "artificial e discriminatório dizer que o sermão expositivo não pode ser baseado em um texto menor".[14] Concordo plenamente com meu professor. O selo de garantia de um sermão expositivo não é o tamanho do texto básico, mas a profundidade com que ele é tratado. Se um grande texto é

---

[10] ROBINSON, *A pregação bíblica*, p. 15.
[11] VILA, *Manual de homilética*, p. 93.
[12] James BRAGA, *Como preparar mensagens bíblicas*, p. 47.
[13] NORTH, *Pregação, homem & método*, p. 73.
[14] Jerry Stanley KEY, *O preparo e a pregação do sermão*, p. 39.

tratado superficialmente, o sermão não será expositivo, mas mesmo em um pequeno texto, quando analisado, explanado e aplicado profundamente, podemos ter um sermão expositivo.

CUIDADOS NA COMUNICAÇÃO DE UM SERMÃO EXPOSITIVO

Pregação expositiva não é sinônimo de monotonia

O que torna o sermão enfadonho não é a forma sermônica, mas a falta de dinamismo na apresentação. A consideração do gênero do texto em pauta é importante. Uma passagem bíblica histórica, uma abordagem biográfica, ou a narrativa de uma parábola constituem riquíssimo material. O segredo é que, quando o enfoque é sobre personagens, o texto, além de prover toda a explanação, abastece o sermão com as mais ricas ilustrações: ao mesmo tempo que explana, ilustra. Esse fenômeno ocorre no sermão de Salmos 63.1, em que apenas um versículo é considerado, mas o rico contexto histórico e biográfico provê uma riqueza de material tanto para a explanação quanto para a ilustração. Mesmo trabalhando modelos expositivos, quando contamos com a vantagem das ilustrações advindas do próprio texto e contexto, precisamos buscar ilustrações de outras fontes, que possibilitem mais vida à comunicação. Nesse expositivo, apesar de todas as ilustrações da vida do salmista, temos ilustrações da história da Igreja e da literatura.

O trabalho expositivo requer equilíbrio entre os elementos funcionais

Nem só de explanação é feito o sermão expositivo, mas de ilustrações e aplicação também. Ilustrando e aplicando ao longo de todo o sermão, não estamos dando menos importância à explanação; antes, a estamos valorizando por agregá-la a esses dois outros elementos que ajudam o ouvinte quanto à recepção e assimilação do que está sendo dito. Pouco adianta o muito volume de material de explanação, sem as ilustrações e a aplicação que dão equilíbrio e vida à comunicação.

O trabalho expositivo demanda atualização

A mensagem precisa falar ao momento atual. Há um grande abismo entre as verdades do texto bíblico e as necessidades dos ouvintes, e o pregador é responsável em construir uma ponte capaz de unir esses dois mundos. Harold Freeman, depois de afirmar que o pregador trabalha entre dois mundos, declara que "o sermão bíblico autêntico constrói uma ponte sobre o abismo entre o mundo bíblico e o mundo moderno e deve estar firmado em ambos".[15] John Stott, usando a mesma metáfora do pregador como um construtor de pontes, afirmou: "Nossa tarefa é deixar a verdade revelada por Deus fluir das Escrituras para a vida de homens e mulheres dos nossos dias".[16] Não basta expor o texto; é preciso transportá-lo para o momento presente. Para possibilitar esse transporte, a homilética se associa à hermenêutica. Nesse processo, procura-se interpretar corretamente o texto, descobrindo seu significado primário para, depois, contextualizá-lo e corretamente aplicá-lo aos ouvintes.[17] Luis Maldonado descreveu bem o papel da pregação ao afirmar que "ela não fala só de textos, porém igualmente de

---

[15] Harold FREEMAN, *Nuevas Alternativas en la Predicación Bíblica*, p. 25.
[16] John STOTT, *Eu creio na pregação*, p. 148.
[17] Jilton MORAES, *Homilética:* da pesquisa ao púlpito, p. 56.

fatos; não apenas do passado, mas também do presente, do hoje (não só do que Jesus fez e disse, mas do que faz e diz hoje)".[18]

A pregação expositiva deve alcançar o ouvinte

Pregando sermões expositivos, precisamos ter em mente que toda pesquisa precisa sair do papel para alcançar os ouvintes. Não basta ter profundidade bíblica, excelente exegese, habilidoso trabalho hermenêutico e um excelente esboço; precisamos pedir ao Senhor que a mensagem do texto passe por nós para, por meio de nós, alcançar os ouvintes. Pregação não é aula, não é simples transmissão de um conhecimento. Pregação é vida: a graça de Deus comunicando vida por meio da vida do pregador, para dar vida aos ouvintes.

POR QUE PREGAR SERMÕES EXPOSITIVOS

Porque é a forma que melhor expõe a Palavra

Os ouvintes precisam receber o alimento espiritual, e a única fonte de onde podemos extrair a verdade que alimenta é a Bíblia Sagrada. Tudo o mais que for usado no púlpito deve ser para ilustrar e aplicar a Palavra. O sermão expositivo é a forma por excelência para a comunicação. Paulo deixa claro que o pregador aprovado é aquele que tem uma pregação diligente: "Procure apresentar-se a Deus aprovado, como obreiro que não tem do que se envergonhar e que maneja corretamente a palavra da verdade" (2Timóteo 2.15). O sentido da palavra "manejar" na língua original é cortar em linha reta.

---

[18] Luis MALDONADO, *A homilia:* pregação, liturgia, comunidade, p. 12.

Porque serve de base para o uso de outras formas sermônicas

A variedade responsável no púlpito há de fundamentar-se sempre na Palavra. Lançar mão de uma nova forma sermônica não significa abandonar a base bíblica. E é aí que entra o trabalho expositivo: ele é a única forma que serve de base para a elaboração de outras formas sermônicas. Os melhores narrativos têm como ponto de partida o expositivo; bons monólogos são conseguidos quando iniciamos a pesquisa com um trato expositivo da personagem; e os sermões segmentados com melhor base bíblica são conseguidos com base em sermões expositivos.

Porque tem a capacidade de penetrar corações

Pregar sermões expositivos é expor de forma profunda e acessível a Palavra de Deus. Nada prende mais a atenção dos ouvintes que a base bíblica do sermão. As pessoas estão com fome de ouvir a Palavra do Senhor. Vivemos o momento profetizado por Amós: "'Estão chegando os dias', declara o Senhor, o Soberano, 'em que enviarei fome a toda esta terra; não fome de comida nem sede de água, mas fome e sede de ouvir as palavras do Senhor'" (Amós 8.11). Por isso, diante da exposição bíblica, os ouvintes afirmam como os dois homens no caminho de Emaús: "[...] Não estava queimando o nosso coração enquanto ele nos falava no caminho e nos expunha as Escrituras?" (Lucas 24.32).

Porque torna o pregador um estudioso das Escrituras

A elaboração de um sermão expositivo exige do pregador estudo sério da Bíblia para poder expláná-la aos ouvintes. Quem quiser se desenvolver na arte de elaborar e pregar sermões expositivos precisa, antes de tudo, tornar-se um estudioso incansável da Palavra de Deus.

Sem desprezar o trabalho expositivo, o pregador tem a oportunidade de pregar novas formas sermônicas. A melhor ideia é, depois de ter a mensagem em sua forma expositiva quase totalmente pronta, surpreender os ouvintes com uma abordagem nova no púlpito. Que tal começarmos pelo sermão biográfico?

PERGUNTAS DE REVISÃO

1. Quando o sermão é expositivo?
2. Como você define sermão expositivo?
3. O que não é um sermão expositivo?
4. A pregação expositiva está relacionada ao tamanho do texto? Justifique.
5. Que fazer para que um sermão expositivo não seja monótono?
6. Por que devemos pregar sermões expositivos?
7. Qual é a sua experiência em pregar sermões expositivos?

9
A opção por um sermão biográfico

O sermão biográfico é o mais aceito pelos ouvintes, pois comunica de forma atraente profundas verdades sobre personagens da Palavra de Deus.

Elaborar e pregar um sermão biográfico, à semelhança do sermão expositivo, é uma tarefa árdua e compensadora. Quem quiser crescer na arte da pregação biográfica, precisa estudar com afinco a vida da personagem escolhida. Isso exige um preparo especial, em que o pregador cresce à medida que se aprofunda em sua pesquisa sermônica. O extraordinário é que, quanto mais conhecimento adquirimos da personagem, tanto mais motivação temos para prosseguir com a pesquisa e mais motivados nos tornamos para usar essa história de vida na pregação.

A Bíblia é rica na apresentação de muitas biografias que constituem a mais completa fonte de material sermônico. O pregador que quiser encontrar o mais vasto e repleto acervo de ideias para seus sermões deve começar a investir no estudo das biografias da Bíblia. E essa razão tem feito do modelo biográfico o predileto de muitos pregadores. O volume de material é algo surpreendente; basta pensarmos na riqueza de personagens bíblicas que temos ao nosso dispor. Uma tentativa de agrupamento dessas pessoas nos levaria a inúmeras ideias para a pregação: homens do AT, homens do NT, mulheres do AT, mulheres do NT, jovens do AT, jovens do NT, crianças do AT, crianças do NT etc. Quantos homens são encontrados no Antigo ou no Novo Testamento? Quantas mulheres, jovens e crianças estão nessas páginas sagradas? Jerry Key menciona a existência de 2.930 personagens bíblicas diferentes. Só com o nome de Zacarias há mais de 30 homens; 20 chamavam-se Natã e 15, Jônatas. "Cerca de 400 das personagens servem como base para sermões, sendo 250 maiores e 150 menores".[1]

Uma grande razão para pregarmos sermões biográficos é que a história de uma vida fala de um modo todo especial. Sempre que lemos ou ouvimos sobre uma personagem, recebemos o impacto das peculiaridades daquela vida. Quer positivas quer negativas, as qualidades de uma personagem nos falam sempre. Eis a razão que faz do sermão biográfico a forma mais aceita pelos ouvintes. Essa opção sermônica ainda possibilita que as verdades mais profundas sejam transmitidas quando pregamos sobre uma personagem.

Quando pregamos sermões biográficos, temos uma excelente oportunidade de aprofundar nosso preparo bíblico e teológico, uma vez que é impossível elaborar um sermão biográfico de qualidade sem um estudo profundo da personagem e todos os detalhes que formam o mundo em que ele viveu.

Nem sempre o sermão biográfico terá como base um único texto das Escrituras. Algumas vezes, os textos estão não só em

---

[1] Jerry KEY, *O sermão biográfico para hoje*.

capítulos diferentes, mas em livros diversos que falam da pessoa em destaque. Há personagens bíblicas cujas informações estão em vários livros. Sobre Paulo, podemos pregar em 14 livros da Bíblia. A primeira referência ocorre em Atos 7.58, em que lemos: "... As testemunhas deixaram seus mantos aos pés de um jovem chamado Saulo". O capítulo 9 de Atos principia narrando a conversão de Saulo, e a partir daí ele se torna figura presente no livro, especialmente por meio das viagens missionárias, testemunho, pregação e ensino. Sua presença também é marcante nos 13 livros seguintes — as cartas por ele escritas. Dependendo do foco que se pretende destacar, o texto pode estar em vários livros.

Assim como Paulo, há várias outras personagens nas Escrituras cujo volume de material narrativo encontra-se em vários livros. Moisés, seu trabalho, pregação e exemplo estão presentes em quatro dos cinco livros do Pentateuco — Êxodo, Levítico, Números e Deuteronômio. No Novo Testamento, 83 referências a ele ocorrem em 12 livros: nos quatro evangelhos, em Atos, Romanos, 1Coríntios, 2Coríntios, 2Timóteo, Hebreus, Judas e Apocalipse.

SERMÃO BIOGRÁFICO E VARIEDADE NA PREGAÇÃO

A abordagem biográfica proporciona um elenco de possibilidades para variar a forma de apresentação no púlpito; entre elas, podemos destacar:

1. BIOGRÁFICO EXPOSITIVO — no qual se estuda a vida da personagem com base em uma passagem bíblica.[2]

---

[2] O sermão biográfico "O QUE VOCÊ ESTÁ FAZENDO?", apresentado neste capítulo, é um biográfico expositivo.

2. BIOGRÁFICO NARRATIVO — uma abordagem biográfica, com base em uma passagem bíblica, sem a preocupação de tópicos.
3. BIOGRÁFICO EM FORMA DE MONÓLOGO — apresentado em forma narrativa, mas na 1ª pessoa, com o pregador assumindo o lugar da personagem.
4. BIOGRÁFICO EM FORMA DE DIÁLOGO — reunindo dois pregadores que representam duas personagens bíblicas.

COMO ELABORAR E PREGAR UM SERMÃO BIOGRÁFICO

O sermão biográfico é planejado e elaborado tomando como base a vida de uma ou mais personagens bíblicas. Enquanto nos trabalhos textual e expositivo a base é um texto bíblico e no sermão temático é um assunto (tema), o modelo biográfico trabalha personagens bíblicas. Para elaborar bem essa forma sermônica, é preciso ter em mente os passos necessários à elaboração de qualquer sermão. Iniciando com uma pesquisa, que tem como ponto de partida a definição de uma ideia ou texto a ser pregado, até a finalização do esboço ou manuscrito.[3]

---

[3] Para mais detalhes sobre como trabalhar a pesquisa com base no texto e a cerca de contextualização, propósitos, título e divisões, v. Jilton MORAES, *Homilética:* da pesquisa ao púlpito (São Paulo: Editora Vida), 2005.

PASSOS PARA ELABORAÇÃO E APRESENTAÇÃO DE SERMÕES

1. DEFINIR A IDEIA	2. ENCONTRAR O TEXTO	3. INTERPRETAR O TEXTO	4. CONTEXTUALIZAR
É o ponto de partida do trabalho de elaboração sermônica; necessita de um texto bíblico.	É o que dá relevância ao sermão; deve ser explanado para tornar clara a sua mensagem.	É necessário para que se compreenda o sentido exato do texto básico aos primeiros destinatários.	É preciso trazer a mensagem para o momento presente a fim de que os ouvintes possam assimilá-la.
5. ESTABELECER O ALVO	6. DIVIDIR A MENSAGEM	7. BUSCAR ILUSTRAÇÕES	8. APLICAR
É necessário um rumo a seguir e um alvo a alcançar. O PB e o PE possibilitam esse passo.	É dividindo, pondo em ordem os argumentos, que o pregador consegue pregar com êxito.	É ilustrando que o pregador atrai e prende a atenção do ouvinte e dá mais alcance à sua mensagem.	É por meio da aplicação que o sermão confronta os ouvintes, desafiando-os a uma resposta positiva.
9. TRAÇAR A INTRODUÇÃO	10. PREPARAR A CONCLUSÃO	11. APERFEIÇOAR O ESBOÇO	12. PREGAR
É o momento de o pregador ganhar a atenção dos ouvintes, apresentando a ideia a ser pregada.	É o tempo de parar, e isso deve ser feito com maestria para que as lições e os desafios fiquem gravados.	É a oportunidade de rever e melhorar tudo, dando os últimos ajustes antes de assomar ao púlpito.	É preciso ficar a sós com Deus, pedindo-lhe sabedoria e forças para comunicar com vida e poder.

Um dos primeiros cuidados que precisamos ter é buscar o aprofundamento da pesquisa sobre a personagem escolhida. O melhor caminho para chegarmos ao conhecimento da personagem é responder a algumas indagações sobre ele:

1. Quem é essa personagem? 2. Quais os textos bíblicos que narram sua história? 3. Ele se faz presente em outros textos? 4. Em que época viveu? 5. Como viveu? 6. Com quem viveu? 7. Quais as características da época em que viveu? 8. Quais os pontos positivos de sua vida? 9. Quais os pontos negativos?	10. Qual a relação da personagem com Jesus? 11. O que em sua vida mais me chama a atenção? 12. Qual a sua maior contribuição? 13. Em que ponto, mais me identifico com essa personagem? 14. De que modo sua vida me fala? 15. Quais as lições da personagem para hoje? 16. Que ideias sermônicas o estudo dessa vida sugere?

Aperfeiçoando a pesquisa

O trabalho de aprofundamento da pesquisa sobre a personagem é tarefa exigente, porém compensadora. Não termina com a elaboração do sermão, está sempre aberto a novas pesquisas. Sua abrangência vai além de um sermão ou de uma série; servirá todo o tempo como ajuda valiosa no ministério da pregação. Precisamos ter em mente que nem todos os detalhes encontrados na pesquisa serão inseridos em um sermão. O pregador precisa ser sábio em selecionar o conteúdo de seu sermão, de acordo com a pesquisa.

Além de um sério estudo bíblico, essa tarefa exige uma pesquisa abrangente sobre a personagem. Em livros biográficos de autores antigos e atuais e nas páginas da História, muitas vezes há registros preciosos sobre a personagem pesquisada. Uma boa sugestão é fazer um levantamento bibliográfico sobre a personagem, descobrindo o que tem sido escrito sobre ela. A internet pode ser usada também como fonte de pesquisa, mas é preciso checar a confiabilidade do material, antes de apresentá-lo no púlpito. O quadro a seguir apresenta, de modo simples e em resumo, o exemplo de como esse estudo inicial pode ser feito.

PERSONAGEM	ELIAS. Era de Tisbe, em Gileade (1Reis 17.1). Única referência sobre seu passado e sua história. Era profeta de Israel. Seu nome significa Javé é Deus.
TEXTOS BÍBLICOS	Primeiro Reis 17.1—19.21; 2Reis 1.1 — 2.14.
OUTRAS FONTES	Comentários bíblicos do Antigo Testamento; Flávio JOSEFO, Antiguidades; Gene GETZ, Elias: um modelo de coragem e fé.
QUANDO VIVEU	No século IX a.C.
COM QUEM CONVIVEU	Além do povo de Israel, com o rei Acabe, Jezabel, a viúva de Sarepta, o filho da viúva, Obadias, os profetas de Baal e os profetas de Aserá.
PONTOS POSITIVOS DE SUA VIDA	Obediência ao Senhor, fidelidade, integridade, coragem, confiança absoluta na palavra do Senhor, persistência e autoridade.
PONTOS NEGATIVOS DE SUA VIDA	Medo, desânimo, depressão e incoerência (fugia com medo da morte e ao mesmo tempo pedia para morrer).
PONTO DE SUA VIDA QUE MAIS CHAMA A ATENÇÃO	Ter sido capaz de enfrentar e vencer 850 homens e correr com medo do recado de uma mulher.
QUAL A SUA MAIOR CONTRIBUIÇÃO?	A teologia de sua pregação, realçando a unicidade de Deus. Em todo o ministério de Elias, fica patenteado que só o Senhor é Deus.
QUAL A RELAÇÃO DA PERSONAGEM COM JESUS?	Jesus mencionou Elias (Mateus 11.14; 17.11,12); Jesus foi confundido com Elias (Mateus 16.14); Elias esteve na transfiguração com Jesus (Mateus 17.3).
EM QUE PONTO, MAIS ME IDENTIFICO COM ESSA PERSONAGEM?	Algumas vezes, posso até fazer proezas, mas preciso me cuidar para que a exaustão não me leve à depressão e ao desânimo.

De que modo sua vida me fala?	Devo ser sempre fiel ao Senhor, cuidando para não cair em completa solidão e não me estressar a ponto de não ver alternativas em meu caminho.
Principais lições dessa personagem para o momento atual	A nossa fé não deve ser abalada pelas circunstâncias; a missão do pregador não é agradar autoridades, mas falar o que Deus quer que lhes seja comunicado; independendo da situação, vale a pena obedecer ao Senhor; no trabalho dele nunca estamos sós.

Respondidas essas questões, nova ficha sobre a personagem é preparada. Veja o modelo:

Personagem: ELIAS	TOTAL DE OCORRÊNCIAS NA BÍBLIA: 106	
	Antigo Testamento: 77 → 1Reis: 45; 2Reis: 27; 1Crônicas: 1; 2Crônicas: 1; Esdras: 2; Malaquias: 1.	Novo Testamento: 29 → Mateus: 9; Marcos: 9; Lucas: 7; João: 2; Romanos: 1; Tiago: 1.
DESTAQUES			

1. Elias é introduzido na história de Israel de modo súbito; só é mencionado ser de Tisbe, em Gileade. Elias já aparece profetizando em nome de Deus (1Reis 17.1).

2. Todo o seu ministério está registrado em apenas oito capítulos — os seis últimos capítulos de 1Reis e os primeiros de 2Reis.

3. Além das 72 referências nos dois livros de Reis, é mencionado mais cinco vezes no AT: Esdras 2; 1Crônicas 1; 2Crônicas 1; Malaquias 1.

4. Há 29 ocorrências no NT, o que torna Elias uma das personagens do AT mais citadas, principalmente nos Evangelhos.

5. Algumas vezes, o nome de Elias é citado pelos apóstolos e também por Jesus, mas não há referência a ele na galeria dos heróis da fé.

6. A coragem é uma característica notável na vida de Elias. Sua primeira pregação não agradou o rei Acabe, por isso teve a cabeça posta a prêmio (1Reis 18.10).

> 7. Obediência Incondicional ao Senhor foi uma das marcas características de Elias: ele fez sempre o que Deus lhe mandou que fizesse, mesmo muitas vezes partindo em busca do que parecia impossível.
> 8. Pelo menos três anos, Elias ficou foragido, distante de Israel, (1Reis 18.1). Quando afirmou haver ficado só (1Reis 19.9,14), não foi por orgulho ou por ter-se afastado da comunidade dos fiéis, mas pelo longo tempo de ausência que lhe foi imposto.
> 9. Elias foi um homem de prontas e corajosas respostas. Quando o rei Acabe o chamou de perturbador de Israel, a resposta foi imediata: "'Não tenho perturbado Israel'. Elias respondeu. 'Mas você e a família do seu pai têm. Vocês abandonaram os mandamentos do Senhor e seguiram os baalins'" (1Reis 18.18).
> 10. A ironia foi marcante em Elias. No monte Carmelo, diante dos 450 profetas de Baal e dos 400 profetas de Aserá que clamavam a Baal por resposta, ele, ironicamente zombou: "[...] 'Gritem mais alto!', dizia, 'já que ele é um deus. Quem sabe está meditando, ou ocupado, ou viajando. Talvez esteja dormindo e precise ser despertado'" (1Reis 18.27).
> 11. Profundas experiências com Deus marcam a vida de Elias: alimentado por corvos (1Reis 17.5); sustentado por uma viúva pobre (1Reis 17.7-15); ressuscitou o filho da viúva (1Reis 17.17-24); enfrentou o rei Acabe, desafiou e venceu 850 profetas, viu o Senhor passar (1Reis 19.11-13); ao fim, foi elevado ao céu por carros de fogo e cavalos de fogo (2Reis 2.11,12).

Com base nesses dois quadros com informações sobre a personagem, a próxima etapa é a DESCOBERTA DE IDEIAS PARA A PREGAÇÃO usando os textos e fatos relacionados à personagem. Vale lembrar que a descoberta de ideias acontece em razão da identificação com a personagem e da seriedade do estudo, aprofundando os detalhes que possibilitarão maior conhecimento da história. Dependendo da personagem, uma boa série de ideias para sermões pode ser encontrada, arquivada e pregada. No caso da personagem Elias, foram encontradas 30 ideias:

ALGUMAS IDEIAS PARA A PREGAÇÃO — PROFETA ELIAS

1. A aflição dos profetas de Baal (1Reis 18.25-29)
2. "Acaso não há Deus em Israel?" (2Reis 1.3,4)
3. Alimentado pelos corvos (1Reis 17.1-6)
4. A hora de parar (1Reis 19.15,16)
5. A ironia do profeta (1Reis 18.25-29)
6. Alternativas de escape (1Reis 19.3): a) escapar com vida; b) escapar da vida; c) escapar para a vida
7. Ânimo no desânimo (19.1-21)
8. As incoerências de Elias: (1Reis 18.18; 19.21)
   a) Enfrentou 850 homens e fugiu com medo do recado de uma mulher.
   b) Reclamou de solidão quando havia 7 mil justos com os quais podia ter comunhão.
   c) Fugiu para não morrer e pediu para morrer.
9. "Até quando vocês vão oscilar?" (1Reis 18.21)
10. Da fome à fartura (1Reis 17.7-16)
11. "Enviarei chuva sobre a terra" (1Reis 18.1-15)
12. "Fique [...] na presença do Senhor" (1Reis 19.11)
13. "Levante-se e coma" (1Reis 19.7)
14. "Não houve resposta" (1Reis 18.29)
15. O Deus de Elias (1Reis 17.2)
16. O Deus que responde (1Reis 18.24)
17. "O murmúrio de uma brisa suave" (1Reis 19.14)
18. "O povo nada respondeu" (1Reis 18.21)
19. O profeta com medo (1Reis 19.3)
20. "O que você está fazendo?" (19.1-21)
21. "O Senhor é Deus" (1Reis 18.39)
22. "O Senhor vai passar" (1Reis 19.11)
23. O toque do anjo do Senhor (1Reis 19.5)
24. Quando vem a palavra do Senhor (1Reis 17.7-16)
25. "Se o Senhor é Deus, sigam-no" (1Reis 18.21)
26. "Sei que és um homem de Deus" (1Reis 17.17-24)
27. Sete mil adoradores autênticos (1Reis 19.18)
28. Sustentado por uma viúva (1Reis 17.7-16)
29. Uma longa viagem (1Reis 19.7)
30. Um pequeno sinal (1Reis 18.4)

Agora fica mais fácil particularizar uma das ideias e elaborar o seu sermão biográfico. Veja este exemplo de um biográfico,[4] baseado no desânimo de Elias. O texto é 1Reis 19.1-18.

---

[4] Este sermão é um biográfico expositivo, por trabalhar não apenas a vida de uma personagem, mas numa abordagem de análise, também, com base em um texto bíblico.

Título Texto	O QUE VOCÊ ESTÁ FAZENDO AQUI? 1Reis 19.1-18
Introdução Partindo do contexto do ouvinte, o pregador tem mais condições de conquistar a atenção	Grandes trabalhos algumas vezes trazem grandes problemas. Aquele abençoado empreendimento terminou. E agora, o que vou fazer? Há muitos momentos quando indagamos a nós mesmos: o que estou fazendo?
Com base em uma situação real, vem a personagem — Elias	Elias fugia; estava dominado pelo medo. Sem coragem, ânimo e perspectivas, precisava se apresentar diante de Deus, que tinha trabalho para ele e não o deixara só.
Ideia Central do Texto (ICT)	A Elias, desanimado e só, Deus perguntou o que ele fazia e o ajudou a prosseguir.
A verdade central (TESE)	Quando estamos desanimados e sós, o Senhor nos questiona e nos ajuda a prosseguir.
Enunciado do 1º tópico, antecedido pelo título*	O QUE VOCÊ ESTÁ FAZENDO SEM CORAGEM? A falta de coragem é muitas vezes causada por um susto. Jezabel, zangada com a desmoralização de sua religião, mandou um recado a Elias: no dia seguinte, ele estaria morto. (v. 1,2): Ora, Acabe contou a Jezabel tudo o que Elias tinha feito e como havia matado todos aqueles profetas à espada. Por isso Jezabel mandou um mensageiro a Elias para dizer-lhe: "Que os deuses me castiguem com todo o rigor, se amanhã nesta hora eu não fizer com a sua vida o que você fez com a deles".

* Esses vocábulos formam um sentido completo: fenômeno que ocorrerá em todos os tópicos deste esboço, contribuindo para a sua unidade.

Explanação do v. 3	O corajoso Elias, que vencera tantos homens, agora fugia com medo do recado de uma mulher (v. 3): "Elias teve medo e fugiu para salvar a vida [...]". Só um recado fez Elias fugir.
Explanação do v. 4	A falta de coragem pode abater completamente. Elias ficou tão abatido que achou que a melhor saída para ele era a morte. (v. 4): "[...] orou, pedindo a morte: 'Já tive o bastante, Senhor. Tira a minha vida; não sou melhor do que os meus antepassados'".
Uma ilustração bíblica	Situação muito parecida com a do profeta Jonas, também prostrado, pedindo para si a morte.
Aplicação para mostrar como vivemos o mesmo problema de Elias	Já chegou a pensar que não há saída para você? Às vezes, superamos grandes problemas e depois tropeçamos com medo de algo bem menos arriscado, como um problema de relacionamento.
Ilustração da experiência pessoal para tornar mais claro o argumento: Deus nos reanima quando estamos sem coragem	Vivenciando um problema, recebi de presente o versículo 10 de Isaías 41: "[...] não tema, pois estou com você; não tenha medo, pois sou o seu Deus. Eu o fortalecerei e o ajudarei; eu o segurarei com a minha mão direita vitoriosa". Foi o melhor presente que eu recebi. Mudou minha maneira de ver o problema: não tenho razão para estar aflito.
Contextualização/ aplicação para reforçar o argumento de que muitas vezes ficamos sem coragem e, também, para motivar os ouvintes a prosseguir sempre	Que problemas você enfrenta hoje? Quais os seus temores no trabalho que realiza? Chegou a ponto de pensar que não há saída? Você tem pensado em desistir? É fácil prosseguir quando tudo vai bem, mas, quando vêm as crises, somos tentados a desistir para escapar. Precisamos de coragem para prosseguir quaisquer que sejam as circunstâncias.

Enunciado do 2º tópico, antecedido pelo título	O QUE VOCÊ ESTÁ FAZENDO SEM ÂNIMO? A situação de Elias era de total desânimo. (v. 5a): "Depois se deitou debaixo da árvore e dormiu [...]".
Explanação do v. 5, seguida de ilustração do contexto para tornar o tópico mais claro	Saíra de grande batalha: sozinho, venceu 850 profetas: 450 de Baal e 400 de Aserá (1Reis 18.19); enfrentou o rei, a ponto de ser por ele chamado de perturbador de Israel (1Reis 18.17). Era natural estar estressado de tanto trabalho.
Contextualização trazendo a realidade explanada e ilustrada para o mundo do ouvinte	Muitas vezes, desanimamos porque o nosso físico reclama por repouso; ficamos aflitos porque faltam forças para a continuação da jornada. Todos nós enfrentamos o desânimo!
Ilustração da experiência pessoal, mostrando como a presença de Deus é uma realidade que precisa ser considerada.	Cansado, diante de um grande trabalho, pensei em desistir. Um dia, ao compartilhar com um irmão minha aflição, ele abriu a Bíblia em Provérbios 24.10 e leu: "Se você vacila no dia da adversidade, como será limitada a sua força!".
Aplicação, com base na ilustração	Descobri que a razão de meu desânimo não era a gravidade da situação, mas o fato de estar me distanciando da presença do Senhor. Deus estava falando: "O que você está fazendo? Não se esqueça de que eu estou com você".
Volta à explanação para identificar o ouvinte com a personagem (Elias).	Os versículos 5-8 mostram como Deus estava presente: O Senhor desperta o profeta (v. 5b): "[...] De repente um anjo tocou nele [...]". O Senhor reanima o profeta (v. 5c): "[...] Levante-se e coma". O Senhor providencia alimento para o profeta (v. 6):

Explanação dos v. 5b-8, com o resumo da narrativa desses versículos, mostrando como Deus sustentou Elias	"Elias olhou ao redor e ali, junto à sua cabeça, havia um pão assado sobre brasas quentes e um jarro de água. Ele comeu, bebeu e deitou-se de novo".
Contextualização evidenciando que o Senhor nos sustenta	Grande conforto é saber que é o Senhor quem nos sustenta!
Explanação do v. 6, dentro do mesmo foco — o desânimo	O desânimo era tal que Elias "[...] comeu, bebeu e deitou-se de novo" (v. 6b).
Ilustração com um toque de humor, mas sem nenhum detalhe que desabone seu uso	Lembra a história do homem que, de tão desanimado, nem saiu da cama. A mulher vai acordá-lo: "Levante-se, hoje é domingo!". Mas ele continuou a dormir. Para se livrar, ele pede: "Dê-me três razões por que tenho de me levantar". Ela responde: "Hoje é o dia do Senhor; somos crentes e vamos adorá-lo; você é o pastor da igreja".
Aplicação por interrogação	Como estamos? Animados ou desanimados?
Contextualização/ aplicação por analogia entre personagem e ouvintes	Uma das facetas mais fascinantes da vida cristã é o acompanhamento divino. O Senhor nos assiste sempre. Assim como ele procurou Elias, preocupado com sua situação e seu sustento, se preocupa com cada um de nós hoje. Ele está conosco; não há razão para o medo.
Enunciado do 3º tópico, antecedido pelo título	O QUE VOCÊ ESTÁ FAZENDO SEM PERSPECTIVAS? Elias foi outra vez tocado pelo Senhor (v. 7):

Os v. 7, 8 e 9a são explanados em sequência lógica dentro do foco do tópico — a falta de perspectivas	"O anjo do Senhor voltou, tocou nele e disse: 'Levante-se e coma, pois a sua viagem será muito longa'".
	Elias obedeceu (v. 8): "Então ele se levantou, comeu e bebeu. Fortalecido com aquela comida, viajou quarenta dias e quarenta noites, até chegar a Horebe, o monte de Deus".
	Contudo continuava fugindo e assim foi se esconder (v. 9a): "Ali entrou numa caverna e passou a noite [...]".
	O Senhor buscou Elias, onde ele estava (v. 9b): "[...] E a palavra do Senhor veio a ele: 'O que você está fazendo aqui, Elias?'".
Contextualização/ aplicação por analogia	Quantas vezes, em sua misericórdia, o Senhor nos toca! São toques que nos fazem levantar. Elias, no entanto, continuava sem perspectivas.
Partindo da explanação, e da rápida ilustração (livro das lamentações de Elias), para a contextualização/ aplicação	Quase teríamos um livro das lamentações de Elias. Ele se via como muitas vezes nos vemos: sem saída. Sentia pena de si mesmo. Era como se dissesse: "Pobre de mim, estou sofrendo tanto...". Ele precisava parar de agir assim. Quem vive com pena de si mesmo fica sem alternativas, sem condições de prosseguir. Nada pode nos deixar mais sem saída que a aflição que conduz à autocomiseração.
Explanação do v. 10, ligada à ideia do texto e ao foco do tópico	Elias começa suas queixas com um autorreconhecimento da sua fidelidade (v. 10): "[...] Tenho sido muito zeloso pelo Senhor, o Deus dos Exércitos [...]".

Continuação da explanação do v. 10	Depois, prossegue com a acusação contra os israelitas (v.10a): "[...] Os israelitas rejeitaram a tua aliança, quebraram os teus altares, e mataram os teus profetas à espada [...]".
	Elias continua, agora, a reclamar de sua solidão (v. 10b): "[...] Sou o único que sobrou [...]".
	Finaliza apresentando a queixa por estar sendo perseguido (v. 10c): "[...] e agora também estão procurando matar-me".
Contextualização/ aplicação, por analogia que ilustra e ao mesmo tempo aplica a verdade central da mensagem	Nossas orações algumas vezes parecem cópia dessa palavra de Elias: queixas e lamentos diante do Senhor. Precisamos orar para agradecer e louvar, para engrandecer e glorificar, para interceder e suplicar... Sem queixas, sem lamentos, porque o Senhor tem o melhor para nós. Assim devemos lançar sobre ele a nossa ansiedade, certos de que ele cuida de nós; só assim, podemos prosseguir dentro do plano que o Senhor tem para nós.
O enunciado do 4º tópico, antecedido pelo título	O QUE VOCÊ ESTÁ FAZENDO? ESPERE O SENHOR PASSAR
Contextualização da verdade do tópico — precisamos esperar o Senhor passar	*Para permanecer firmes no plano que o Senhor tem para nós, devemos estar sempre em comunhão com ele. A saída para qualquer crise é nos colocarmos diante do Senhor.*
Explanação do v. 11a	Deus mandou que o profeta se colocasse perante ele (v. 11a): "O SENHOR lhe disse: 'Saia e fique no monte, na presença do SENHOR, pois o SENHOR vai passar' [...]".
Explanação dos v. 11b e 12a	Elias esperou o Senhor passar; tremendas manifestações da natureza aconteceram: furacão, terremoto, fogo. Mas o Senhor não estava no furacão, nem no terremoto, nem no fogo (v. 11b e 12a):

	[...] Então veio um vento fortíssimo que separou os montes e esmigalhou as rochas diante do Senhor, mas o Senhor não estava no vento. Depois do vento houve um terremoto, mas o Senhor não estava no terremoto. Depois do terremoto houve um fogo, mas o Senhor não estava nele [...].
Explanação dos v. 12b e 13	O Senhor foi encontrado na tranquilidade (v. 12b e 13):
	[...] E depois do fogo houve o murmúrio de uma brisa suave. Quando Elias ouviu, puxou a capa para cobrir o rosto, saiu e ficou à entrada da caverna. E uma voz lhe perguntou: "O que você está fazendo aqui, Elias?".
	Elias estava diante do Senhor, ouvindo sua voz; ele precisava estar sempre ao lado do Senhor para ouvir sua voz.
Aplicação decorrente da contextualização	A todo instante, precisamos parar, buscar o Senhor e ouvir sua voz.
Aplicação por meio de perguntas.	Quantas vezes temos esperado o Senhor passar? Temos procurado ouvir o Senhor com relação a assuntos pertinentes à família, planos pessoais, dia a dia, problemas enfrentados? De que modo ouvimos o Senhor? Precisamos viver cada vez mais perto de Deus.
O enunciado do 5º tópico, antecedido pelo título	O QUE VOCÊ ESTÁ FAZENDO? HÁ TRABALHO PARA VOCÊ
Da contextualização para a explanação	Como às vezes somos incoerentes! Pedimos e não sabemos o que pedimos. Elias fugia com medo de morrer, mas ao mesmo tempo pedia para si a morte.

Explanação dos v. 15 e 16	Entretanto, enquanto Elias fugia, o Senhor tinha ordens de trabalho para ele: ele precisava voltar para onde havia saído (v. 15): "[...] Volte pelo caminho de onde veio [...]". Ali o Senhor tinha um tríplice trabalho para ele: Ungir um rei para a Síria (v. 15b): "[...] Unja Hazael como rei da Síria". Ungir um rei para Israel (v. 16a): "Unja também Jeú, filho de Ninsi, como rei de Israel [...]". Ungir o seu sucessor (v. 16b): "[...] e unja Eliseu, filho de Safate [...] para suceder a você como profeta".
Contextualização e aplicação	É importante termos noção do trabalho que o Senhor tem para realizarmos. O que deve determinar o final do trabalho não é o desânimo pela existência de problemas, mas a convicção de que o Senhor está nos conduzindo. Tem sido assim na sua experiência? Antes da decisão de deixar qualquer trabalho, devemos refletir diante do Senhor do trabalho.
Aplicação por indagações	Qual o plano de Deus para mim? De que modo o Senhor está me falando nesta crise? Há novos rumos que precisam ser tomados? Por que quero ir embora? Porque o Senhor quer ou por causa do meu desânimo? Quais as ordens que o Senhor tem para mim agora? Este é o tempo de Deus para eu começar um novo pastorado? Estou pronto a realizar o trabalho que ele tem para mim?
O enunciado do 6º tópico, antecedido pelo título	O QUE VOCÊ ESTÁ FAZENDO? HÁ PESSOAS A QUEM AJUDAR Versículo 18: "No entanto, fiz sobrar sete mil em Israel, todos aqueles cujos joelhos não se inclinaram diante de Baal e todos aqueles cujas bocas não o beijaram".

Explanação do v. 18	Elias estava enganado; havia 7 mil justos em Israel, fiéis que não se curvaram diante de Baal: ele tinha uma igreja de 7 mil membros!
Ilustração e contextualização	A pior solidão acontece na multidão. É o fenômeno da multidão solitária. Há muita gente, mas não há comunhão; muita gente, mas sem conhecimento; ninguém se comunica, ninguém ajuda ninguém.
Contextualização e aplicação	Muitas vezes, sentimos a solidão porque nos afastamos da comunhão. Quando estamos entre pessoas, mas sem diálogo, sem comunhão, sem participação, tornamo-nos solitários. Temos sido solitários ou solidários? Às vezes, sentindo-nos solitários, diante do Senhor afirmamos como Elias: "Eu estou só". Precisamos aproveitar as bênçãos da comunhão: passar de solitários a solidários.
Contextualização e aplicação	Levar nossa solidão ao Senhor é indispensável, mas é preciso que, ao mesmo tempo que nos colocamos diante dele, nos coloquemos diante do próximo; a solidão só finda verdadeiramente quando vamos ao Senhor em oração e buscamos ter comunhão com o próximo.
Aplicação	Deus nos fala e nos ajuda, assim como fez com Elias. Ele conserva em nossas igrejas alguns irmãos que nos podem ajudar; o Senhor mantém entre os colegas alguns amigos com os quais podemos sempre compartilhar; Jesus garante sua presença conosco hoje: Ele diz: "Eu estou com vocês todos os dias".
Contextualização e aplicação	O Senhor nos dá a segurança do acompanhamento do Espírito; é o Espírito quem nos inspira e nos capacita.

Ilustração bíblica para a aplicação	O Senhor faz conosco como fez com Moisés: Você se lembra de Moisés? Ele não sabia falar. Achava que não podia ir, mas Deus foi com ele. É a esse mesmo Deus que servimos hoje; podemos ter a convicção de que o acompanhamento para nós é o mesmo!
Início da conclusão, usando a indagação do título, sem promessa de finalização	O Senhor está sempre indagando da nossa situação: O QUE VOCÊ ESTÁ FAZENDO?
Conclusão sumária, em linguagem poética	Não adianta fugir dos problemas, o Senhor tem a solução. Lembremo-nos de que ele está conosco e nos estende a mão; deixemos as queixas e os lamentos para cumprir o intento de Deus; esperemos o Senhor passar, seu amor vai nos encontrar. Lembremo-nos de que há trabalho a fazer e que o Senhor trabalhará o nosso viver; jamais estamos sozinhos, pois há irmãos que nos dão apoio. O que você está fazendo? Que possamos responder a essa pergunta com nossa vida no altar, com o propósito de só a Deus servir e honrar. Amém!

Com base nesse esboço e sua rápida análise, destacamos algumas considerações que podem ajudar na comunicação de um sermão biográfico.

1. Este não é o modelo ideal quanto ao número de tópicos. Para pregar um sermão com seis tópicos, é preciso que se tenha o máximo cuidado em apresentar o conteúdo de cada uma dessas divisões com movimento, vida e síntese, para que o ouvinte tenha capacidade de receber e assimilar a mensagem.

2. O sermão biográfico, por ter como material de explanação um conteúdo histórico, em que uma parte ou toda a vida da personagem está sendo contada, torna-se um sermão essencialmente ilustrado. Isso pode significar algumas vezes que o pregador está explanando e ilustrando ao mesmo tempo.
3. Quaisquer ilustrações bíblicas ou de outras fontes precisam ser breves para não prejudicar a unidade sermônica. Esse princípio, aplicável a todas as formas sermônicas, torna-se ainda mais necessário no modelo biográfico.

CUIDADOS NA COMUNICAÇÃO DE UM SERMÃO BIOGRÁFICO

Pregação biográfica não é sinônimo de prolixidade

Como já foi observado, esse problema se faz presente de modo especial quando a passagem bíblica exposta abrange um número maior de versículos. É o que pode ser visto no exemplo aqui apresentado. O texto básico tem 18 versículos (1Reis 19.1-18). Para leitura no púlpito, podem ser selecionados apenas os últimos versículos, iniciando com a parte final do versículo 9: "[...] a palavra do Senhor veio a ele: O que você está fazendo aqui, Elias?". Uma vez que essa indagação assumiu a função de título, para comunicar bem o assunto, o pregador precisa responder à pergunta "O que você está fazendo aqui?". Esse fato exigiu que o sermão fosse elaborado com os seis tópicos, três negativos e três positivos, como se pode observar no exemplo a seguir:

Título	O QUE VOCÊ ESTÁ FAZENDO AQUI?	
Tópicos	1. Sem coragem	4. Espere o Senhor passar
	2. Sem ânimo	5. Há trabalho para você
	3. Sem perspectivas	6. Há pessoas a quem ajudar

Como solução para evitar a prolixidade, alguns pregadores talvez reduzissem a estrutura sermônica a dois tópicos:

Título	O QUE VOCÊ ESTÁ FAZENDO AQUI?	
Tópicos	1. O que você está fazendo tão abatido?	2. O que você está fazendo tão esquecido?
	a) Sem coragem	a) Espere o Senhor passar
	b) Sem ânimo	b) Há trabalho para você
	3) Sem perspectivas	c) Há pessoas a quem ajudar

A opção por dois tópicos certamente não resolverá o problema da prolixidade. Com dois ou seis tópicos, o volume de material continua o mesmo. O que estará sendo explanado é a falta de coragem, de ânimo, de perspectivas e o fato de que Elias precisava esperar o Senhor passar, constatar que havia trabalho a ser realizado e que não estava sozinho. Se tais realidades vêm na forma de tópicos ou subtópicos, não importa; o importante é considerarmos que o montante de material a ser apresentado é o mesmo. Em alguns casos, a melhor solução é apresentar o material de um grande esboço em duas ou mais mensagens. O que requer habilidade em apresentar cada unidade com certa completude, sem perder o vínculo entre elas.

FIRME-SE NA SUA PERSONAGEM — Lançar mão da vida de outra personagem bíblica, como ilustração, no sermão biográfico é um recurso válido; no entanto, precisamos estar atentos para que a ênfase da mensagem não seja desviada para a personagem que entra no sermão tão somente para ilustrá-lo. O foco do personagem principal da história fornece todo o material de explanação e não pode ser sufocado por uma simples ilustração.

O desânimo de Jonas foi usado como ilustração, no 2º tópico deste sermão, mas sem tirar a ênfase de Elias. Jonas foi mencionado. Sua experiência, semelhante à de Elias, serviu para realçar o desânimo por ele enfrentado. Jonas, entretanto, logo saiu de cena. Algumas vezes, o pregador menciona uma segunda personagem e fica se referindo a ele durante toda a mensagem. Não há problema em fazermos alusões, mas, se o fizermos, precisamos cuidar para que isso não dificulte a compreensão do que estamos transmitindo.

BUSQUE ILUSTRAÇÕES DE OUTRAS FONTES — Mesmo diante da realidade de que a maior parte do material ilustrativo será oriundo do próprio texto, ainda assim o uso de breves ilustrações de outras fontes dará mais brilho à comunicação no púlpito. O quadro a seguir mostra como outras fontes de ilustrações foram usadas nessa mensagem.

Introdução	Ilustração da situação real: sobre grandes empreendimentos.
1º tópico	Ilustração bíblica, apresentando o desânimo do profeta Jonas e uma experiência pessoal do pregador.
2º tópico	Uma história com uma pitada de humor, sobre o pastor desanimado, e uma experiência pessoal do pregador.

3º tópico	Ilustração da criatividade do pregador: "As lamentações de Elias".
4º tópico	Perguntas de contextualização e aplicação, tornando o tópico ilustrado.
5º tópico	Perguntas de contextualização e aplicação, tornando o tópico ilustrado.
6º tópico	Ilustração da criatividade do pregador: "Igreja de 7 mil membros e o fenômeno da multidão solitária"; ilustração bíblica (Moisés).
Conclusão	Linguagem poética, para uma conclusão sumária.

USANDO MAIS DE UMA PERSONAGEM EM UM SERMÃO BIOGRÁFICO

Lançar mão de mais de uma personagem é um bom recurso na pregação biográfica, desde que o sermão seja elaborado já lançando mão dessas personagens conjuntamente. Analisaremos alguns exemplos quando duas ou mais personagens podem ser usadas no mesmo sermão sem que a unidade sermônica seja comprometida.

Personagens que compõem o mesmo cenário

É o caso de Paulo, Silas e o carcereiro em Filipos. Esse sermão também pode ser chamado histórico, mas não perde as características de um biográfico, uma vez que o foco está nas personagens, não na história em si. Observe este exemplo:

TEXTO: Atos 16.25-34

Por volta da meia-noite, Paulo e Silas estavam orando e cantando hinos a Deus; os outros presos os ouviam. De repente, houve um terremoto tão violento que os alicerces da prisão foram abalados. Imediatamente todas as portas se abriram, e as correntes de todos se soltaram. O carcereiro acordou e, vendo abertas as portas da prisão, desembainhou sua espada para se matar, porque pensava que os presos tivessem fugido. Mas Paulo gritou: "Não faça isso! Estamos todos aqui!" O carcereiro pediu luz, entrou correndo e, trêmulo, prostrou-se diante de Paulo e Silas. Então levou-os para fora e perguntou: "Senhores, que devo fazer para ser salvo?" Eles responderam: "Creia no Senhor Jesus, e serão salvos, você e os de sua casa". E pregaram a palavra de Deus, a ele e a todos os de sua casa. Naquela mesma hora da noite o carcereiro lavou as feridas deles; em seguida, ele e todos os seus foram batizados. Então os levou para a sua casa, serviu-lhes uma refeição e com todos os de sua casa alegrou-se muito por haver crido em Deus.

IDEIA CENTRAL DO TEXTO	TESE	PROPÓSITO BÁSICO
Com Jesus, Paulo e Silas conservaram a alegria, e o carcereiro passou da agonia à alegria.	Somente em comunhão com Jesus vivemos a alegria que supera a agonia.	Devocional Evangelístico

PROPÓSITO ESPECÍFICO	TÍTULO	TÓPICOS
Vivermos em comunhão com Jesus para passar da agonia à alegria.	Da agonia à alegria	1. Agonia consequente de uma crise insolúvel 2. Agonia atenuada por uma inesperada solução 3. Agonia que desencadeou uma crise de fé 4. Agonia que despertou a fé que fez brotar a alegria 5. Alegria que se fez presente mesmo na agonia

Personagens que se completam

No mesmo texto de Atos 16, temos as duas personagens que se completam: Paulo e Silas, que, pelo modo de se comportarem na prisão em Filipos, deixaram um exemplo que sempre será contado onde a Palavra do Senhor for pregada. O texto é quase o mesmo do exemplo anterior. Vejamos no quadro seguinte:

TEXTO: Atos 16.22-31

A multidão ajuntou-se contra Paulo e Silas, e os magistrados ordenaram que se lhes tirassem as roupas e fossem açoitados. Depois de serem severamente açoitados, foram lançados na prisão. O carcereiro recebeu instrução para vigiá-los com cuidado. Tendo recebido tais ordens, ele os lançou no cárcere interior e lhes prendeu os pés no tronco. Por volta da meia-noite, Paulo e Silas estavam orando e cantando hinos a Deus; os outros presos os ouviam. De repente, houve um terremoto tão violento que os alicerces da prisão foram abalados. Imediatamente todas as portas se abriram e as correntes de todos se soltaram. O carcereiro acordou e, vendo abertas as portas da prisão, desembainhou sua espada para se matar, porque pensava que os presos tivessem fugido. Mas Paulo gritou: "Não faça isso! Estamos todos aqui!" O carcereiro pediu luz, entrou correndo e, trêmulo, prostrou-se diante de Paulo e Silas. Então levou-os para fora e perguntou: "Senhores, que devo fazer para ser salvo?" Eles responderam: "Creia no Senhor Jesus, e serão salvos, você e os de sua casa".

IDEIA CENTRAL DO TEXTO	TESE	PROPÓSITO BÁSICO
Na prisão em Filipos, Paulo e Silas, cantando e orando, testemunharam as maravilhas do Senhor.	Cantando e orando, testemunhamos as maravilhas do Senhor.	DEVOCIONAL MISSIONÁRIO

PROPÓSITO ESPECÍFICO	TÍTULO	TÓPICOS
Vivermos motivados a uma vida de louvor e oração para testemunhar as maravilhas do Senhor.	CRENTES QUE CANTAM E ORAM	1. Têm a fé fortalecida 2. Dão testemunho fiel 3. Veem Deus agindo

Personagens que se contrastam na mesma história

Outra possibilidade na pregação de sermões biográficos é o uso de duas ou mais personagens com histórias contrastantes. Elas podem estar no mesmo texto bíblico ou serem extraídas de passagens e épocas diferentes. Neste próximo exemplo, a narrativa das duas personagens está no mesmo texto. Trata-se de Simão, o fariseu que convidou Jesus à sua casa, e uma pecadora que ungiu Jesus.

> **TEXTO: Lucas 7.36-47**
>
> Convidado por um dos fariseus para jantar, Jesus foi à casa dele e reclinou-se à mesa. Ao saber que Jesus estava comendo na casa do fariseu, certa mulher daquela cidade, uma "pecadora", trouxe um frasco de alabastro com perfume, e se colocou atrás de Jesus, a seus pés. Chorando, começou a molhar-lhe os pés com suas lágrimas. Depois os enxugou com seus cabelos, beijou-os e os ungiu com o perfume. Ao ver isso, o fariseu que o havia convidado disse a si mesmo: "Se este homem fosse profeta, saberia quem nele está tocando e que tipo de mulher ela é: uma 'pecadora' ". Então lhe disse Jesus: "Simão, tenho algo a lhe dizer". "Dize, Mestre", disse ele. "Dois homens deviam a certo credor. Um lhe devia quinhentos denários e o outro, cinquenta. Nenhum dos dois tinha com que lhe pagar, por isso perdoou a dívida a ambos. Qual deles o amará mais?" Simão respondeu: "Suponho que aquele a quem foi perdoada a dívida maior". "Você julgou bem", disse Jesus. Em seguida, virou-se para a mulher e disse a Simão: "Vê esta mulher? Entrei em sua casa,

mas você não me deu água para lavar os pés; ela, porém, molhou os meus pés com suas lágrimas e os enxugou com seus cabelos. Você não me saudou com um beijo, mas esta mulher, desde que entrei aqui, não parou de beijar os meus pés. Você não ungiu a minha cabeça com óleo, mas ela derramou perfume nos meus pés. Portanto, eu lhe digo, os muitos pecados dela lhe foram perdoados; pois ela amou muito. Mas aquele a quem pouco foi perdoado, pouco ama".

IDEIA CENTRAL DO TEXTO	TESE	PROPÓSITO BÁSICO
O comportamento reprovável do fariseu contrastou com a atitude humilde, confiante e agradecida da pecadora.	Diante do Senhor Jesus, nossa atitude deve ser de humildade, fé e gratidão.	Devocional Evangelístico
PROPÓSITO ESPECÍFICO	TÍTULO	TÓPICOS
Estarmos motivados a uma vida de louvor e oração para testemunhar as maravilhas do Senhor.	Diferentes atitudes	1. Arrogância *versus* Humildade 2. Dúvida *versus* Fé 3. Ingratidão *versus* Gratidão

Personagens que se contrastam em histórias diferentes

Por semelhança ou contraste, personagens de textos e histórias diferentes podem ser agrupados na pregação biográfica. Deve haver especial cuidado na escolha das personagens escolhidas. Se não der para ter uma ideia central dos textos, trabalhe por conseguir uma ideia central das personagens, de acordo com o foco do sermão, de tal modo que as personagens ofereçam uma ideia completa, com uma só mensagem e desafios claros. Confira no quadro a seguir:

IDEIA CENTRAL DAS PERSONAGENS	IDEIA SERMÔNICA	MENSAGEM CLARA	DESAFIO
Enquanto o moço rico voltou triste, sem Jesus, o eunuco prosseguiu alegre, com Jesus.	Alegria incomparável.	Só em Jesus encontramos a razão que nos faz seguir verdadeiramente alegres.	Uma entrega da vida a Jesus para experimentar a alegria incomparável.

Os textos a serem usados no púlpito não devem ser muito longos a ponto de tornar a leitura enfadonha. Pode-se selecionar uma parte menor para a leitura, e os outros detalhes da história ficam para serem narrados ao longo da mensagem.

O exemplo a seguir enfoca o moço rico que se retirou triste da presença de Jesus e o eunuco, tesoureiro da rainha Candace:

TEXTO: Marcos 10.21,22; Atos 8.36-39

Jesus olhou para ele e o amou. "Falta-lhe uma coisa", disse ele. "Vá, venda tudo o que você possui e dê o dinheiro aos pobres, e você terá um tesouro no céu. Depois, venha e siga-me". Diante disso ele ficou abatido e afastou-se triste, porque tinha muitas riquezas.
Prosseguindo pela estrada, chegaram a um lugar onde havia água. O eunuco disse: "Olhe, aqui há água. Que me impede de ser batizado?" Disse Filipe: "Você pode, se crê de todo o coração". O eunuco respondeu: "Creio que Jesus Cristo é o Filho de Deus". Assim, deu ordem para parar a carruagem. Então Filipe e o eunuco desceram à água, e Filipe o batizou. Quando saíram da água, o Espírito do Senhor arrebatou Filipe repentinamente. O eunuco não o viu mais e, cheio de alegria, seguiu o seu caminho.

IDEIA CENTRAL DO TEXTO	TESE	PROPÓSITO BÁSICO
Enquanto o moço rico, sem Jesus, voltou triste, o eunuco, com Jesus, prosseguiu alegre.	Só em Jesus encontramos a razão que nos faz seguir verdadeiramente alegres.	Devocional Evangelístico
PROPÓSITO ESPECÍFICO	**TÍTULO**	**TÓPICOS**
Motivar pessoas a uma entrega da vida a Jesus, como condição para obter a alegria incomparável.	Alegria Incomparável	1. Porque com Jesus aprendemos sempre 2. Porque com Jesus prosseguimos sempre

POR QUE PREGAR SERMÕES BIOGRÁFICOS?

Porque é uma forma atraente de apresentação da Palavra

Os ouvintes precisam receber o alimento espiritual, e a Bíblia é a única fonte de onde podemos extrair a verdade capaz de nutri-los. Tudo o mais que for usado no púlpito deve ser para ilustrar e aplicar a Palavra de Deus. O sermão biográfico é uma forma atraente para a comunicação bíblica.

Porque, estudando as personagens bíblicas, aprendemos grandes temas da fé

Enfocar uma verdade com uma abordagem biográfica torna a comunicação mais completa. Assim é que podemos pregar sobre a justificação pela fé, com um foco biográfico em Paulo; apresentar o chamado para o serviço, em um biográfico sobre Moisés, Isaías, Gideão e tantos outros; proclamar a fidelidade a Cristo, apresentando Estêvão; alertar quanto ao pecado, focalizando Adão e Eva etc.

Porque o biográfico serve de base para o uso de outras formas sermônicas

O sermão biográfico dá ao pregador a oportunidade de apresentar um sermão expositivo, narrativo, segmentado, monólogo ou diálogo, surpreendendo agradavelmente os ouvintes.

Porque as biografias têm a capacidade de penetrar corações

Estudar a história da humanidade é algo fascinante, penetra o mais fundo do nosso ser. Nada pode ser mais atraente do que as histórias dos homens e das mulheres da Bíblia. Os dois discípulos a caminho de Emaús, diante da exposição histórica das Escrituras que Jesus lhes apresentou, afirmaram: "Não nos ardia o coração, quando ele falava?". Não só nos ouvintes, mas primeiramente em cada pregador deve arder o coração diante da exposição biográfica da Palavra.

Porque torna o pastor um estudioso das Escrituras

Bons sermões biográficos exigem muito estudo e meditação na Palavra. Quem quiser se tornar um expositor nessa linha, precisa primeiramente dedicar-se ao aprendizado bíblico constante.

Porque contribui para o fortalecimento da igreja

O rebanho é alimentado com a Palavra do Senhor. Nada substitui a pregação da Palavra. Nenhuma outra literatura pode tomar o lugar da Bíblia no culto, no púlpito e na vida da igreja. O sermão biográfico bem elaborado preenche essa lacuna — é a Bíblia aberta diante dos fiéis, estudada na perspectiva de homens e mulheres do passado, com lições para o presente e desafios para o futuro.

PERGUNTAS DE REVISÃO

1. Quais as possibilidades na abordagem do sermão biográfico?
2. O sermão biográfico é o mais aceito pelos ouvintes? Por quê?
3. O sermão biográfico pode ter mais de um texto básico?
4. O que é uma ICP e como funciona na pesquisa sermônica?
5. Por que devemos pregar sermões biográficos?
6. Como o sermão biográfico é planejado e elaborado?
7. Qual a sua experiência em pregar sermões biográficos?

10
Sem preocupação com os tópicos

*Pregar um sermão narrativo não é livrar-se
da preocupação com os tópicos, mas encontrar a
forma eficaz de dar vida à comunicação,
seguindo a estrutura do texto.*

Contar e ouvir histórias é próprio do ser humano. Quem não gosta de uma boa história? Desde os primórdios, as pessoas têm contado histórias, seja para transmitir valores, seja para narrar experiências familiares.

Contar histórias é a mais antiga e, paradoxalmente, a mais moderna forma de comunicação. Uma história pode se tornar o foco de uma conversa, e suas imagens, uma maneira segura de tratar assuntos desconfortáveis.[1]

Quando Natã, o profeta, foi à presença do rei Davi, com a difícil tarefa de apontar o erro que ele havia cometido, lançou mão de

---

[1] Alda Lúcia, Uma arte dos dias de ontem para revitalizar os recursos humanos de hoje. Disponível em: <htpp://www.sab.org.br>. Acessado em: 2 de abril de 2006.

uma narrativa (2Samuel 12.1-14). O assunto a ser tratado era realmente desconfortável, e o pregador habilmente contou a história da cordeirinha, roubada pelo homem rico, para ilustrar a ação praticada pelo rei.

A pregação profética caracterizou-se pela narrativa. Os profetas foram contadores de histórias. Isaías começa contando sua visão a respeito de Judá, para chegar ao desafio de um chamado à adoração que agrada a Deus, com um convite ao arrependimento (Isaías1.18): por mais que eles estivessem manchados pelo pecado, seriam purificados para se tornar brancos como a lã. Sua pregação prossegue: ele narra e aplica a parábola da vinha (5.1-17); conta a história de seu chamado (6.1-8); narra com belíssimas figuras a vinda do Messias (9.7). E assim segue falando do Deus que agia entre eles e exigia uma adoração completa.

A pregação de Jeremias foi toda permeada de narrativas tocantes. Sua fala marcada por advertências e ensinos vem sempre em forma de história. Ele foi o pregador que usou quadros vivos para dar mais atualidade ao que narra. Para tanto, foi à casa do oleiro, acompanhou seu trabalho de moldar o barro, para transmitir ao povo o desafio de que, à semelhança do barro nas mãos do oleiro, assim era o povo de Israel nas mãos do Senhor. Em suas lamentações, ele evocou o cenário de uma Jerusalém em ruínas, para comunicar a verdade maior: Deus é fiel, e suas misericórdias são a causa de não sermos consumidos (Lamentações 3.22-24).

O pregador Ezequiel começou narrando a história de seu chamado, junto ao rio Quebar e o modo maravilhoso em que Deus o vocacionara para o trabalho profético. Sua pregação é toda apresentada em forma narrativa: fala da ação de Deus em sua vida e na vida do povo, menciona sua visão da glória do Senhor e, com uma linguagem figurada, fala da troca do coração de pedra pelo coração de carne (Ezequiel 11.9; 36.26), desafiando o povo a agir segundo os decretos do Senhor e a obedecer fielmente às suas leis. Ele também contou sua experiência de ser levado a um vale repleto de ossos secos (Ezequiel 37.1-14) e, com base nessa narrativa, fez a aplicação: O Senhor poria neles o seu Espírito, e eles viveriam; o Senhor os estabeleceria em sua própria terra, para saberem que era o Senhor quem falava.

Daniel começou apresentando a narrativa do modo maravilhoso em que Deus honrou seus servos que se conservaram íntegros e fiéis em uma terra estranha. Sua pregação apocalíptica, rica em símbolos, foi apresentada de forma narrativa (Daniel 7.1-12.13), contando as visões recebidas por ele. O clímax de sua mensagem apresentava o fim dos reinos dos homens e a permanência do reino de Deus:

> Então a soberania, o poder e a grandeza dos reinos que há debaixo de todo o céu serão entregues nas mãos dos santos, o povo do Altíssimo. O reino dele será um reino eterno, e todos os governantes o adorarão e lhe obedecerão (Daniel 7.27).

A pregação de Oseias foi apresentada com base em uma narrativa dos problemas de seu casamento, que ilustravam a idolatria e a corrupção do povo de Israel. A aplicação clara foi: "Eu os conduzi com laços de bondade humana e de amor; tirei do seu pescoço o jugo e me inclinei para alimentá-los" (Oseias 11.4).

Joel foi um pregador com uma expressão enfática: "O dia do Senhor está próximo". Essa afirmação se repete em 1.15, 2.1 e 3.14. Joel não apenas apresenta sua pregação em forma narrativa, mas desafia o povo a partilhar a mesma história com seus filhos e netos:

Ouçam isto, anciãos; escutem, todos os habitantes do país. Já aconteceu algo assim nos seus dias? Ou nos dias dos seus antepassados? Contem aos seus filhos o que aconteceu, e eles aos seus netos, e os seus netos, à geração seguinte (Joel 1.2,3).

A pregação de Amós foi uma crítica incisiva aos israelitas. Com sua contundente mensagem narrativa, essencialmente ética, ele pregou contra a injustiça social, o enriquecimento ilícito, as transgressões e pecados dos que oprimiam o justo, recebiam suborno e impediam que se fizesse justiça ao pobre nos tribunais (Amós 5.12). Mas a mensagem oferecia uma oportunidade de arrependimento: os israelitas podiam buscar ao Senhor, como opção única de vida (Amós 5.4,6).

Obadias pregou uma mensagem escatológica anunciando o juízo e o castigo que se abateriam sobre Edom. Sua narrativa, permeada de figuras, falou da proximidade do dia do Senhor.

Dentre os profetas, Jonas foi o pregador atípico. Ele não usou qualquer narrativa. Tudo quanto ficou registrado do conteúdo de sua mensagem foi: "[...] Daqui a quarenta dias Nínive será destruída" (Jonas 3.4). Ele procedeu assim porque não estava interessado em conquistar seus ouvintes, queria rápida e enfaticamente dizer que eles seriam destruídos. Ao contrário de todos os pregadores, ele não se frustra pela falta de aceitação, mas pela salvação dos que foram alcançados pela sua palavra (4.1,10,11).

Miqueias, com uma opção preferencial pelos temas sociais, usou narrativas em sua pregação, tanto para advertir quanto para chamar o povo ao arrependimento. Em linguagem poética, ele profetizou o advento do Messias e seu reinado, falou que a injustiça será castigada e encerrou exaltando o amor do Deus incomparável que é capaz de perdoar e que tem prazer na misericórdia.

O assunto da pregação de Naum foi a destruição de Nínive. Ele apresentou a mensagem narrativa, em linguagem poética, enfatizando a bondade de Deus para com aqueles que nele confiam e da indignação do Alto, capaz de destruir os inimigos do SENHOR (Naum 1.7).

Habacuque usou o recurso do diálogo na sua pregação: "Até quando, SENHOR, clamarei por socorro, sem que tu ouças? Até quando gritarei a ti: 'Violência!' sem que tragas salvação?" (Habacuque 1.2). Suas narrativas são de grande dramaticidade e beleza. Ele indaga ao Senhor e intercede pelo povo; ele recebe a resposta do Senhor e busca o Senhor, afirmando que a comunhão com ele está além dos acontecimentos (Habacuque 3.17-19).

A pregação de Sofonias é uma sentença contra os inimigos de Judá. Em sua narrativa, ele falou da proximidade do dia do Senhor e do castigo aos idólatras (Sofonias 1.7-10). O assunto principal por ele abordado foi o anúncio do dia do Senhor.

Ageu pregou com uma motivação principal: a reconstrução do templo. Sua pregação narrativa começa confrontando o povo, com base em seu conforto pessoal, a investir na causa do Senhor, o dono da prata e do ouro (Ageu 1.8,9).

A pregação de Zacarias começa com um convite claro ao arrependimento: "[...] Voltem para mim, e eu me voltarei para vocês [...]" (Zacarias 1.3). Depois desse apelo, ele apresenta várias narrativas, lembrando a ação de Deus no passado. Sua palavra é cheia de figuras e ilustrações, e termina sua pregação falando da vinda do reino do Senhor (14.1).

Malaquias fala da indignação e do castigo do Senhor aos sacerdotes infiéis. Sua pregação ética está permeada de indagações retóricas, levantadas para, a partir daí, apresentar a narrativa e aplicar a verdade. Sua comunicação é não apenas uma série de advertências, mas, acima de tudo, um chamado ao arrependimento: "[...] Voltem para mim e eu voltarei para vocês [...]" (Malaquias 3.7).

No Novo Testamento, Jesus de Nazaré, o maior de todos os pregadores, lançou mão de narrativas em sua pregação, e tudo o que ele narrava trazia sempre grandes lições. Ele narrou a história do povo de Israel: "Este é o pão que desceu dos céus. Os antepassados de vocês comeram o maná e morreram, mas aquele que se alimenta deste pão viverá para sempre" (João 6.58). Partindo desse retalho da história, introduziu a verdade principal desta sua mensagem: só nele é possível o alimento que garante a vida eterna.

Jesus narrou com base na realidade do momento: "[...] Deixe que os mortos sepultem os seus próprios mortos; você, porém, vá e proclame o Reino de Deus" (Lucas 9.60). "[...] Ninguém que põe a mão no arado e olha para trás é apto para o Reino de Deus" (Lucas 9.62).

Ele também narrou usando figuras da natureza: "[...] As raposas têm suas tocas e as aves do céu têm seus ninhos, mas o Filho do homem não tem onde repousar a cabeça" (Lucas 9.58). "Observem as aves do céu: não semeiam nem colhem nem armazenam em celeiros; contudo, o Pai celestial as alimenta. Não têm vocês muito mais valor do que elas?" (Mateus 6.26).

> "Por que vocês se preocupam com roupas? Vejam como crescem os lírios do campo. Eles não trabalham nem tecem. Contudo, eu lhes digo que nem Salomão, em todo o seu esplendor, vestiu-se como um deles" (Mateus 6.28,29).

As parábolas, todavia, foram a principal forma de narrativa usada por Jesus. Nelas, ele usou a criatividade para atrair a atenção dos ouvintes e lhes ensinar uma verdade maior. Foram ilustrações que apelaram à imaginação dos ouvintes, dando um novo sentido à mensagem.[2] A realidade é que Jesus foi um mestre em contar histórias. Quando contamos histórias, criamos imagens que servem não apenas para entrar no mundo significativo do ouvinte, mas, de igual modo, para oferecer respostas às mais variadas questões.

Os escribas e fariseus murmuraram porque Jesus recebia os publicanos e pecadores e com eles se relacionava (Lucas 15.2). Para lhes dar resposta, Jesus contou três histórias de bens perdidos e resgatados: uma ovelha perdida e resgatada, uma moeda perdida e encontrada, e um filho perdido e restaurado. Contar histórias foi uma das formas favoritas de Jesus; sua pregação foi essencialmente narrativa. As parábolas na pregação de Jesus são imagens da vida, apresentando traços comuns ou raros do cotidiano dos seus ouvintes.

O sermão narrativo foi o modelo usado pelos primeiros cristãos. No Pentecoste, Pedro pregou usando a narrativa da promessa de Deus, apresentada por Joel, do derramamento do Espírito (Joel 2.28-32). E, com base nessa profecia, apresentou Cristo (Atos 2.22). Pedro narrou sobre a vida de Jesus, com o objetivo de persuadir seus ouvintes de que o trabalho realizado pelo Homem de Nazaré havia sido aprovado por Deus. Por meio da narrativa, Pedro contextualizou sua mensagem, falando de como Jesus havia sido crucificado por mãos perversas (Atos 2.23). A narrativa prossegue com base no Antigo Testamento.

Estêvão, o pregador de uma única e inacabada mensagem, também apresentou um sermão narrativo (Atos 7.1-53). Toda a sua mensagem foi embasada na história de Israel, mostrando

---

[2] Nas páginas 130 a 132 do livro *Homilética: da pesquisa ao púlpito*, há detalhes sobre o uso de metáforas, símiles, hipérboles, indagações e parábolas, na pregação de Jesus.

a ação de Deus, até chegar ao seu clímax: Jesus de Nazaré. Sua narrativa é rica em conteúdo histórico, montada em 49 citações do Antigo Testamento.

A pregação de Paulo está repleta de narrativas, e ele deixou isso bem claro, quando, diante do rei Agripa, afirmou:

> "[...] Não estou dizendo nada além do que os profetas e Moisés disseram que haveria de acontecer: que o Cristo haveria de sofrer e, sendo o primeiro a ressuscitar dentre os mortos, proclamaria luz para o seu próprio povo e para os gentios" (Atos 26.22,23).

Com base em narrativas do Antigo Testamento, a pregação do Apóstolo foi apresentada, passando por sua própria experiência, com o propósito de apresentar Jesus.

O modelo narrativo começou a entrar em desuso a partir da fusão da pregação cristã com a retórica clássica. "À medida que a igreja conquistou o mundo helenista, a teoria retórica greco--romana conquistou o sermão".[3] Agostinho contribuiu para tornar a pregação mais retórica. Por haver ensinado retórica antes de sua conversão, ele também ofereceu instruções sobre ela.

Veja este exemplo de um sermão narrativo, evangelístico:

---

[3] Harold Freeman, *Nuevas Alternativas en la Predicación bíblica*, p. 113.

Título Texto	**PERDÃO E LIVRAMENTO** João 8.1-11
Mesmo iniciando no texto, essa introdução atrai porque começa falando de uma história interessante	Essa é uma história bem interessante. Jesus voltava do templo, e os discípulos o acompanhavam. Os fariseus, líderes religiosos da época, estavam interessados em apanhar Jesus em alguma falha. Eles já haviam até mandado uns guardas com a missão de prender Jesus. Até aquele momento, entretanto, ninguém havia proferido uma acusação formal contra ele.
Narrativa introdutória, preparando o auditório para melhor receber e compreender a mensagem	O Mestre já realizara maravilhas desde o começo de seu ministério. Por isso, os líderes religiosos não estavam satisfeitos. Pelo modo como Jesus falava e pelas coisas maravilhosas que realizava, o número dos seguidores aumentava a cada dia, o que ia causando ainda maior descontentamento entre os líderes religiosos. O fato de Jesus curar no sábado aumentava a fúria dos religiosos. Para completar, seu discurso não agradava, feria os interesses deles.
Início da narrativa da história	Não é possível precisar o momento exato em que se deu esse acontecimento. Jesus estivera mais uma vez no monte das Oliveiras, lugar que lhe era bastante familiar, onde gostava de ensinar e orar. Depois de haver estado no monte das Oliveiras, Jesus se dirigia ao templo. As pessoas foram chegando e dele se aproximando para ouvirem seu ensino. Vendo-as, Jesus passou a lhes ensinar. Enquanto Jesus ensinava, os fariseus trouxeram uma mulher e a colocaram no meio do povo que ouvira Jesus. Imaginem a cena: A mulher fora apanhada em flagrante adultério e, de acordo com a lei, devia pagar com a vida o preço de seu
Texto paralelo para enfatizar a realidade vivida pela mulher	erro, de seu pecado. Tal sentença está bem clara na lei: "Se um homem cometer adultério com a mulher de outro homem, com a mulher do seu próximo, tanto o adúltero quanto a adúltera terão que ser executados" (Levítico 20.10).

Prosseguimento da narrativa	O propósito dos fariseus, entretanto, não era ver a lei ser cumprida. Eles não estavam querendo fazer justiça, mas pôr o Senhor Jesus à prova. Queriam encontrar Jesus em alguma falta para que pudessem condená-lo. E ali estavam eles, diante de Jesus, com a mulher, exigindo uma sentença (v. 4 e 5): "[...] Mestre, esta mulher foi surpreendida em ato de adultério. Na Lei, Moisés nos ordena apedrejar tais mulheres. E o senhor, que diz?".
Explanação	Nessa pergunta estava toda a sutileza dos fariseus para apanhar Jesus em alguma falta. Se Jesus condenasse a mulher, estaria sendo fiel ao que a lei determinava, mas também se comportando como um agitador e subversivo, uma vez que somente as autoridades romanas podiam arbitrar quanto à pena capital. E mais ainda: Se Jesus aprovasse a condenação, estaria agindo de modo contrário à sua missão de busca e salvação. Ele veio ao mundo para buscar e salvar o que estava perdido (Lucas 19.10). Jesus aborrece o pecado, mas ama o pecador e tudo fez para nos dar uma oportunidade de completa restauração.
Contextualização e aplicação	O que você faria no lugar de Jesus? Qual seria sua decisão?
Explanação, com texto paralelo usado para reforçar o argumento	A situação era complexa. Se condenar aquela mulher não seria fácil, absolvê-la seria mais difícil ainda. Absolvendo-a, Jesus estaria se colocando contra a Lei. E Jesus veio para cumprir a Lei, não para destruí-la. Foi ele mesmo quem afirmou: "Não pensem que vim abolir a Lei ou os Profetas; não vim abolir, mas cumprir" (Mateus 5.17).

Se Jesus não devia conceder uma sentença de morte, também não devia conceder o perdão.
Que sentença receberíamos hoje do Senhor Jesus? O que Jesus diria de nós, quando tantas vezes nos tornamos legalistas e deixamos que a letra fale mais alto que o princípio do amor?
O que ouviriam de Jesus hoje as pessoas que colocam o próximo como simples objeto a fim de conseguirem, por meio dele, seus intentos? O que ouviram de Jesus aqueles que tratam os outros como se fossem objetos? O que Jesus diria às pessoas que amam seus objetos e usam seus semelhantes?

Contextualização e aplicação, com perguntas retóricas, fazendo o ouvinte entrar no cenário da narrativa	Que sentença ouviríamos hoje quando tantas vezes nos apressamos em acusar? O que falaria Jesus quando somos apressados em nossos julgamentos? Qual seria a nossa sentença? O que Jesus diria das nossas atitudes? O que diria de nossos pensamentos e ações?
Explanação. Com criatividade, o quadro é pintado visando vida à narrativa	Os fariseus e escribas estavam ali com a mulher: imaginem o vexame e a humilhação a que ela estava sendo submetida. Fora apanhada em flagrante adultério, mas não devia ser tratada como um simples objeto. Os líderes religiosos estavam ofegantes não pelo zelo da Lei, mas pelo desejo de surpreender Jesus em alguma falta. O povo: uma multidão de curiosos que se amontoava para ver o resultado do confronto. Os discípulos: esperando uma resposta do Mestre. E Jesus.
Perguntas retóricas dão impacto à narrativa	Todo aquele cenário e a expectativa do desenlace. Qual seria o resultado? O que Jesus diria? Os líderes religiosos estavam ali como a exigir uma palavra, uma solução para o problema. Qual seria o parecer de Jesus? Que solução ele daria agora? Que sentença proferiria? A mulher será condenada ou absolvida?

Explanação	Jesus era o único que parecia alheio à situação. Parecia ignorar as expectativas de todos. A armadilha estava posta. Para os escribas e fariseus, o Mestre não teria saída. "[...] Jesus inclinou-se e começou a escrever no chão com o dedo" (v. 6). A Bíblia não registra o que Jesus escreveu. O que Jesus teria escrito no chão naquele momento?
Ilustração com menção a pensamentos de alguns estudiosos, e a criatividade do pregador tornam mais clara a explanação	Alguns estudiosos acham que Jesus teria escrito nomes de mulheres. Seriam vários nomes e, lidos de modo apressado, não pareciam ter nenhuma relação com o problema ou com as pessoas que ali estavam. Certamente eram nomes comuns, alguns até conhecidos, como: Bate-Seba, Trifena, Evódia, Safira, Penina, Trifosa, Oolibama, Jezabel, Mical, Basemate e outros.
	Os escribas e fariseus estavam apressados por uma resposta de Jesus. Diante do silêncio do Mestre, insistiram, outra vez, na pergunta.
Explanação pelo prosseguimento da narrativa	Tudo faz crer que eles não prestaram muita atenção ao que Jesus escrevera no chão. Por isso, ali estavam repetindo a mesma pergunta. Diante da insistência deles, Jesus respondeu. A resposta do Mestre não foi exatamente o que eles gostariam de ouvir. Jesus não falou para absolver ou condenar a mulher, mas para chamar a atenção daqueles homens, mostrando-lhes os seus pecados.
Aplicação por analogia	Quantas vezes as pessoas estão prontas a olhar e a apontar as falhas, erros e pecados alheios! Exatamente como aqueles homens que estavam diante de Jesus. São especialistas em vida alheia; conhecem todos os erros dos outros, mas ainda não aprenderam a olhar para elas mesmas.

Ilustração bíblica, com a citação de um texto paralelo	No Sermão do Monte, Jesus usou o contraste entre um cisco e uma viga, um argueiro e uma trave, para mostrar como pessoas de visão apurada para enxergar falhas nos outros têm visão deficiente para enxergar seus próprios erros. Ele disse: "Não julguem, para que vocês não sejam julgados. Pois da mesma forma que julgarem, vocês serão julgados; e a medida que usarem, também será usada para medir vocês. Por que você repara no cisco que está no olho do seu irmão, e não se dá conta da viga que está em seu próprio olho? Como você pode dizer ao seu irmão: 'Deixe-me tirar o cisco do seu olho', quando há uma viga no seu? Hipócrita, tire primeiro a viga do seu olho, e então você verá claramente para tirar o cisco do olho do seu irmão" (Mateus 7.1-5).
Analogia entre a realidade da ilustração e a narrativa	Era exatamente o que ocorria com aqueles homens que apontavam o pecado da mulher adúltera: tinham toda capacidade para ver o erro alheio, mas eram incapazes de ver seus próprios erros. Eles estavam julgando o próximo, mas não esperavam que também fossem julgados. Eles mediam a vida alheia, sem esperar que suas vidas também fossem medidas.
Narrativa, explanação	Finalmente Jesus falou. Suas palavras tinham tudo que ver com aqueles homens, líderes religiosos, que o cercavam. Na sua infinita sabedoria, sem proferir nenhuma palavra, Jesus escrevendo no chão, tirara a acusação que pesava sobre os ombros daquela pobre mulher e a colocara sobre seus acusadores. Era a contramão da história: sem palavras, Jesus tirou a mulher do banco dos réus e nele colocou os escribas e fariseus, que queriam parecer tão infalíveis, mas eram cheios de pecados.

Aplicação respaldada com texto paralelo	É exatamente o que Jesus faz com todos nós. Ele nos tira da condição de réu. Ele apaga a condenação que estava posta sobre nossos ombros. O profeta Isaías afirmou que "[...] o castigo que nos trouxe paz estava sobre ele, e pelas suas feridas fomos curados" (Isaías 53.5).
Contextualização	Que Jesus maravilhoso que nos livra da condenação!
Narrativa, explanação	Quando ele falou, foi para lançar um enorme desafio aos acusadores: "[...] Se algum de vocês estiver sem pecado, seja o primeiro a atirar pedra nela" (João 8.7). Jesus falou e continuou a escrever com o dedo na areia. Não sabemos o que ele escreveu, mas sabemos que abalou os escribas e fariseus, tanto que eles foram saindo um a um: saíram todos. Foi como se, de repente, os olhos deles se abrissem e passassem a ver que, a partir daquele momento, eram eles mesmos que estavam na situação da mulher, sendo acusados. Detalhe importante é que a Lei determinava que não apenas a mulher, mas o homem também fosse condenado.
Narrativa, os detalhes do texto são trazidos para o sermão	A melhor alternativa encontrada pelos escribas e fariseus foi a fuga. Foi uma saída estratégica. A história detalha que "Os que o ouviram foram saindo, um de cada vez, começando pelos mais velhos [...]" (v. 9). Imaginem a cena da retirada: dos mais velhos aos mais novos, dos mais destacados aos mais desconhecidos, dos mais famosos aos mais obscuros... todos saíram. Vale notar a ênfase do relato: "Os que o ouviram foram saindo, um de cada vez, começando pelos mais velhos. Jesus ficou só, com a mulher em pé diante dele" (v. 9).

Explanação	E a história prossegue: "Então Jesus pôs-se em pé e perguntou-lhe: 'Mulher, onde estão eles? Ninguém a condenou?'".
Ilustração por analogia entre um momento vivido por Elias e a experiência vivida pela pecadora	Aqueles homens, em sua falsa religiosidade, cheios de pecado, estavam prontos a apontar os pecados do próximo. Na realidade, naquela multidão, Jesus era o único sem pecado. E, sendo o único sem pecado, ele não condenou a pecadora. Podemos imaginar a doçura na voz de Jesus. À semelhança de Elias, depois de passar pela experiência do terremoto e do fogo, e constatar que Deus não estava naquelas manifestações, e, finalmente, encontrar o Criador na voz mansa e tranquila. Aquela mulher, depois de tanta tormenta, podia encontrar Deus na doçura das palavras de Jesus: "Mulher, onde estão eles? Ninguém a condenou?".
	Só então a pecadora fala: "'Ninguém, Senhor', disse ela. Declarou Jesus: 'Eu também não a condeno. Agora vá e abandone sua vida de pecado'" (v. 11).
Narrativa	A palavra de Jesus foi a sentença do perdão. Palavra de perdão, proferida com amor. Palavra de perdão, dando uma chance a uma pecadora; palavra de perdão proferida pelo único que podia perdoar.
Contextualização e aplicação, com o uso de textos paralelos	O perdão de Jesus é completo. Ele dá perdão e paz. Quando nos encontramos com ele, nossa dívida é cancelada, como afirma a Palavra de Deus: "Arrependam-se, pois, e voltem-se para Deus, para que os seus pecados sejam cancelados" (Atos 3.19).
	Jesus pagou com seu sangue o preço do nosso perdão. Ele deu a sua vida para que tivéssemos vida. Por isso sua Palavra nos fala: "[...] eu vim para que tenham vida, e a tenham plenamente" (João 10.10).

Narrativa, explanação	Jesus condenou o pecado daquela mulher: "vá e abandone sua vida de pecado". A vida de pecado antes vivida precisava ser deixada para trás. Havia um novo capítulo em sua história: um novo rumo a ser seguido. Uma vez perdoada por Jesus, ela deveria viver para honrar e servir ao seu Benfeitor; deveria viver de acordo com o padrão do ensino do Mestre; viver para o louvor da glória dele.
Contextualização e aplicação, com o uso de textos paralelos	O cenário do perdão é o mesmo hoje. A Bíblia afirma que "Se andarmos na luz, como ele está na luz, temos comunhão uns com os outros, e o sangue de Jesus, seu Filho, nos purifica de todo pecado" (1João 1.7). Para o pecador arrependido, há sempre a ação do nosso Deus que é grandioso em perdoar. O profeta Miqueias afirmou que não existe Deus semelhante ao Todo-poderoso: Quem é comparável a ti, ó Deus, que perdoas o pecado e esqueces a transgressão do remanescente da sua herança? Tu, que não permaneces irado para sempre, mas tens prazer em mostrar amor. De novo terás compaixão de nós; pisarás as nossas maldades e atirarás todos os nossos pecados nas profundezas do mar (Miqueias 7.18,19). E o profeta Isaías disse em nome do Senhor: [...] Embora os seus pecados sejam vermelhos como escarlate, eles se tornarão brancos como a neve; embora sejam rubros como púrpura, como a lã se tornarão (Isaías 1.18).
Início da conclusão. Contextualização para destaque da lição da narrativa	O amor de Jesus em lidar com esse caso da mulher pecadora nos ensina esta grande lição: Por mais perdido que alguém esteja, pode ser alcançado pela graça de Cristo. Basta chegar à presença de Jesus com humildade, disposto a ouvi-lo, na intenção de abandonar a vida de pecado.

Ilustração da hinódia	Por isso, cantamos: Perdido eu andava nas trevas, té que a luz de Jesus encontrei. Estendeu sua mão, deu-me ajuda, direção nele então eu achei. O que fez por mim, também quer fazer por ti. É só nele crer e aceitá-lo pela fé e vida nova tu hás de receber, seguindo os passos do Mestre em teu viver (*Hinário para o culto Cristão*, hino 443)
Contextualização, aplicação	A atitude de Jesus nos remete, também, ao mais perfeito princípio no relacionamento humano: DEVEMOS AMAR AS PESSOAS COMO SÃO, NÃO COMO GOSTARÍAMOS, OU ESPERARÍAMOS, QUE ELAS FOSSEM. Se o Senhor tivesse esperado para completar o trabalho da nossa redenção apenas quando fôssemos dignos, jamais seríamos salvos. Ao contrário disso, ele tomou o nosso lugar, apesar de nossos problemas, nossas falhas e nossos erros. Mais ainda, por causa deles: por causa dos nossos pecados, ele se entregou para nos salvar. Ele deixou sua glória e veio morrer por nós.
Texto paralelo para dar mais força ao argumento	Foi Jesus mesmo quem disse: "[...] o Filho do homem veio buscar e salvar o que estava perdido [...]" (Lucas 19.10).
Inserção da ICT e da TESE, com a aplicação final, preparatória para o apelo	A mulher adúltera, levada à presença de Jesus, estava ameaçada de morte, de acordo com o que a lei ordenava. Entretanto, nenhuma pedra foi atirada contra ela porque Jesus, o único sem pecado, a acolheu em amor. Confrontando os acusadores dessa mulher flagrada em adultério, Jesus lhe deu perdão e livramento. Os acusadores saíram todos. É exatamente o que o Filho de Deus faz: ele nos isenta da condenação e nos oferece perdão e livramento. E é isso o que ele quer fazer em sua vida. Você também pode se livrar de tudo quanto o impede de ter um viver feliz. Jesus quer perdoar todos os seus pecados; aproxime-se dele e receba o perdão que ele oferece. Amém!

ALGUNS PRINCÍPIOS A SEREM LEMBRADOS

O sermão narrativo não é o caminho da facilidade

Pregar um sermão narrativo com entusiasmo vida e conteúdo exige muito mais do pregador. Não basta escrever o sermão e ler no púlpito. Poucos ouvintes suportariam uma história lida. Não basta levar a história para o púlpito sem nela haver trabalhado arduamente até transformá-la em mensagem, com explanação, ilustração e aplicação.

Pregar um sermão narrativo é mais do que contar uma história

A narrativa do texto precisa passar pela vida do pregador para, por meio dele, alcançar os ouvintes. Não basta memorizar a história; é preciso introjetá-la. Além de conhecer plenamente a narrativa, o pregador precisa sentir todos os detalhes da história que está narrando.

O sermão narrativo não é só narração

É preciso haver a preocupação com o transporte da história, inserida em seu contexto original, ao mundo significativo dos ouvintes. Para tanto, é necessário que o sermão funcione como ponte a unir dois mundos, com a capacidade de desfazer a barreira do tempo e trazer a mensagem ao momento atual. Essa diferença pode ser mais bem observada em uma análise da ICT e da TESE. A simples menção da ideia central do texto ("Confrontando os acusadores da mulher flagrada em adultério, Jesus concedeu a ela perdão e livramento") parece não ter nenhuma ligação com a realidade atual:

Diante dessa afirmação, que expressa o sentido original do texto, o ouvinte pode pensar:

- O que eu tenho que ver com essa mulher que foi flagrada em adultério?
- Em que me afeta o fato de ela haver sido perdoada?
- Se ela tivesse sido condenada, que diferença faria em minha vida?
- Por que eu tenho de ouvir essa história?

Há mesmo um grande abismo entre a narrativa que se deseja comunicar e os interesses dos ouvintes hoje. A única saída é o caminho da contextualização. É nesse ponto que entra a tese: "Jesus nos isenta da condenação e nos oferece perdão e livramento". Agora o sermão tem tudo que ver com o ouvinte: O Jesus que perdoou a pecadora, também perdoa nossos pecados e nos livra da condenação.

A figura ilustra a função do sermão servindo como ponte para unir esses dois tempos:

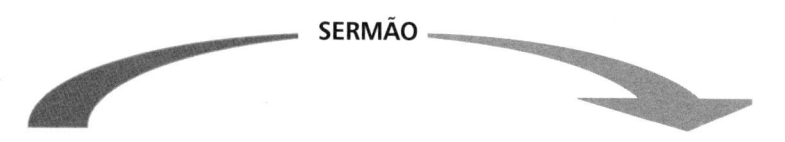

SERMÃO

ICT
Confrontando os acusadores da mulher flagrada em adultério, Jesus concedeu a ela perdão e livramento.

TESE
Jesus nos isenta da condenação e nos oferece perdão e livramento.

O sermão narrativo exige tanto planejamento quanto qualquer outro.

Só não haverá preocupação com as divisões, mas tudo o mais no planejamento será necessário: conhecer a ideia central do texto, trazer o texto para o presente, firmar-se em um propósito, determinar um título, ilustrar, aplicar, começar bem e terminar sem promessas e sem rodeios. Essa realidade está presente no modelo apresentado, conforme podemos observar no quadro a seguir:

TEXTO	ICT	TESE
João 8.1-11	Confrontando os acusadores da mulher flagrada em adultério, Jesus concede a ela perdão e livramento.	Jesus nos isenta da condenação e nos oferece perdão e livramento.
PB	**PE**	**TÍTULO**
Evangelístico	Persuadir os ouvintes a receberem o perdão e o livramento que só Jesus pode oferecer.	PERDÃO E LIVRAMENTO
ILUSTRAÇÃO		**APLICAÇÃO**
A própria narrativa provê as ilustrações desde a introdução até a conclusão. Além disso, os quadros são pintados tornando a narrativa mais envolvente. Há ilustrações da Bíblia, da hinódia e da História.		Acompanha toda a mensagem do início ao fim. A narrativa é inserida em blocos, de acordo com a estrutura do texto, e, em cada bloco, há sempre um material de contextualização e aplicação.
INTRODUÇÃO		**CONCLUSÃO**
Começa focalizando uma história interessante, o que é capaz de atrair a atenção dos ouvintes.		Termina sem prometer que vai terminar, sem rodeios, cumprindo o propósito proposto.

ALGUMAS POSSIBILIDADES NA PREGAÇÃO NARRATIVA

Um texto não narrativo do NT com a narrativa do AT

Hebreus 11.11[4] afirma: "Pela fé, também, a própria Sara, recebeu poder para ser mãe, não obstante o avançado de sua idade, pois teve por fiel aquele que lhe havia feito a promessa". Com base nessa passagem, um sermão narrativo pode ser elaborado, extraindo o relato dos capítulos 15 — 21 do livro de Gênesis, nos quais encontra-se a história de Sara e Abraão, destacando como Deus os abençoou, dando-lhes um filho.

Um texto não narrativo com a narrativa com base no contexto histórico

Na declaração do apóstolo Paulo (Filipenses 4.11a): "Aprendi o segredo de viver contente em toda e qualquer situação", um sermão narrativo pode ser elaborado com base no contexto histórico que está no capítulo 16 do livro de Atos. Ali aparece claro o comportamento de completo contentamento do apóstolo, em meio a uma situação difícil e aflitiva.

Narrativo com divisões que seguem a linha do texto

A narrativa será considerada como um todo e, depois da pesquisa inicial, já tendo estabelecido a TESE e o PB do sermão, o pregador pode estudar a história e destacar frases

---

[4] Almeida Revista e Atualizada.

que determinarão o movimento da mensagem. Veja neste exemplo:

TEXTO	ICT	TESE
Juízes 6.11-15	Na sua inquietação, Gideão foi desafiado por Deus e, na força do Senhor, agiu.	Na inquietação, devemos ouvir o Senhor, aceitar seus desafios e fazer o que ele nos ordena.
PB	**PE**	**TÍTULO**
Evangelístico	Desafiar os crentes a saírem da inquietação para a participação.	DA INQUIETAÇÃO À PARTICIPAÇÃO
DESTAQUES		
• O que nos inquieta hoje? • Por que Gideão estava inquieto? • Que lições aprendemos? • Onde está a solução?	• A resposta de Deus à inquietação de Gideão • Quais os obstáculos à participação? • O Senhor nos desafia • Milagres acontecem quando nos engajamos	

A vantagem dos destaques é que eles ajudam o pregador a se manter firme em sua linha sermônica, sem ter de memorizar todo o conteúdo. E, uma vez que o sermão será pregado seguindo a própria estrutura da narrativa, os destaques não funcionam como tópicos.

PERGUNTAS DE REVISÃO

1. A partir de que as narrativas de Jesus foram formuladas?
2. Que fatores contribuíram para o desuso da pregação narrativa?
3. Por que o sermão narrativo não é só narração?
4. É possível pregar um sermão narrativo em um texto do NT com a narrativa do AT? Como?
5. Como é possível pregar um sermão narrativo de um texto não narrativo?
6. Qual a vantagem dos *destaques* quando se prega sermões narrativos?
7. Qual a sua experiência em pregar sermões narrativos?

11
Na trilha do monólogo narrativo

O monólogo é um sermão biográfico narrativo em que o pregador, ao assumir o papel da personagem, apresenta a mensagem como se estivesse contando sua própria história.

Monólogo narrativo é pregação e drama. Não deve ser pregado como as demais formas sermônicas; requer uma apresentação dramatizada, em que a caracterização do pregador e detalhes do cenário assumem grande importância. Do ponto de vista do conteúdo, o monólogo é um sermão biográfico narrativo, apresentado na primeira pessoa. Assim como no sermão narrativo, no monólogo o pregador tem uma história a contar: o que faz a diferença é que, enquanto no narrativo o pregador conta a história de alguém, no monólogo o pregador assume o papel desse alguém para contar sua própria história.

A elaboração do monólogo é semelhante à preparação do sermão narrativo. É importante ter em mente que há uma história a ser comunicada e que isso deve ser feito com clareza, objetividade e vida. A primeira preocupação ao elaborar um monólogo deve ser sua base bíblica. A mensagem há de estar embasada em um texto bíblico (ou na vida de uma personagem) e ser trabalhada com base em sua correta interpretação. Uma vez estabelecida a ideia central do texto ou a ideia central da personagem, vem a preocupação com a contextualização. O monólogo precisa alcançar as pessoas que o ouvem; a mesma ponte erguida nas demais formas precisa ser usada aqui para unir o mundo da personagem ao momento atual.

Como em qualquer outro sermão, o monólogo precisa começar bem. Iniciar com base no contexto do público, apresentando a ideia a ser pregada e despertando o interesse das pessoas em ouvi-lo. À semelhança do sermão narrativo, o monólogo não necessita de uma estrutura com tópicos. Sua parte principal é a apresentação da personagem; e deve ser feita com honestidade, criatividade, bom senso e propósito. Isso significa que, elaborando e pregando um monólogo, devemos ter plena consciência de que: 1) o conteúdo é uma verdade bíblica exarada no texto ou na vida da personagem; 2) as imagens foram criadas de acordo com as possibilidades desse texto ou personagem; 3) a imaginação do pregador não extrapola a verdade bíblica em pauta; 4) a apresentação será feita com um propósito básico em mente.[1]

---

[1] O Propósito Básico (PB) é o rumo a ser seguido na mensagem, a linha sobre a qual os elementos funcionais (explanação, ilustração e aplicação) caminharão a fim de que o propósito específico seja de fato alcançado. Os principais PBs são: 1) EVANGELÍSTICO: Ajuda os não convertidos a firmarem um compromisso com Jesus, aceitando-o como Senhor e Salvador pessoal. 2) DEVOCIONAL: Motiva os crentes a aprofundar seu relacionamento com Jesus, amando-o e crescendo na graça e no conhecimento dele. 3) MISSIONÁRIO: Desafia os crentes a uma entrega de seus dons e talentos a serviço do Senhor, a uma resposta missionária. 4) PASTORAL: Apresenta o bálsamo de Cristo nos momentos de dificuldade e crise. 5)

A narração deve ser feita de modo claro e convincente: o pregador está contando sua "própria" história. É aconselhável trabalhar exegeticamente a porção bíblica em tela visando ao conhecimento máximo de seus detalhes para que o sermão seja enriquecido. Uma vez que o trabalho é pregação e arte, há de se cuidar para que a arte não suplante o alcance da mensagem. Monólogo não é simples apresentação; é pregação e, como tal, deve ser bem explanado, ilustrado e aplicado.

Obviamente, o próprio texto e o contexto histórico--biográfico suprirão as ilustrações. O sermão será ilustrado não em trazer histórias para dentro do texto, mas em tirar do texto e contexto os detalhes que servirão para ilustrar.

Antes da apresentação, o dirigente deve explicar a forma sermônica a ser apresentada, declarando em que ponto a história se encontra: Gênesis, capítulos 37, 39—45. A seguir, caracterizado de José, o pregador entra. Toda a trajetória de vida de José deve ser narrada na apresentação. Além de estar memorizado, o monólogo deve ser apresentado com vida.

ÉTICO: Persuade a uma melhor comunhão com o próximo, pelo exemplo de Cristo. 6) DOUTRINÁRIO: Enfoca, de modo especial, uma doutrina bíblica (Jilton MORAES, *Homilética:* da pesquisa ao púlpito, p. 79-80).

Título	PROCURO MEUS IRMÃOS
A personagem começa se apresentando, sem mencionar seu nome, o que se torna claro ao longo da narrativa	Eu tinha 17 anos; era apenas um adolescente sonhador. Meu pai me mandou procurar meus irmãos, mas não os achei. Em Siquém, fiquei perdido pelo campo, até que encontrei um homem que me perguntou o que eu estava procurando. Prontamente, respondi:
	— Procuro meus irmãos. Eles estão em algum lugar, cuidando das ovelhas e das cabras, mas não consigo encontrá-los... O Senhor pode me dizer onde eles estão?
A narrativa é de algo acontecido na adolescência da personagem	O homem se dispôs a me ajudar; eu o segui e, assim, cheguei até onde estavam meus irmãos. Todavia, mesmo chegando até eles, não os encontrei. Fisicamente, eles estavam ali, mas, na realidade, estavam distantes...
Nesse ponto da narrativa, ela levanta uma pergunta reflexiva	Aqueles homens não podiam ser meus irmãos; mesmo correndo em nossas veias o sangue do mesmo pai, eles não eram meus irmãos; aliás, eles não queriam ser meus irmãos. A capacidade de visão que possuíam era usada só para conspirar. Eles me viram de longe e, antes que eu chegasse, conspiraram contra mim. O que eles queriam era me matar. Será possível? Irmãos planejando matar o irmão?
Volta à narrativa	Eles tinham muita raiva de mim. O ódio era por causa dos meus sonhos. Eles até me colocaram o apelido de sonhador. Mas não era somente por causa dos sonhos. Havia uma razão maior: meu pai amava muito mais a mim do que a eles e não escondia seu sentimento. Ele até mandou fazer uma roupa especial para mim, que me distinguia de todos os seus outros filhos. Pensando bem, era uma situação bastante constrangedora, quando ele preferia a mim aos demais.
Outro ponto para reflexão: a preferência do pai por um dos filhos	

Volta à narrativa	Eu cheguei até meus irmãos, mas eles não chegaram a mim. Estava tão desejoso de estar com eles, mas eles tinham muita raiva de mim e não queriam minha companhia. Eles planejavam me matar. A ideia era jogar meu corpo numa cisterna e, depois, dizer que eu havia sido devorado por um animal selvagem. Tudo isso eles faziam motivados por uma completa crueldade. Diziam: — Vamos ver qual vai ser o resultado dos sonhos dele!
Narrativa	O plano era me matar mesmo. Eles não queriam somente me assustar; queriam se livrar de mim. Só não me mataram porque Rúben, meu irmão mais velho, me defendeu. Ele deu a ideia de me colocarem num poço abandonado, mas que não me machucassem. E eles me jogaram naquele poço. A intenção de Rúben, no entanto, era diferente; ele pretendia me tirar de lá, depois, e me levar a meu pai.
Prossegue a narrativa	Fui recebido com total desprezo. Cheios de ódio, meus irmãos investiram contra mim e tiraram a túnica que meu pai me dera. Sem ela, fiquei muito humilhado, e eu não sabia que aquele ato era somente o começo de uma série de atos humilhantes que eu sofreria...
Narrativa	Jogaram-me no poço... Ainda bem que estava seco. Só Rúben não estava hostil, mas, mesmo assim, naquele momento não pôde fazer nada para me defender. Eu pude sentir que ele não estava aprovando tanta agressividade para com um adolescente indefeso. Foi terrível ser jogado naquela escuridão. Fiquei incomunicável. Chorei e gritei mas eles não se importaram.

Continuação da narrativa	Depois de algum tempo ali, na mais terrível solidão e abandono, comecei a ouvir algumas vozes. Meus irmãos chegaram e me tiraram do poço. Por um momento, pensei que eles estivessem me libertando, mas logo percebi que eu estava sendo vendido como se fosse um animal, sem pudor algum. Havia uns homens ali, era uma caravana de ismaelitas; eles iam de Gileade para o Egito. Eram negociantes, e os camelos deles estavam carregados de perfumes e especiarias. Logo pude perceber que meus irmãos estavam acertando um preço para me vender a eles. Fiquei desesperado! Jamais eu imaginaria que pudesse ser transformado num escravo. Naquele momento, chorei muito implorando que não me vendessem, mas eles não me atenderam. E o pior é que Rúben, que certamente teria sido meu protetor, não estava lá. Fui vendido por 20 moedas de prata. Fiquei angustiado. Chorando muito, fui levado por aqueles negociantes, mas de nada valeu meu clamor. Quando chegamos ao Egito, fui levado a uma feira onde escravos eram vendidos. Que coisa terrível ver pessoas, imagem e semelhança de Deus, criadas para viverem livres, serem reduzidas à condição de escravos; como animais dos quais seus donos queriam se livrar. Que humilhação terrível! Aqueles senhores chegavam e olhavam para nós, escravos, como simples objetos. Na realidade, aos olhos da sociedade, não passávamos de simples objetos. Fui vendido ao sr. Potifar, um oficial que me levou para sua casa.
Pergunta retórica, para dar prosseguimento à narrativa	E meus irmãos? Onde estariam? Eu continuava à procura deles. Na casa do sr. Potifar, tornei-me o chefe dos escravos. Entretanto, quando as coisas pareciam melhorar, fui caluniado pela esposa dele, uma mulher desqualificada, que passou a me detestar porque eu não cedi a seus assédios sexuais.

Reflexão da personagem, dentro da própria narrativa	Meu Deus! Não dava para entender como eu podia ser humilhado por insistir em me conservar puro! Não dava para entender como eu podia sofrer por não querer me distanciar de Deus... Não dava para entender tanto sofrimento por ter firmado o propósito de não ceder à tentação!
Narrativa	Mais uma vez, vivi novo ato de humilhação. Eu já havia tido minha túnica rasgada, já havia sido atirado num poço, vendido como escravo, e agora, era só o que faltava: havia sido levado preso. Fui jogado na cadeia, junto com outros presos. Naquela prisão, passei a maior parte da minha juventude. Como eu tinha saudades de casa! Como eu morria de saudades do meu velho pai! Entrei lá ainda bem jovem e vi o tempo passar lentamente. Os que me viam, podiam até pensar que eu havia sido esquecido por Deus e por todos, mas eu tinha uma convicção: apesar de tudo, Deus nunca me havia desamparado. Deus estava comigo; ele jamais me abandonara. Eu sabia que no tempo próprio Deus me enviaria um livramento maravilhoso; o Senhor estava comigo, e eu sabia que ele tinha um propósito para minha vida. À medida que o tempo passava, eu repetia para mim mesmo a pergunta que um dia havia feito ao homem em Siquém: "Onde estão meus irmãos?". É inacreditável, mas eu continuava à procura deles... Procurava meus irmãos, e nada... eles me haviam vendido para longe, muito longe. E, naquela terra estranha, eu continuava encarcerado. Até mesmo um companheiro de cela, que conseguiu sua liberdade, depois de eu ter decifrado o sonho que ele havia tido, se esqueceu completamente de mim.

Outras reflexões para envolver os ouvintes com a narrativa	"Meu Deus! Até quando vou ficar aqui? Qual o teu propósito para a minha vida, Senhor?", eu dizia. Já estava cansado de tão longa espera, e a cada dia implorava ao Senhor que fortalecesse minha fé. E eu sentia claramente que o Senhor estava comigo.
	Meu ex-companheiro de cela se esqueceu mesmo de mim! O tempo foi passando, passando... Somente dois anos depois de haver saído da prisão, ele se lembrou de mim. A essa altura, eu já estava com 30 anos de idade.
Continuação da narrativa	Ele só se lembrou de mim porque o rei do Egito teve um sonho que ninguém foi capaz de decifrá-lo. Vendo a aflição do rei, aquele meu ex-companheiro, que era o copeiro que servia ao faraó, lembrou-se de que eu tinha dado o significado do sonho que ele e o padeiro tiveram na prisão. Ele contou o ocorrido ao faraó, e assim fui imediatamente chamado ao palácio.
Narrativa	Foi realmente às pressas que me tiraram da masmorra onde eu estava preso; aparei minha barba, troquei de roupas e fui levado à presença do faraó.
	O rei estava muito preocupado. Todos os magos e sábios do Egito já haviam sido chamados e nenhum deles fora capaz de oferecer qualquer interpretação. Mal cheguei, e o rei me falou: — Tive um sonho, e ninguém consegue interpretá-lo, mas ouvi dizer que você, ao ouvir um sonho, é capaz de interpretá-lo. Que responsabilidade! Entretanto, eu sabia que o mérito não era meu e, sim, do Senhor. Assim, respondi: — Isso não depende de mim, mas Deus dará ao faraó uma resposta.

Narrativa	Depois disso, o faraó me contou o sonho: na primeira parte, ele viu sete vacas gordas serem devoradas por sete vacas que, de tão magras, continuavam raquíticas, mesmo depois de terem comido as outras. Na segunda parte do sonho, ele viu lindas espigas de cereal serem devoradas por sete espigas murchas e mirradas.
Prossegue a narrativa	Eu disse ao faraó que ele tinha tido um só sonho e que era uma revelação de Deus. Durante sete anos, haveria bastante fartura em toda a terra do Egito e, depois desse período, viriam sete anos de completa fome. E tão grande seria a fome que ninguém mais se lembraria da fartura anterior. Eu também aconselhei o rei a estocar alimento e assim ter condições de enfrentar o período de fome.
Narrativa	Naquele momento, fui contratado para trabalhar com o rei; ele me nomeou governador! Eu tinha a grande responsabilidade de prover alimento para o tempo de fome que viria. Assim, durante os sete anos de fartura, estoquei toda a comida possível, capaz de suprir os sete anos de fome.
Narrativa	Um dia, fui procurado por um grupo de dez homens estrangeiros; eles chegaram querendo comprar mantimento. Ao chegar, se ajoelharam diante de mim, com o rosto em terra. Logo que vi, os reconheci. Eram meus irmãos! Será que, finalmente, eu os havia encontrado? Não! Eu fingi não os reconhecer e falei duramente com eles, acusando-os de serem espias. Eles se defenderam, afirmando serem honestos, filhos do mesmo pai e que tudo o que queriam era comprar comida. Todavia, eu insisti em que eles estavam fazendo um trabalho de espionagem...

Narrativa	A partir daí, eles se abriram e contaram a história da nossa família. Falaram de meu irmão caçula, disseram que ele havia ficado em casa com o pai. Ah, como fiquei aliviado ao saber que meu pai ainda estava vivo! O mais difícil para mim, porém, foi ouvi-los falando a meu respeito, como "um outro irmão que já morreu". Que tristeza! Eles maquinaram uma mentira e passaram a viver como se fosse verdade! Nunca se preocuparam em saber onde e como eu estaria. Nunca se dispuseram a me procurar. Nunca quiseram me encontrar!
Mais reflexões para envolver os ouvintes com a narrativa	Insisti na tese de que eram espiões. Queria prová-los, ver como reagiriam. E foi assim que propus a vinda de meu irmão caçula, como prova de que eles estavam falando a verdade. Eu sabia que não seria fácil para eles trazerem Benjamim à minha presença. Durante três dias, eles ficaram presos, sem tomar nenhuma decisão. No terceiro dia, procurei-os e sugeri que um deles ficasse preso, a fim de que os outros fossem liberados para levar a comida à família e voltar com meu irmão caçula. Essa era a condição para eu acreditar neles.
Narrativa	Eles aceitaram minha imposição e passaram a lamentar: — Certamente estamos sendo castigados pelo que fizemos a nosso irmão. Foi terrível vê-los dizer isso. Naquele momento, lembrei-me do quanto lhes havia implorado sem ser atendido. Como havia um tradutor, eles jamais poderiam imaginar que eu estivesse compreendendo tudo o que estavam falando. E, por entender tudo o que diziam, tive de me retirar para chorar, sem que ninguém me visse. Lavei o rosto e voltei imediatamente. Escolhi Simeão e mandei acorrentá-lo diante deles...

Narrativa	Meus irmãos demoraram muito a voltar. Quando os vi, com Benjamim, mandei que fossem levados a minha casa. Eles estavam morrendo de medo! Ao chegar em casa, eles me deram os presentes e, outra vez, se curvaram perante mim. Perguntei como estavam e aproveitei para saber sobre meu pai:
	— Como vai o pai de vocês, o velho de quem vocês me falaram? Ainda está vivo?.
	Depois que eles me responderam, prestei atenção em Benjamim e fiquei tão emocionado que saí para chorar. Mas logo voltei, e eles almoçaram em minha casa.
Narrativa, caminhando para a apresentação do clímax de toda história	Eu já não suportava mais tanta ansiedade para me declarar aos meus irmãos, mas precisava conhecê-los um pouco mais. Eu já os havia feito passar por algumas dificuldades, desde a outra vez em que eles apareceram, todavia ainda faltava uma última prova para saber como eles se comportariam.
	Arquitetei um plano espantoso. Mandei que minha taça de prata fosse colocada na bagagem de Benjamim. Na manhã seguinte, bem cedo, eles partiram. Ainda não tinham se afastado da cidade quando mandei o administrador de minha casa à procura deles. Eles estavam sendo acusados de roubar minha taça de prata.
Narrativa final	Certos de serem inocentes, eles concordaram que, se a taça estivesse com um deles, esse se tornaria escravo e os demais seriam libertos. Depressa, cada um descarregou sua bagagem, e a vistoria começou a partir do mais velho. Por fim, para assombro de todos, a taça foi encontrada com o último a ser revistado: estava na bagagem de Benjamim.

Narrativa final

Sem compreender o que estava acontecendo naquele momento, eles foram obrigados a voltar à minha presença. Não foi fácil vê-los se lançarem ao chão, diante de mim, mas eu precisava me conter. E foi assim que lhes falei:

— Que foi que vocês fizeram? Não sabiam que um homem como eu tem poder para saber o que está acontecendo?

Eles estavam arrasados e, eu, já sem condições emocionais de prosseguir. Foi Judá quem falou:
— O que diremos a meu senhor? Que podemos falar? Como podemos provar nossa inocência? Deus trouxe à luz a culpa dos teus servos. Agora somos escravos do meu senhor, como também aquele que foi encontrado com a taça.

Nessas palavras, pude sentir quanto eles haviam mudado. Eles não eram mais capazes de descartar um irmão, mas, ainda assim, eu disse que só queria Benjamim como meu escravo. Foi a partir daí que constatei que eles eram outros homens. Judá contou toda a história da família, para mostrar que seria impossível voltar sem Benjamim e chegou a ponto de se oferecer para ficar como escravo no lugar do irmão.

Eu estava para explodir. Depois da fala de Judá, não mais me contive. Mandei que todos saíssem, fiquei sozinho com os 11 homens e lhes disse:
— Eu sou José! Meu pai ainda está vivo?.

De tão pasmados, nenhum deles me respondeu.
— Cheguem mais perto, eu sou José, seu irmão, aquele que vocês venderam para o Egito.
Eu chorava tão alto que até do lado de fora as pessoas podiam ouvir.

Narrativa final	— Cheguem mais perto, eu sou José, irmão de vocês. E os meus irmãos continuavam ali atarantados e imóveis. — Cheguem mais perto. Depois de algum tempo, abracei e beijei cada um deles. Chorei muito, e eles também. Finalmente, depois de vinte e dois anos, eu e meus irmãos nos havíamos encontrado.

A APLICAÇÃO NO MONÓLOGO

Não é fácil aplicar ao longo do monólogo, como o fazemos nas demais formas sermônicas. Por essa razão, aconselho que uma aplicação especial seja feita ao final da apresentação da história do monólogo. Ela pode ser feita pelo pregador, já sem a caracterização de José; pelo dirigente, ou outra pessoa, antecipadamente designada. Deve ser feita com vida, bem ligada ao monólogo e de modo breve, para não parecer outra mensagem.

Quanto mais a aplicação estiver próxima do primeiro segmento, melhor. Quando o mesmo pregador que apresentou o monólogo fica com a responsabilidade de aplicar, pode fazê-lo imediatamente. Ali mesmo, diante do auditório, tira a caracterização e fala. Outra ideia é haver o cântico de um hino enquanto o pregador se retira, troca rapidamente a roupa, volta sem caracterização e fala:

José do Egito falou, mas eu não sou José; estava representando essa personagem para extrairmos algumas lições de sua história. Essa história de José é uma das mais conhecidas e queridas no Antigo Testamento. O que podemos aprender desta comovente história?

Aprendemos que os pais devem amar seus filhos indistintamente. Jacó falhou ao amar mais a José do que a todos os seus filhos. Infelizmente, há muitos pais que continuam agindo assim: amam um filho e desprezam outro. Isso causa uma situação constrangedora em que sentimentos negativos começam a ser arquitetados e alimentados. Nenhum filho é mais ou menos importante do que o outro. A história de José é um chamado à igualdade no lar.

Aprendemos que irmãos devem se amar. Como é abominável essa ideia de um irmão não tolerar outro! O mais triste é quando na igreja há esse tipo de comportamento. Não é possível que alguém, transformado por Jesus, odeie seu irmão. E Jesus falou tanto sobre a importância do amor! Ele não só falou, mas viveu o amor — amou tanto, a ponto de dar sua vida em favor das piores pessoas; amou tanto que foi capaz de morrer para que as outras pessoas, por meio de sua morte, pudessem viver. E a maior prova de que alguém foi transformado por Jesus é a sua capacidade de amar. Jesus chegou a dizer que os que se dizem crentes vão ser conhecidos como seguidores dele pelo amor que dedicarem aos outros. Mas há muita gente indiferente ao amor. Há até irmão querendo descartar irmão. Exatamente como os irmãos de José fizeram. Alguns até parecem ter prazer quando outros se afastam da igreja. É abominável quando irmãos se tornam insensíveis ao sofrimento e ao clamor do outro. E mais: quando se alegram ao ver o irmão sofrendo. Entre os servos de Jesus, não pode ser assim. Como alguém pode ser de Jesus e ser cruel? A história de José é um desafio ao amor.

Aprendemos que o milagre da reconciliação é possível. José, depois de oferecer duras provas para testar seus irmãos, abre seus braços e os recebe. Ele, que um dia foi descartado, agora pedia aos irmãos que se aproximassem.

Foi um longo tempo — mais de vinte anos —, até que realmente eles puderam se encontrar, mas o milagre aconteceu.

Aprendemos que vale a pena perdoar. José, sem nenhum sentimento de vingança, aconselhou seus irmãos a não se entristecerem, nem se aborrecerem por o haverem vendido para o Egito, porque, certamente, Deus mesmo o havia enviado, para a preservação da vida. Ele não tinha esquecido a história, mas havia perdoado. Nem sempre perdoar significa esquecer. Perdoar é poder lembrar sem mágoa, sem tortura, sem desejo de vingança. A história de José é um convite a reatarmos os laços rompidos.

APRESENTANDO MONÓLOGOS

O drama é um excelente parceiro da pregação. Pequenas dramatizações podem servir para ilustrar a verdade central a ser comunicada. O uso do monólogo é uma prova dessa realidade. É preciso haver sabedoria em separar o drama da pregação e a representação da realidade. Por essa razão, é indispensável que o auditório seja informado, em poucas mas precisas palavras, sobre a novidade a ser apresentada. Mesmo quando outros monólogos já foram apresentados para a igreja, é bom lembrar que em cada culto há sempre novas pessoas presentes.

Cuide para não escandalizar

Nem todas as igrejas estão preparadas para receber um monólogo. Mesmo que esse tipo de sermão já tenha sido apresentado até em convenções nacionais e como parte de discursos de formatura de seminários, é preciso considerar que em muitas igrejas tradicionais, onde há mais formalidade nos cultos, o monólogo pode não ser a melhor forma de comunicação da mensagem. Antes de decidir pregar usando esse recurso, certifique-se de que essa apresentação não causará problemas. Nunca pregue um monólogo fora de sua igreja, a não ser na mais estreita parceria com o pastor ou com a liderança que o convidou.

Surpreenda agradavelmente os ouvintes

Um elemento de surpresa, com uma boa dose de criatividade, pode ser inserido em um culto menos formal. Certa ocasião, escrevi um monólogo sobre o paralítico que esperava o movimento das águas, junto ao tanque de Betesda. Como aquele homem estava enfermo havia trinta e oito anos, elaborei a seguinte introdução:

> Trinta e oito anos! Trinta e oito anos!
> Trinta e oito anos é muito tempo; é um período longo demais para alguém com uma enfermidade incurável. Já pensou o que é viver trinta e oito anos com uma doença? Você já ouviu falar de alguém que tenha vivido tão longo tempo com um problema assim?
> Você já enfrentou um problema considerado insolúvel por tanto tempo?
> Trinta e oito anos é um tempo terrivelmente longo para alguém que está sofrendo; para quem vive uma limitação terrível; para quem vive marginalizado da sociedade; para quem busca ajuda e não encontra; para quem vive sem amigos; para quem vive sem esperança; para quem perdeu a alegria de viver...
> Era assim que eu vivia: sozinho, sem amigos, sem ninguém. Minha vida era triste e sem significação: triste e vazia...

O toque de surpresa na apresentação desse monólogo foi o modo inusitado em que o pregador entrou no santuário. Os ouvintes já haviam sido informados de que a mensagem seria dramatizada e estavam esperando que a personagem surgisse na plataforma. Então, quando todos esperavam que ela entrasse por ali, para depois começar a falar, entrou pela porta principal do templo e, lá de trás, começou a falar sua frase marcante: "Trinta e oito anos", enquanto caminhava junto aos ouvintes e apresentava a introdução, como se conversando com eles.

Aplique adequadamente

Se aplicar em qualquer forma sermônica não é fácil, no monólogo é ainda mais difícil. O transporte da história da personagem para a vida dos ouvintes é extremamente complexo. É preciso buscar, entretanto, todos os espaços em que a contextualização e a aplicação se tornam possíveis. Observe como neste mesmo monólogo de João 5.1-14 a aplicação ocorre desde o começo.

A personagem passa da narrativa à contextualização, mostrando que o mesmo problema é comum hoje	Minha vida era triste e sem significação: triste e vazia... E quantas pessoas vivem assim! Tudo parece tristeza e nada acontece para mudar e melhorar a situação. Assim eu vivia. Minha única esperança estava posta em uma crendice. Como é terrível esperar por crendices e superstições...

Um pouco mais adiante na narrativa, a mesma realidade se repete:

Com base em sua experiência, a personagem aplica a verdade ao ouvinte	Fui enganado. E quantas pessoas são enganadas hoje. Quantas pessoas depositam sua fé em objetos materiais, em pessoas falhas, em planos limitados e em histórias inventadas pela imaginação dos outros...

Identifique-se com a personagem

Na maioria das vezes, a personagem é a figura principal do texto enfocado, como nos dois exemplos que vimos: *José do Egito* e *O paralítico junto ao tanque de Betesda*. Contudo, nem sempre a personagem é a figura principal do texto: personagens secundárias têm sido usadas para a criação de monólogos. Podemos pensar no menino que entregou os pães e os peixes usados por Jesus, no milagre da multiplicação; uma personagem que simplesmente é mencionada no texto e, no sermão, assume o papel principal, para contar toda a história. Há também o caso de pinçar uma personagem que nem é individualizada no texto, mas mencionada em um grupo de pessoas. Em João 4.39, há o seguinte registro: "Muitos samaritanos daquela cidade creram nele por causa do seguinte testemunho dado pela mulher [...]". Com base nesse relato, pode-se particularizar um desses homens e elaborar um *monólogo do samaritano convertido*. Mais uma possibilidade é a personagem ser fruto da total criatividade do pregador: um jovem que teria estado presente quando a mulher flagrada em adultério foi levada à presença de Jesus; alguém que atravessou o mar, junto com Moisés e o povo de Israel etc.

A personagem mais difícil de ser apresentada em um monólogo é Jesus. Creio ser mais prudente apresentar os feitos e ensinos do Senhor, por meio de outras personagens.

GRANDES PERSONAGENS

Quanto maior o volume de material sobre determinada personagem, mais cuidado devemos ter na elaboração de um monólogo. Isso exige do pregador exercitar sua capacidade de seleção do conteúdo a ser apresentado, de acordo com as necessidades dos ouvintes, da mensagem de sua personagem e dos desafios que pretende apresentar. Veja quantas possibilidades de monólogo em uma personagem como o apóstolo Paulo:

ALGUMAS POSSIBILIDADES DE MONÓLOGO BASEADO NO APÓSTOLO PAULO

Texto	FOCO DA MENSAGEM (Ideia central do texto, ICT ou da personagem, ICT)	Título
Atos 7.54-60	Agindo como Jesus agiu, Estêvão marcou a história com seu testemunho.	Vi Estêvão morrer
Atos 9.1-9	Saulo foi encontrado por Jesus, que o transformou completamente.	Jesus me encontrou
Atos 9.10-19	Apesar do passado de Saulo, Ananias o ajudou no começo de sua vida cristã.	Ananias me ajudou
Atos 9.26,27	Quando os discípulos, com medo, não receberam Paulo, Barnabé o acolheu.	Barnabé me acolheu
Atos 13.47	Paulo afirmou que Deus o fez luz para levar a salvação aos confins da Terra.	Deus me fez luz
Atos 14.8-20	Paulo, declarando-se um ser humano, recusou ser adorado como um deus.	Não somos deuses

Atos 15.16-41	Irredutível em descartar João Marcos, Paulo brigou com Barnabé e dele se separou.	BRIGUEI COM BARNABÉ
Atos 16.16-40	Na prisão em Filipos, Paulo cantou e orou com Silas, e Deus agiu.	NA PRISÃO EM FILIPOS
Atos 17.16-34	Motivado pelo altar ao deus desconhecido, Paulo pregou a mensagem de Jesus.	O DEUS CONHECIDO
Atos 20.24	Paulo declarou que sua vida só era preciosa ao cumprir o plano de Deus.	SÓ SIRVO SERVINDO A JESUS
Gálatas 2.20	Paulo afirmou estar crucificado com Cristo, razão pela qual vivia pela fé nele.	CRUCIFICADO COM CRISTO
Gálatas 6.17	Pedindo que ninguém o inquietasse, Paulo declarou portar as marcas de Cristo.	TRAGO AS MARCAS DE JESUS
Filipenses 1.21	Paulo assegurou que Jesus era a razão de seu viver.	A RAZÃO DO MEU VIVER
Filipenses 2.5-8	Paulo exortou os crentes em Filipos a terem Jesus como modelo.	O MODELO DO MEU VIVER
Filipenses 4.11	Diante dos extremos da vida, Paulo declarou haver aprendido a viver contente.	ACHEI A ALEGRIA
2Timóteo 4.11	Declarando que João Marcos lhe era útil, Paulo solicitou que fossem buscá-lo.	PRECISO DO JOVEM QUE REJEITEI
2Timóteo 4.9-18	Sentindo-se abandonado, Paulo afirmou sua convicção da presença do Senhor.	O SENHOR ESTÁ COMIGO

SEGUINDO UM PROPÓSITO

O monólogo do paralítico curado tem um propósito básico EVANGELÍSTICO e um propósito específico assim enunciado: Persuadir os ouvintes a receberem a transformação que só Jesus pode oferecer. Com esse alvo em mente, o sermão é pregado, com os elementos funcionais seguindo em linha reta. Isso evita a digressão e a comunicação perambulatória.

O momento da personagem

Observe com cuidado o momento da vida da personagem que está sendo focalizada. Essa forma sermônica é uma representação de alguém que não está mais conosco. O momento focalizado deve apresentar a personagem quando em vida, como se pode observar nos exemplos mencionados.

O monólogo de José do Egito retrata a personagem depois de ela haver se encontrado com seus irmãos. Seu conteúdo é formado das reflexões que essa figura dramática tem da infância até aquele momento. O monólogo do paralítico curado tem sua base mais em um momento e um fato na vida da personagem: a ocasião quando Jesus o encontrou e a realidade de finalmente haver encontrado um amigo e a cura que tanto buscara inutilmente.

Pregando um monólogo sobre Judas Iscariotes, talvez o melhor momento seja quando ele está indo se enforcar. Na apresentação, ele pode até estar já com a corda e, em seu desvario, falar para si mesmo sobre como Jesus fora seu amigo e de como seu comportamento para com o Mestre foi marcado pela ingratidão.

AVALIANDO MONÓLOGOS

Depois de pregar, é de bom alvitre avaliar. Os pontos principais a serem aferidos são: biblicidade, criatividade e seriedade, comunicabilidade e aceitabilidade. Essa avaliação pode ser feita por meio de perguntas, como se pode observar no quadro a seguir:

FICHA PARA AVALIAÇÃO DE MONÓLOGOS		SIM	+ OU –	NÃO
BIBLICIDADE	A base desse monólogo foi realmente a Bíblia?			
	Uma verdade central foi apresentada?			
	A personagem foi fiel à revelação bíblica?			
CRIATIVIDADE/ SERIEDADE	Apresentou criatividade com honestidade?			
	Houve equilíbrio entre pregação e drama?			
	A apresentação foi feita com seriedade?			
COMUNICABILIDADE	Houve harmonia entre a narração e a aplicação?			
	Foi apresentado com simplicidade e vida?			
	O pregador foi seguro e convincente?			
ACEITABILIDADE	Trouxe aplicação e desafios relevantes?			
	Marcou de alguma forma a minha vida?			
	Valeu a pena ouvir esse monólogo?			

As perguntas dessa avaliação devem ser respondidas não só pelo pregador, mas por alguns ouvintes, capazes de ajudar nesse propósito, sabendo que a motivação não deve ser lisonjear, nem ofender o pregador. O pregador pode escolher uma ou duas pessoas, representando cada faixa etária da igreja: pré-adolescentes, adolescentes, jovens, adultos e terceira idade. O questionário deve ser entregue, e cada uma delas deverá responder naquele momento. É preciso considerar que as pessoas mais resistentes a inovações terão, certamente, respostas mais críticas.

PERGUNTAS DE REVISÃO

1. O que é um monólogo?
2. Com que forma sermônica o monólogo mais se assemelha?
3. Qual a melhor fonte de ilustrações para um monólogo?
4. Como deve ser feita a aplicação no monólogo?
5. Por que a identificação com a personagem bíblica é importante?
6. Qual a personagem mais difícil de ser apresentada em a um monólogo?
7. Qual a sua ideia do monólogo? Você já o tem usado?

12
Experimente o sermão segmentado

*Ao pregar um sermão segmentado,
unimos palavra e música na proclamação
da Palavra, para salvação dos perdidos, edificação
dos salvos e louvor da glória de Deus.*

O emprego de hinos e cânticos dentro do sermão é um excelente recurso em um tempo quando as pessoas têm menos disposição para ouvir o pregador e são cada vez mais motivadas a participar do louvor cantado. O sermão segmentado com hinos dá às pessoas, que antes seriam simples ouvintes, a oportunidade de se tornarem participantes, uma vez que, cantando entre os segmentos, elas se mantém atentas às verdades comunicadas.[1]

Na qualidade de pregadores da Palavra, precisamos considerar que a cada dia tem-se tornado maior o espaço ocupado pela música no culto. Infelizmente, em alguns lugares, ocorre um verdadeiro embate entre o louvor cantado e a pregação. A música, entretanto, não deve ser vista como concorrente do púlpito, mas como parceira em todos os sentidos.

---

[1] Jilton MORAES, *Púlpito, pregação e música*, p. 36.

Aproveitando essa motivação natural para o louvor, podemos, vez por outra, variar a pregação usando hinos dentro do sermão. Isso faz os ouvintes se envolverem de fato com a proclamação, uma vez que estão participando entre os segmentos.

Qualquer forma sermônica pode ser segmentada com hinos. Certamente, o monólogo é a forma menos apropriada para ser trabalhada em segmentos, mas, ainda assim, há espaço para um hino bem adequado ao assunto entre a narração e a aplicação.

O sermão segmentado não é um culto cantado

Enquanto os hinos e cânticos constituem a base do culto cantado, a base do sermão será um texto bíblico. O preparo do culto cantado começa com base em um tema; o sermão segmentado deve começar com uma porção das Escrituras. Um culto cantado pode até não ter pregação, mas um sermão segmentado jamais deixará de ser pregação. Quanto mais elaboramos e pregamos sermões segmentados, mais aprendemos a distingui-los do culto cantado. O uso de um não invalida o outro; há lugar para ambos, como excelentes recursos para a adoração e a proclamação.[2]

COMO ELABORAR UM SERMÃO SEGMENTADO

A decisão de pregar um sermão com hinos pode vir antes de tudo no processo da elaboração. O pregador ainda nem tem ideia da mensagem a ser pregada, não definiu o texto bíblico, mas sabe que vai pregar um sermão segmentado. Geralmente, isso acontece quando, com o convite, vem a sugestão: "Pregue um sermão segmentado", ou quando, no calendário de pregação, as

---

[2] Jilton MORAES, *Púlpito, pregação e música*, p. 41-6.

formas sermônicas já foram estabelecidas. Na maioria das vezes, decidimos que a mensagem será segmentada no processo do seu preparo ou depois de toda a elaboração. Vamos considerar aqui que o pregador já tem seu sermão elaborado e vai inserir hinos entre os segmentos:

Fique atento ao foco principal de sua mensagem

Para isso, precisamos considerar a pesquisa que tem como base as palavras de Pedro (2Pedro 1.16). A ICT é: Pedro deixou claro que a experiência com Jesus não era ficção, mas uma realidade presente. Dessa ICT, elaborou-se a seguinte tese: A experiência com Jesus é realidade presente a todos quantos a ele nos unimos pela fé. Com um propósito básico DEVOCIONAL, foi estabelecido o seguinte propósito específico: Vivermos para usufruir cada vez mais a realidade da presença de Jesus. E o título: CRISTO, REALIDADE PRESENTE. Com base no foco dessa mensagem — a realidade da presença de Jesus —, é possível escolher as músicas.

Selecione hinos e cânticos que poderão ser inseridos

A ideia do sermão como um todo e do desenvolvimento de cada uma de suas partes possibilita a escolha de músicas que tenham o máximo de harmonia com as palavras do pregador. Esse trabalho seletivo precisa considerar também o conhecimento que os ouvintes têm das músicas escolhidas. Um hino não deve ser descartado de imediato, só pelo fato de não ser conhecido da congregação. Antes de desistir da ideia de usá-lo, considere a possibilidade de ensiná-lo à igreja, o que não deverá ser feito durante a apresentação do sermão.

Outra possibilidade é a apresentação desse mesmo hino por um solista ou um grupo vocal.

No caso do assunto escolhido, CRISTO, REALIDADE PRESENTE, podemos selecionar, entre muitas outras opções, os seguintes hinos e cânticos:

CRISTO, REALIDADE PRESENTE
Jesus, em Tua Presença
Adoro o Cristo Vivo (136, *HCC*[3], 1ª e 2ª estrofes e estribilho)
Veio a Este Mundo o Senhor Jesus (114, *HCC*)
Crendo em Cristo (370, *Cantor cristão*)
Cristo é Tudo para Mim (200, *HCC*)
Cristo, Só Cristo (254, *HCC*)
Cristo Satisfaz Minha Alma (452, *HCC*, 1ª estrofe e estribilho)

Considere os movimentos da mensagem: CRISTO, REALIDADE PRESENTE (1) na transformação, (2) na glorificação. Outros hinos e cânticos poderão surgir, da preocupação com o que será apresentado em cada um dos tópicos:

TRANSFORMAÇÃO	GLORIFICAÇÃO
Que Mudança Admirável (448, *HCC*[3])	*Feliz Manhã* (190, *Melodias de vitória*)
Jesus Cristo Mudou Meu Viver	*Face a Face* (75, *Melodias de vitória*)
Jesus me Transformou (46, *Cantor cristão*)	*Quando Deus Fizer Chamada* (157, *HCC*)
O Que Fez Por Mim (52, 4ª estrofe, *HCC*)	*Grandioso És Tu* (52, 4ª estrofe, *HCC*)

---

[3] *Hinário para o culto cristão.*

É aconselhável localizar o máximo de hinos e cânticos, para selecionar os que realmente serão inseridos; dessa segunda ficha de 8 hinos, apenas 2 serão selecionados.

Cautela ao inserir solistas ou grupos musicais.

Toda música deve ser apresentada com simplicidade e sobriedade. Solistas e grupos espetaculosos atraem a atenção para eles, quebrando o brilho da mensagem como um todo. É preciso lembrar que é a soma dos segmentos com palavras e cânticos que completam o assunto que está sendo exposto e que o brilho de tudo deve ser para o Senhor da pregação, não para o pregador ou qualquer dos participantes.

Certifique-se da manutenção da unidade sermônica

Após a inserção das músicas é preciso constatar se cada uma está formando unidade dentro do tópico em que está inserido e no sermão como um todo. As músicas poderão ocorrer ao final dos tópicos ou ao longo deles. Às vezes a música completa uma ilustração ou prepara os ouvintes para a ilustração. Como veremos no exemplo a seguir:

Título	CRISTO, REALIDADE PRESENTE
Texto	De fato, não seguimos fábulas engenhosamente inventadas, quando lhes falamos a respeito do poder e da vinda de nosso Senhor Jesus Cristo; ao contrário, nós fomos testemunhas oculares da sua majestade (2Pedro 1.16).

Ilustração mostrando a diferença entre ficção e realidade, para atrair a atenção do ouvinte à verdade do sermão	Quando o filme *Titanic* foi lançado, eu não queria assistir a ele. Apesar de todo o sucesso, estava desmotivado porque sabia que o navio iria naufragar e eu não queria ver um fim tão trágico. Por meio da imprensa, rádio, cinema e TV, a ficção e a realidade se misturam. As pessoas se preocupam com o futuro do romance ou da personagem da novela. Ouvi até de alguém que pediu oração por uma personagem da novela que estava sofrendo muito. Quando o assunto é ficção, o escritor pode criar e recriar sua personagem e fazê-la aparecer e desaparecer de acordo com o rumo da história.
	Há uma diferença entre a realidade e a ficção. Na ficção, o autor dá asas à imaginação: cria e recria cenas, dá vida ou tira a vida às personagens. A realidade é diferente: o historiador trabalha com fatos, sua única missão é narrá-los.
A ideia central do texto	Pedro deixou claro que a experiência com Jesus não era ficção, mas uma realidade presente. Suas palavras não eram parte de um filme, romance ou novela — era história. Ele chamou atenção exatamente para essa diferença.
Título com uma frase de transição que serve como elo para o hino	A presença de Jesus neste mundo não é ficção; é realidade. Não é dúvida; é certeza. Não é mentira; é verdade. Não é lenda; é fato. Não é fábula; é veracidade. Não é mito; é realidade. Cristo é realidade presente. Ele veio a este mundo para pagar o preço da nossa salvação; veio nos libertar.

Hino *Veio a Este Mundo o Senhor Jesus* — 114, Hinário para o culto cristão (1ª estrofe e estribilho)	Veio a este mundo o Senhor Jesus, veio nos libertar. Foi rejeitado, morreu na cruz para nos resgatar. Glórias e poder no céu deixou, ingratidão na Terra achou. Tudo ele fez, pois nos amou, para nos resgatar. *Glória, glória demos ao Salvador; glória, glória por seu tão grande amor. Glória, glória! Temos a paz com Deus. Glória, glória, vamos cantar nos céus.*
Frase de transição entre o hino cantado, usando o texto básico para completar a introdução do sermão	Realmente, Jesus veio. Pedro tinha razão ao declarar: De fato, não seguimos fábulas engenhosamente inventadas, quando lhes falamos a respeito do poder e da vinda de nosso Senhor Jesus Cristo; ao contrário, nós fomos testemunhas oculares da sua majestade.
A tese para dar um clímax à introdução	A experiência com Jesus é realidade presente a todos quantos a ele nos unimos pela fé.
Enunciado do 1º tópico	CRISTO — REALIDADE PRESENTE NA TRANSFORMAÇÃO
	Temos aqui duas afirmações claras:
Explanação, mostrando as duas realidades contidas no texto	1. Eles não se baseavam em ficção: "De fato, não seguimos fábulas engenhosamente inventadas, quando lhes falamos a respeito do poder e da vinda de nosso Senhor Jesus Cristo [...]".
Explanação, usando o contexto	2. Eles falavam da experiência pessoal: "[...] ao contrário, nós fomos testemunhas oculares da sua majestade".

Pergunta retórica, servindo de elo para o próximo cântico	Pedro afirmou, anteriormente, que era apóstolo e Jesus era real para ele; falou do divino poder de Jesus, dando aos seus tudo o que diz respeito à vida; das bênçãos que a presença de Jesus traz; que a entrada no reino eterno é concedida por Jesus. E pode haver bênção maior do que estarmos na presença de Jesus?
Cântico *Jesus, em Tua Presença*	Jesus, em tua presença reunimo-nos aqui, contemplamos tua face e rendemo-nos a ti, pois um dia a tua morte trouxe vida a todos nós e nos deu completo acesso ao coração do Pai. O véu que separava já não separa mais; a luz, outrora apagada, agora brilha e cada dia brilha mais. Só pra te adorar e fazer o teu nome grande, e te dar o louvor que é devido, estamos nós aqui.
Afirmação, unindo o cântico ao foco do sermão e unindo a música à explanação	Nós sentimos a presença de Jesus, e Pedro esteve com ele. O que o motivou a essa abordagem? Havia muita interpretação equivocada, muita conversa, muita doutrina falsa sobre a vinda de Jesus. Os falsos mestres combatiam o poder do Senhor. Para eles, Jesus era homem, não Deus. A deidade de Jesus estava sendo questionada.
Explanação, usando o contexto	Entretanto, os apóstolos não estavam inventando... Jesus era real para eles. Pedro faz uma pausa, como que para dizer: "Tudo quanto estou afirmando é realidade plena. O poder de Jesus é real".
	Versículo 17: Ele recebeu honra e glória da parte de Deus Pai, quando da suprema glória lhe foi dirigida a voz que disse: "Este é o meu filho amado, em quem me agrado".

Ilustração bíblica para enfatizar a argumentação da explanação	No batismo, Jesus ouviu uma voz vinda do céu que afirmava tais palavras. Mas a referência de Pedro é à transfiguração (v. 18): "Nós mesmos ouvimos essa voz vinda dos céus, quando estávamos com ele no monte santo". Eles não apenas ouviram da realidade dos fatos, mas neles tomaram parte: "[...] nós fomos testemunhas oculares da sua majestade".
Prosseguimento da ilustração bíblica	Pedro, Tiago e João presenciaram a transfiguração; subiram com Jesus ao monte; viram o rosto de Jesus resplandecer; ouviram a voz do céu: "Este é o meu Filho amado; ouçam-no."
Ilustrações da História e da Bíblia, trazendo luz ao foco principal do sermão	Os falsos mestres combatiam a vinda de Jesus e seus milagres — não criam nos milagres e no poder da transformação. A realidade, contudo, é que Deus entrou, de modo especial, em nossa história e se fez homem para que pudéssemos nos reconciliar com ele. Paulo é quem melhor resume essa realidade (2Coríntios 5.19): "[...] Deus em Cristo estava reconciliando consigo o mundo, não levando em conta os pecados dos homens, e nos confiou a mensagem da reconciliação".
Mais ilustrações da Bíblia, trazendo luz ao foco principal do sermão	O primeiro milagre de Jesus — a transformação da água em vinho — serviu não apenas para mostrar aos convidados daquela festa o poder de Jesus, mas para deixar claro a todos os povos, em todos os tempos, que Cristo é realidade presente capaz de dar colorido e alegria à vida.

Pedro viu os milagres do Senhor: enfermos serem curados e até mortos voltarem à vida. Mas o maior milagre era a transformação na própria vida dele — sua covardia transformada em coragem; sua impulsividade, em submissão; e sua negação, na afirmação do poder de Jesus. |

Contextualização e aplicação, com a frase de transição para o cântico	Hoje, a maior evidência de Cristo como realidade presente na transformação é a nossa própria experiência. Cristo nos tem transformado! A experiência com Jesus é realidade presente a todos quantos a ele nos unimos pela fé. É por isso que cantamos que ele mudou nosso viver
Cântico *Jesus Cristo Mudou Meu Viver*	Jesus Cristo mudou meu viver, Jesus Cristo mudou meu viver, Ele é a luz que ilumina meu ser, sim, Jesus Cristo mudou meu viver. Diferente hoje é o meu coração, diferente hoje é o meu coração, Cristo deu-me paz e perdão, sim, diferente hoje é o meu coração. Jesus Cristo mudou meu viver.
Enunciado do 2º tópico, ligado ao hino cantado	Quando Cristo muda nosso viver, experimentamos a expectativa da sua volta. CRISTO — REALIDADE PRESENTE NA GLORIFICAÇÃO
Explanação	A volta de Jesus é real. Pedro vê a transfiguração como uma predição do que seria a volta de Jesus: O Cristo, glorificado no monte, será glorificado quando vier em glória... E nós seremos glorificados com ele. João afirma (1João 3.2): "[...] sabemos que, quando ele se manifestar, seremos semelhantes a ele, pois o veremos como ele é". Muitas pessoas, porém, cansadas de esperar a vinda de Jesus, passaram a não mais acreditar que ele um dia pudesse voltar. Pedro termina sua segunda carta (cap. 3) falando da volta de Cristo, da realidade do dia da vinda do Senhor.
Aplicação com perguntas retóricas	Cremos que Jesus voltará? Desejamos vê-lo voltando? A Bíblia diz que ele voltará. Cristo será realidade presente na glorificação.

Ilustração, com a frase de transição para o próximo cântico	Aos homens que ficaram olhando para o céu, enquanto Jesus subia, foi dito: "[...] por que vocês estão olhando para o céu? Este mesmo Jesus, que dentre vocês foi elevado aos céus, voltará da mesma forma como o viram subir" (Atos 1.11). Jesus afirmou que voltará em glória. Ele vai nos levar para o lar celeste, e iremos adorá-lo cantando: "Grandioso és tu! Grandioso és tu!"
Hino 52, *HCC*, *Grandioso És Tu!*, 4ª estrofe	E quando, enfim, Jesus vier em glória e ao lar celeste então me transportar, adorarei, prostrado e para sempre: "Grandioso és tu, meu Deus!", hei de cantar. Então minha alma canta a ti, Senhor, "Grandioso és tu! Grandioso és tu!". *Então minha alma canta a ti, Senhor, "Grandioso és tu! Grandioso és tu!".*
Frase de transição entre o hino cantado e o prosseguimento da mensagem, passando da ilustração para a contextualização	"Grandioso és tu!" é o que cantamos porque o Cristo glorificado foi sempre o centro da mensagem pregada. Pedro e João curando o homem coxo, à porta do templo: "[...] Em nome de Jesus [...]". Pregamos o nome do Cristo glorificado e, por meio dessa pregação, Deus tem transformado vidas. Somos testemunhas dele; vivemos por ele e contando a história dele. E esse testemunho tem mudado vidas.
Aplicação	É a realidade da glorificação que nos dá esperança! Sem ela, não teríamos razão, condições nem motivação para esperar.

Ilustração com aplicação	O pr. Arondo Rodrigues da Silva estava no Hospital de Base. Aos 26 anos, com uma enfermidade incurável, nos instantes finais de sua vida, afirmou à sua médica: "Doutora, Boa-noite! Eu vou para o céu. Esta é a última vez que a senhora está me vendo, mas eu quero vê-la no céu". Uma das médicas que o assistiram chegou a afirmar: "Como eu gostaria de estar no lugar desse homem". O que pode dar a alguém uma firmeza assim? Só a realidade da glorificação com Cristo.
Aplicação	Só essa realidade faz a igreja permanecer firme, dizer que Jesus é real — não é fábula, não é ficção, não é lenda, não é mentira, não é conversa, não é alegoria; é algo provado e comprovado na vida daqueles que foram alcançados por ele.
Perguntas retóricas para a explanação	Qual a nossa experiência? De que modo Cristo é real para nós? Pedro falou da sua experiência: De fato, não seguimos fábulas engenhosamente inventadas, quando lhes falamos a respeito do poder e da vinda de nosso Senhor Jesus Cristo; ao contrário, nós fomos testemunhas oculares da sua majestade.
Ilustração bíblica	João falou da sua experiência (1João 1.1): O que era desde o princípio, o que ouvimos, o que vimos com os nossos olhos, o que contemplamos e as nossas mãos apalparam, a respeito da Palavra da vida.
Aplicação por analogia, para a aplicação	Eles foram testemunhas oculares... E nós? Somos testemunhas pela fé! Somos ainda mais felizes (João 20.29): "[...] Felizes os que não viram e creram".

De que modo Jesus tem sido uma realidade em sua vida?

Jesus mesmo diz: "[...] sem mim vocês não podem fazer coisa alguma" (João 15:5).

Ilustração	Will Thompson tornou-se um compositor milionário, entretanto nunca se esqueceu do lugar de Jesus em sua vida. Sentindo-se muito devedor a Cristo, passou a compor somente músicas sacras. Comprou um cavalo e uma carroça, em que colocou seu piano, e viajou por todo o Estado de Ohio, pregando, por meio de seus hinos. Cinco anos antes de falecer, ele escreveu: Cristo é tudo para mim: é vida, paz e luz. Seu braço forte me sustém; só ele me conduz. Quando está triste o coração, ele me dá consolação; consolação ao coração dá Jesus. Cristo é tudo para mim, amigo sem igual. A ele vou em aflição e livra-me do mal [...] Cristo é tudo para mim, eu sempre o amarei [...] Cristo é tudo para mim, vou sempre confiar no grande amor do Salvador, até o fim chegar. Então no céu eu cantarei, santo louvor entoarei, santo louvor ao meu Senhor, a Jesus.
Aplicação	O que pode dar a alguém uma firmeza assim? Só a realidade da transformação e da glorificação com Cristo.
Frase de transição para o próximo cântico	Porque estamos unidos a Cristo, pela fé, a nossa experiência com ele é realidade presente. Firmados em Cristo, podemos cantar que ele é tudo para nós.

Hino 200, *HCC, Cristo É Tudo Para Mim*	Cristo é tudo para mim: é vida, paz e luz, Seu braço forte me sustém; só ele me conduz. Quando está triste o coração, ele me dá consolação; consolação ao coração dá Jesus. Cristo é tudo para mim, amigo sem igual. A ele vou, em aflição e livra-me do mal. Tudo me dá o meu Senhor, provando assim o seu amor, o grande amor do meu Senhor, de Jesus. Cristo é tudo para mim; eu sempre o amarei. Não poderei abandonar o meu Senhor e Rei. Servo leal aqui serei, por toda vida servirei. Eu servirei a meu bom Rei, a Jesus. Cristo é tudo para mim, vou sempre confiar no grande amor do Salvador, até o fim chegar. Então no céu eu cantarei, santo louvor entoarei, santo louvor ao meu Senhor, a Jesus.
Aplicação final para o apelo	Cristo tem sido tudo em sua vida? É ele que tem conduzido o seu viver? Nas tristezas, temos clamado a ele? Ele é seu amigo sem igual? Ele é o amigo que nos dá tudo, como prova do seu amor, porque ele deu a própria vida por nós. Você tem amado ou abandonado Jesus? Você confia realmente em Jesus? Tem certeza de que lá no céu irá cantar louvores a ele? Firme mais e mais a sua fé nele. Ponha sua vida diante dele em completa dedicação. A experiência com Jesus é realidade presente a todos quantos a ele nos unimos pela fé. Vivamos de modo tal a usufruirmos cada vez mais as bênçãos da presença de Jesus. Amém!

ALGUMAS OBSERVAÇÕES

O lugar dos hinos e cânticos

Eles são inseridos no ponto em que o pregador considerar mais apropriado para cumprir o papel de se juntar à palavra falada para a comunicação do assunto em pauta. O quadro a seguir nos ajuda a ver como nesse sermão as músicas se encaixam plenamente.

TRANSIÇÃO DO SERMÃO PARA A MÚSICA				
1 (entre a introdução e o 1º tópico)	2 (entre o 1º e o 2º tópico)	3 (entre o 1º e o 2º tópico)	4 (como parte do 2º tópico)	5 (na conclusão)
Jesus veio a este mundo para pagar o preço da nossa salvação; veio para nos libertar.	Pode haver bênção maior do que estar na presença de Jesus?	É por isso que cantamos que ele mudou o nosso viver.	Jesus vai nos levar ao lar celeste, e iremos adorá-lo cantando: "Grandioso és tu!"	Firmados em Cristo, podemos cantar que ele é tudo para nós.
MÚSICA				
Veio a Este Mundo o Senhor Jesus	Jesus, em Tua Presença	Jesus Cristo Mudou Meu Viver	Grandioso És Tu (4ª est.)	Cristo É Tudo para Mim
TRANSIÇÃO DA MÚSICA PARA O SERMÃO				
Realmente, Jesus veio. Pedro tinha razão ao declarar...	Nós sentimos a presença de Jesus, e Pedro esteve com ele	Quando Cristo muda nosso viver, experimentamos a expectativa da sua volta.	"Grandioso és tu!" é o que cantamos porque o Cristo glorificado foi sempre o centro da mensagem pregada.	Cristo tem sido tudo em sua vida? É ele que conduz seu viver?

É importante ressaltarmos que nenhum número musical deve ficar solto. Cada hino ou cântico entra com finalidade específica: uma frase de transição serve como elo para introduzi-lo à mensagem e, depois de cantado, outra frase provê a ligação entre o que foi cantado e as palavras seguintes do pregador. Essa é uma das razões de no sermão segmentado cantarmos apenas estrofes de hinos, não necessariamente o hino todo.

A opção de outras músicas

Os cânticos e hinos devem ser escolhidos de acordo com o repertório da igreja. Dentro do sermão, não há lugar para se ensinar uma nova música, reclamar que não está sendo bem cantada, ou fazer uma mudança. É preciso que a ordem traçada seja seguida. Quando a igreja não conhece determinada música pode-se optar por outra, com a mesma mensagem, ou encontrar uma pessoa ou um grupo para cantar.

A música e os elementos funcionais do sermão[4]

Os cânticos são excelentes recursos para transportar a mensagem do contexto bíblico ao mundo significativo dos ouvintes hoje, servindo como excelente recurso para contextualizar as verdades do sermão na vida dos ouvintes que os entoam (ou ouvem). Também servem como ilustração, uma vez que atraem a atenção e ajudam a tornar mais clara a explanação. Por essa razão, o sermão segmentado, às vezes, tem menos volume de ilustração, contextualização e aplicação.

---

[4] São considerados elementos funcionais do sermão a explanação, a ilustração e a aplicação.

A história do hino provendo a ilustração

Este recurso é aplicável não só no sermão segmentado, mas em qualquer outra forma. Um exemplo clássico é a história do hino *Sou Feliz com Jesus*. Seu autor, Horatio Gates Spafford, escreveu-o após experimentar a mais profunda dor. Perdeu o único filho homem, teve todos os seus investimentos imobiliários destruídos e, por fim, perdeu as quatro filhas no naufrágio do navio S. S. *Ville do Havre*. A sra. Spafford, que viajava com as filhas, sobreviveu, graças a um navio que conseguiu salvar 87 dos 226 passageiros, mas as filhas não foram resgatadas. Do País de Gales, a sra. Spafford enviou um telegrama ao marido, com seis palavras: "Salva só. Crianças perdidas. Que farei?". Aflito, ele viajou, também de navio, para se encontrar com a esposa. Ficava muito tempo no convés, olhando o mar, chorando e orando. Tem sido afirmado que foi quando chegou perto do local do naufrágio que Deus lhe deu conforto. E ali escreveu seu único hino: "Se paz a mais doce eu puder desfrutar, se dor a mais forte sofrer, oh, seja o que for, tu me fazes saber que feliz com Jesus sempre sou!".[5]

Muitas histórias de hinos podem ser contadas como ilustração e, no caso do sermão segmentado, a inserção do hino, logo a seguir, dá um brilho especial, ampliando grandemente o alcance da mensagem.

A história do hino provendo a aplicação

Pregando sobre o cuidado de Deus e a confiança que devemos ter nele, pode-se usar a experiência de Fanny Crosby, uma cega que padecia fisicamente. Entre outros hinos, ela escreveu

---

[5] Edith Brock Mulholland, *HCC: Notas históricas*, p. 257.

o de número 356 do *Cantor cristão*, cuja letra é uma afirmação de fé e alegria:

> Meu Jesus me guia sempre. Que mais posso desejar? Duvidar do meu amado? Do meu Deus desconfiar? Paz perfeita, gozo infindo tenho, e sua proteção; pois eu sei que por mim vela seu bondoso coração.

Com base nessa ilustração, o pregador passa à aplicação: E você, tem confiado, tem experimentado paz perfeita, tem vivido alegria verdadeira, tem experimentado a proteção de Deus? Você tem certeza de que Deus está cuidando de você?[6]

Um trabalho que pode ser feito a quatro mãos

A prática de usar hinos no sermão constitui excelente oportunidade para o pastor e o ministro de música realizarem um trabalho a quatro mãos. Uma vez que o pastor e o ministro de música foram chamados por Deus para um ministério especial, ambos servem com o mesmo objetivo: o louvor da glória de Deus; ambos mourejam na mesma causa, visando à salvação dos perdidos e edificação dos salvos. Entretanto, em alguns casos, mesmo trabalhando lado a lado, vivem distantes. É triste ver pastores que não se interessam pelo programa de música ou músicos que não se interessam pela pregação da Palavra. Alguns chegam a afirmar: "Fique longe da minha área, que eu não me aproximo da sua". É a filosofia do antigo cântico: "Tu no teu cantinho, e eu no meu".

Tais barreiras, contudo, não fazem parte do plano de Deus. Somente vivendo como irmãos, amando-nos verdadeiramente, é que teremos condições de compartilhar a mensagem que temos

---

[6] David MEIN, Sermão: *Cantando à Meia-Noite*.

de pregar. Não é pela beleza da música ou pela eloquência das palavras que as pessoas serão atraídas ao Senhor Jesus, mas pela capacidade de vivermos unidos. Foi ele mesmo quem afirmou: "Com isso todos saberão que vocês são meus discípulos, se vocês se amarem uns aos outros" (João 13.35). Pode estar faltando oportunidade de encontro entre o pastor e o responsável pela música na igreja. Entretanto, precisamos considerar que o ministério da Palavra e o ministério da música são de tal proximidade que não dá para existirem separados.

> A presença da música e da pregação no culto deve ser marcada pela harmonia, não pelo combate. Para a adoração, para a edificação, para a inspiração e para a salvação, a música necessita tanto da pregação quanto a pregação da música.[7]

O ministro de música precisa agir como pregador, e o pastor, como músico, uma vez que ambos são arautos e artistas. O pregador é um artista — seu trabalho exige criatividade; e o ministro de música é um arauto — uma vez que lança mão de sua música para proclamar o nome do Senhor.

Várias vezes, tenho preparado essa forma sermônica com a participação de ministros de música. Em algumas ocasiões, aquele hino ou cântico que tanto o pastor quis encontrar é mais facilmente localizado pelo músico. E como se não bastasse um trabalho conjunto na elaboração, o momento da apresentação exige, mais uma vez, que essa dupla se constitua um dueto e jamais um duelo.[8]

---

[7] Jilton MORAES, *A música e a pregação no culto*, p. 20.
[8] MORAES, *Púlpito, pregação e música*, p. 39.

PERGUNTAS DE REVISÃO

1. O que é um sermão segmentado?
2. Em que o sermão segmentado é diferente do culto cantado?
3. Quais as vantagens de elaborar um sermão segmentado a quatro mãos?
4. De que modo a unidade pode ser mantida no sermão segmentado?
5. Como escolher os hinos a serem cantados em um sermão segmentado?
6. Que preocupações você teria antes de apresentar um sermão segmentado?

PARTE III

Pregação: um relacionamento

Mais do que transmitir palavras ou comunicar ideias, pregar é compartilhar vida. Se a comunicação demanda exigências, além de o ato de informar, a pregação, mesmo qualificada como um discurso religioso, demanda exigências ainda mais elevadas. O pregador oferece aos ouvintes um material sermônico que, por constituir-se recado de Deus, precisa ser da mais alta qualidade, e os ouvintes respondem a ele com sua atenção.

A boa pregação acontece quando o pregador sai de si mesmo e caminha rumo aos que o ouvem, para, sob a direção do Espírito Santo, propagar-lhes a Palavra. Quando isso acontece, os ouvintes, tocados por esse mesmo Espírito, caminham em direção ao pregador e respondem aos desafios que foram apresentados no sermão. A elaboração de cada prédica é importante, mas não é tudo: o final da elaboração do esboço é simplesmente o começo da jornada. O mais difícil ainda está por vir. Não basta a habilidade de extrair de um texto bíblico verdades e contextualizá-las ao auditório; precisamos de sabedoria do Alto para chegar ao mundo significativo dos ouvintes, tanto que toda erudição e conhecimento terão pouco proveito se não formos capazes de amar e verdadeiramente chegar ao coração das pessoas.

A pregação conquista seu anseio quando o pregador tem um interesse real nas pessoas. Jesus foi o maior Mestre nesse tipo de comunicação. Quando o moço rico o procurou com o intuito de saber o que fazer para herdar a vida eterna, apesar de toda a empáfia, afirmando que desde a sua adolescência obedecia aos mandamentos, Jesus deixou claro seu vivo interesse em o ajudar. O texto diz que "Jesus olhou para ele e o amou [...]" (Marcos 10.21).

Pregando na alegria e na tristeza, contando com ouvintes atentos, precisamos nos colocar diante de Deus, considerando a indagação: *Quanto tempo pregar?* Numa época em que os valores têm sido postos à margem, não podemos olvidar a *ética no púlpito* e deixar de ter uma correta ideia do *apelo e feedback na pregação*. Na realidade, o relacionamento do pregador com os ouvintes é tão importante que ele pode ter um esboço nota 10 e ser reprovado no púlpito se não for capaz de, saindo do papel, chegar ao ouvinte.

13
Pregando na alegria e na tristeza

*O pastor é convocado
nos momentos mais extremos da vida,
razão pela qual precisa estar preparado
para pregar seja na alegria, seja na tristeza.*

Grande é a responsabilidade que o pregador tem de comunicar a Palavra nos extremos da vida. De igual modo, são grandes as oportunidades advindas em tais ocasiões. Nesses cultos, há pessoas que, de outra forma, dificilmente estariam no templo. Uma vez que o crente cultua no nascimento e na morte, ministrar em tais ocasiões significa pregar em todo o tempo, pregar na alegria e na tristeza.

PREGANDO NAS OCASIÕES ESPECIAIS DO CALENDÁRIO SECULAR

Dia de Ação de Graças

Comemorado na 4ª quinta-feira de novembro, é um dia pouco divulgado e aproveitado pelas igrejas evangélicas; entretanto, é uma excelente oportunidade para um culto gratulatório, tendo em vista que as atenções do dia já estão voltadas para a gratidão a Deus.

IDEIAS DE PREGAÇÃO PARA O DIA DE AÇÃO DE GRAÇAS

Com voz de ação de graças (Jonas 2.9)	Onde estão os nove? (Lucas 17.11-19)
É bom agradecer (Salmos 92.1)	Que darei ao Senhor? (Salmos 116.12-14)
Gratidão e glorificação para sempre (Salmos 86.12)	Sede agradecidos (Colossenses 3.15)
Gratidão na multidão (Salmos 35.18)	Só um voltou para agradecer (Lucas 17.11-19)
Louvor e proclamação na gratidão (Salmos 52.9)	Tudo vem de Deus (Tiago 1.17)

Ano-novo

O culto de vigília, aguardando a chegada do novo ano, é um momento de reflexão na vida das pessoas. É uma grande oportunidade para a pregação com um chamado ao cumprimento dos votos formulados, diante de Deus, e a apresentação de desafios para o ano seguinte.

IDEIAS DE PREGAÇÃO PARA O ANO-NOVO

A noite passa (Salmos 30.5)	Fechado para balanço (Salmos 90.12)
Até ser dia perfeito (Provérbios 4.18)	O Senhor vai adiante (Êxodo 13.21)
Buscando em tempo (Isaías 55.6)	Que faremos? (2Reis 6.8-23)
Companhia para o novo ano (Salmos 23)	Um novo tempo (Eclesiastes 3.1-8)
Conhecendo mais e mais o Senhor (Oseias 6.3)	Vai nesta tua força (Juízes 6.11-21)

Dia das Mães

É uma das ocasiões mais aproveitadas no púlpito. O pregador precisa de cuidado para que o amor de mãe não seja apresentado como infalível e os filhos como fardos insuportáveis a carregar. Precisamos considerar que ser mãe é um privilégio e sem filhos isso não seria possível. A oportunidade é propícia a conselhos e recomendações às mães e aos filhos; a pregação deve apresentar o imensurável amor de Deus como o amor maior.

IDEIAS DE PREGAÇÃO PARA O DIA DAS MÃES

A mãe que ora (1Samuel 1.27)	Maior amor (João 15.13)
A sua lâmpada não se apaga (Provérbios 31.18)	Nas mãos do Senhor (Lucas 1.38)
Deus ouve a voz das crianças (Gênesis 21.9-21)	Poder para ser mãe (Hebreus 11.11)
Escolha a boa parte (Lucas 10.38-42)	Quando a mãe abre os olhos (Gênesis 21.9-21)
Exemplo de mãe (João 19.25)	Um filho sem igual (João 19.25-27)

Dia dos Pais

À semelhança do Dia das Mães, ainda que menos comemorado, o Dia dos Pais é também uma ocasião bastante lembrada no púlpito, infundindo ideias para a pregação. É preciso o mesmo cuidado para que o amor do pai não seja apresentado como algo perfeito. A oportunidade deve servir para a apresentação do amor de Deus como o amor maior e, de igual modo, para lembrar aos pais o grande privilégio e responsabilidade que têm de trabalhar para a construção de um mundo melhor, por meio da educação de seus filhos.

IDEIAS DE PREGAÇÃO PARA O DIA DOS PAIS

A igreja em casa (Colossenses 3.15)	O que um pai não deve esquecer (Deuteronômio 4.4-9)
Amor sem limites (Lucas 15.11-32)	Pedindo socorro a Jesus (João 4.46-53)
A vitória que não valeu a pena (2Reis 19.1,2)	Traços do bom pai (Lucas 15.11-32)
Conselhos de um pai (1Reis 2.1-3)	Um pai feliz (Salmos 128.1-4)
O que se espera de um pai (Efésios 6.4)	Um pai na presença de Jesus (Lucas 8.41-56)

Dia da Criança

O Dia da Criança, comemorado em 12 de outubro, é uma ocasião que não deve ser negligenciada. A mensagem pode ser dirigida tanto aos pais quanto à igreja de modo geral, enfatizando como Jesus valorizou a criança e sua grande importância na igreja hoje. Constitui-se excelente oportunidade também para a pregação dirigida às crianças, em caso de cultos infantis.

IDEIAS DE PREGAÇÃO PARA O DIA DA CRIANÇA

Crescimento harmonioso (Lucas 2.52)	Para ser um bom filho (Efésios 6.1-3)
Instrução para toda a vida (Provérbios 22.6)	Sem provocação, mas com disciplina (Efésios 6.4)
O testemunho de uma criança (2Reis 5.1-14)	Que virá a ser este menino? (Lucas 1.66)
O valor de uma pequena oferta (Jo 6.8,9)	Uma vitória inesperada (1Samuel 17.40-50)
Pais ensinando aos filhos (Efésios 6.4-9)	Um lugar para as crianças (Lucas 18.15-17)

Dia do Trabalhador

O Dia do Trabalhador precisa ser mais bem aproveitado para a pregação em nossas igrejas, convidando-se os trabalhadores da comunidade para estarem presentes. Será uma grande oportunidade para convidar pessoas não crentes que, atraídas pelo motivo do culto, certamente atenderão ao convite. A mensagem deve apresentar o trabalho como bênção quando feito na presença de Jesus e por ele abençoado.

IDEIAS DE PREGAÇÃO PARA O DIA DO TRABALHADOR

Trabalharás seis dias (Êxodo 20.9)	Motivados ao trabalho (Neemias 4.6)
Desafiados a trabalhar (Neemias 2.18)	O trabalhador feliz (Salmos 128.1,2)
Desafios ao trabalhador (Efésios 4.28)	Quando o trabalho não é vão (1Coríntios 15.58)
Jesus, o trabalhador (João 5.17)	Trabalhar sem desanimar (Neemias 6.3)
Motivação correta para o trabalho (João 6.27)	Trabalho não é castigo (Gênesis 2.15)

Natal

O Natal é a oportunidade mais propícia à apresentação da mensagem do nascimento de Jesus. Desde a ornamentação das ruas, praças e lojas até os votos de felicidades, tudo é feito lembrando que Jesus nasceu. Apesar do mercantilismo em torno da época, não podemos deixar passar o Natal sem a apresentação da verdadeira história do Filho de Deus que, na forma de menino, veio ao mundo no primeiro Natal.

IDEIAS DE PREGAÇÃO PARA O NATAL

Antes do primeiro Natal (João 1.14)	O menino sem berço (Lucas 2.7)
Deus conosco (Mateus 1.23)	Não havia lugar para Jesus (Lucas 2.1-7)
De Belém virá o rei (Miqueias 5.2)	Quando os olhos veem a salvação (Lucas 2.25-35)
Luz nas trevas (Isaías 9.1-6)	Será chamado Jesus (Mateus 1.21)
O exemplo dos pastores (Lucas 2.15-20)	Quando brilha a glória do Senhor (Lucas 2.8-11)

Páscoa

Na Páscoa, o pensamento das pessoas está voltado para o sofrimento e a morte de Jesus. É uma excelente época para a pregação de temas a ela relacionados; utilizá-los significa ser sábio em aproveitar a motivação dos ouvintes. É um tempo adequado também para a apresentação de séries de sermões sobre o Jesus sofredor e triunfante. Isso pode acontecer nos domingos que antecedem a Páscoa.

IDEIAS DE PREGAÇÃO PARA A PÁSCOA

A dor do crucificado (João 19.17-30)	O último milagre não aconteceu (Mateus 27.32-54)
Cristo vive (Lucas 24.1-12)	Perspectivas da cruz (Marcos 15.21-37)
Fica conosco, Senhor! (Lucas 24.13-35)	Por que choras? (João 20.11-18)
O milagre maior (Mateus 28.5,6)	Réu ou rei? (Mateus 27.32-54)
O réu não reage (Marcos 15.21-37)	Quando o réu reagiu (Lucas 23.33-47)

PREGANDO NAS OCASIÕES ESPECIAIS DO CALENDÁRIO ECLESIÁSTICO

Dia da Bíblia

Comemorado no 2º domingo de dezembro, deve ser aproveitado para a pregação de mensagens que enfatizem o valor da Bíblia na vida das pessoas. A ênfase na Bíblia como o Livro de Deus e a literatura da igreja é sempre de grande proveito. A importância da leitura e meditação na Palavra de Deus para a edificação do crente deve ser também realçada.

IDEIAS DE PREGAÇÃO PARA O DIA DA BÍBLIA

É preciso cumprir (Tiago 1.22)	O livro para ler dia e noite (Josué 1.8)
Você entende o que está lendo? (Atos 8.26-37)	O livro que anuncia Jesus (Atos 8.26-37)
Feliz quem conhece e pratica (Salmos 1)	Palavra viva, eficaz e penetrante (Hebreus 4.12)
Lâmpada e luz (Salmos 119.105)	Quando o livro é achado e lido (2Crônicas 34.14-33)
Livro inspirado e útil (2Timóteo 2.14,15)	Sabedoria para observar a Palavra (Salmos 119.34)

Dia de Missões

A pregação em dias missionários é feita geralmente por ocasião das campanhas missionárias. O texto bíblico e a ideia da mensagem variam muitas vezes de acordo com o âmbito da promoção (missões locais, estaduais, nacionais ou mundiais), e as sugestões oferecidas por meio de temas, divisas e outros recursos do *marketing* da campanha. A Bíblia está repleta de textos para a pregação em tais ocasiões.

IDEIAS DE PREGAÇÃO PARA O DIA DE MISSÕES

A ordem do Rei (Mateus 28.19,20)	Nomeados com um propósito (João 15.16)
Deem-lhes vocês algo para comer (Mateus 14.13-21)	Testemunhando à meia-noite (Atos 16.25-34)
Começando de onde estamos (Atos 1.8)	Passe à Macedônia e ajude-nos (Atos 16.9-12)
Levantai os vossos olhos (João 4.35)	Testemunhas com poder (Atos 1.8)
Não podemos deixar de falar (Atos 4.19,20)	Um pregador apressado (Jonas 3.1-4)

Aniversário da Igreja

O sermão nessa ocasião deve ter o propósito de enfatizar o lugar da igreja na vida do crente, como instituição criada por Jesus e alicerçada nele. Os seus membros e congregados devem ser desafiados a um completo engajamento para que a igreja cumpra sua missão na comunidade em que está inserida, na cidade, no país e em todo o mundo. É também uma oportunidade para a pregação evangelística.

IDEIAS DE PREGAÇÃO PARA O ANIVERSÁRIO DA IGREJA

A igreja que canta e ora (Atos 16.25-31)	Cristo ama a igreja (Efésios 5.25)
Eu lhe darei as chaves (Mateus 16.19)	Jesus bate à porta de uma igreja (Apocalipse 3.14-22)
A organização de Jesus (Mateus 16.13-18)	Ministrando em nome de Jesus (Atos 3.1-10)
Fórmula para o crescimento (Atos 2.42-47)	Uma igreja com a porta aberta (Apocalipse 3.7-13)
Como a igreja deve viver (Filipenses 1.27-30)	Um exército pronto (Ezequiel 37.1-14)

Cultos cívicos

Cultos cívicos devem ser realizados aproveitando datas especiais como o Dia da Independência, Proclamação da República, aniversário da cidade etc. Algumas vezes, um político que está assumindo um cargo público na cidade solicita à igreja um culto em ação de graças. O pregador precisa ser sábio em apresentar o "Assim diz o Senhor", sem nenhuma intenção de agradar a homens. Deve cuidar também para não se tornar inconveniente, apresentando plataformas de partidos políticos. O pregador precisa ter sempre em mente que é um arauto das boas-novas.

IDEIAS DE PREGAÇÃO PARA CULTOS CÍVICOS

A liberdade vem de Deus (Deuteronômio 26.7,8)	Fórmula para o sucesso da nação (Josué 1.7)
Cidadãos responsáveis (Romanos 13.1-7)	Mais que vencedores (Romanos 8.31-39)
Deus promete ajuda (Isaías 41.8-13)	Procurando a paz da cidade (Jeremias 29.7)
Experimentando a liberdade completa (João 8.26)	Uma advertência para o Brasil (Provérbios 14.34)
Felicidade para o Brasil (Salmos 33.12)	Um líder corajoso e sábio (Josué 24.14-28)

Batismos

São excelentes oportunidades evangelísticas. O ato do batismo é uma proclamação simbólica da experiência com Cristo: o pecador morrendo para o mundo e ressurgindo para uma nova vida com Deus. Muitas vezes, o batismo é feito no mesmo culto em que é celebrada a ceia do Senhor, ficando a ideia da mensagem mais para ela que para o batismo. Uma boa prática é que um dos irmãos que estão sendo batizados partilhe sua experiência com Cristo. Em tais cultos, o sermão deve, preferencialmente, ser mais breve. Algumas vezes, o pastor poderá pregar de dentro do batistério.

IDEIAS DE PREGAÇÃO PARA CULTOS DE BATISMOS

Batismo do arrependimento (Marcos 1.4)	Garantia de vida (Romanos 6.8)
Batismo, ordem de Jesus (Mateus 28.19,20)	Livres para sempre (Romanos 8.1)
Batismo, o desejo de um crente (Atos 8.36-39)	Morte e ressurreição (Romanos 6.4)
Batizado, depois de convertido (Atos 16.33)	O exemplo de Jesus (Marcos 1.9-11)
Bênçãos da experiência com Cristo (Romanos 6.22)	Um só Senhor e um só batismo (Efésios 4.5)

Ceia do Senhor

A ceia do Senhor não deve ser celebrada como um apêndice ao culto. O ideal é a realização de cultos de ceia. O desafio nessa celebração é pregarmos sermões embasados nos relatos desse acontecimento, textos sobre o amor de Deus, páscoa, sofrimento e morte de Jesus, entre outros.

IDEIAS DE PREGAÇÃO PARA CULTOS DE CEIA DO SENHOR

Alto preço (1Pedro 1.18,19)	Junto à cruz (João 19.25)
Anunciamos que ele morreu (1Coríntios 11.26)	Lembrando Jesus (Lucas 22.19,20)
A ovelha muda (Isaías 53.7)	A tristeza de Jesus (Marcos 14.32-42)
Crucificados com Cristo (Gálatas 2.20)	Nova aliança (Mateus 26.26-30)
	O Cordeiro de Deus (João 1.29)

Desafios da cruz (Marcos 15.21-37)	Fronte ensanguentada (Mateus 27.29)
Desafiados a levar a cruz (Mateus 16.24)	O silêncio de Jesus (Mateus 26.62,63)
Deus prova o seu amor (Romanos 5.8)	Que culto é este? (Êxodo 12.25-27)
Em memória de mim (Lucas 22.19,20)	Rasgou-se o véu (Lucas 23.45)
Examine-se a si mesmo (1Coríntios 11.28,29)	Seguindo de longe (Marcos 14.54)
Ferido para sarar (1Pedro 2.24)	

Consagração ao diaconato

Cultos de consagração ao diaconato são uma prática já abolida em várias igrejas evangélicas. Uma vez que o modelo bíblico de serviço diaconal inclui consagração, a oportunidade é excelente para a apresentação de mensagem que mostre claramente o lugar do diaconato na igreja, em que o diácono é um servo, não um chefe; e foi escolhido para trabalhar, não para fiscalizar as ações dos demais irmãos da igreja.

IDEIAS DE PREGAÇÃO PARA CULTOS DE CONSAGRAÇÃO AO DIACONATO

Aprendendo com Barnabé (vários textos)	Primeiro seguir, depois servir (João 12.26)
Bem-aventurados os pacificadores (Mateus 5.9)	Sempre com Jesus (João 15.5)
Desafiados a ser bênçãos (Gênesis 12.2b)	Servindo com alegria (Salmos 100.2)
Diáconos (Atos 6.1-7)	Servindo para agradar a Deus (Colossenses 3.22)
Perfil do diácono aprovado (1Timóteo 3.8-13)	Trabalho para todos (Efésios 4.11-16)

Consagração ao ministério

A cerimônia de imposição de mãos para a consagração ao ministério da Palavra é um dos mais belos cultos realizados na igreja do Senhor. É uma oportunidade para a participação de toda a igreja. O concílio geralmente se reúne em dois tempos: na primeira etapa, o candidato é examinado em suas convicções e, caso aprovado, um culto solene é marcado para a imposição de mãos. O pregador é geralmente escolhido pelo pastor iniciante, o que deve acontecer com alguns dias de antecedência para que haja tempo para o preparo da mensagem.

IDEIAS DE PREGAÇÃO PARA CULTOS DE CONSAGRAÇÃO AO MINISTÉRIO

Pastoreie as minhas ovelhas (João 21.15-17)	Perfil do pastor (1Timóteo 3.1-7)
Eu lhe ensinarei o que dizer (Êxodo 4.12)	Prega a Palavra (2Timóteo 4.2)
Ministério: mais precioso que a vida (Atos 20.24)	Seja forte e corajoso (Josué 1.9)
Olhando para Jesus (Hebreus 12.1,2)	Um chamado especial (Atos 9.10-17)
Para mim o viver é Cristo (Filipenses 1.21)	Um homem de Deus (2Reis 4.8,9)

Cultos infantis

Mensal ou bimensalmente, a igreja deve realizar um culto infantil, ocasião quando as crianças se sentem participantes ativas do culto e ouvem uma mensagem elaborada e pregada de modo especial para elas. Os sermões para crianças são não apenas os seus prediletos, mas também os favoritos dos adultos. O pastor precisa ser sábio em encontrar e desenvolver boas ideias para a pregação destinada ao público infantil; o uso de recursos visuais é excelente recurso para alcançar e manter a atenção das crianças.

IDEIAS DE PREGAÇÃO PARA CULTOS INFANTIS

Uma escada perigosa (Salmos 1.1)	Fala, Senhor (1Samuel 3.1-10)
Coragem para fugir (Gênesis 39.7-12)	Ganhou mais do que pediu (1Samuel 2.10,21)
Deus escolhe diferente (1Samuel 16.1-13)	O irmão que soube perdoar (Gênesis 45.1-15)
É melhor obedecer (Jonas 3.1-4)	Tinha menos e deu mais (Marcos 12.41-44)
É dando que recebemos (Lucas 6.38)	Um rapaz corajoso (Daniel 1.8)

PREGANDO NAS OCASIÕES MARCADAS PELA TRISTEZA

Todos nós gostaríamos de nunca precisar pregar em cultos fúnebres. Funerais são a ocasião mais difícil de ser vivida no ministério pastoral. A morte de uma criança, de um adolescente, jovem, adulto ou ancião é muito difícil não só na vida da família enlutada, mas da igreja e, de modo especial, do pastor, que, em meio ao sofrimento, precisa confortar os que choram. Todavia, faz parte da missão pastoral assistir nos extremos da vida. Se no momento alegre do nascimento de uma criança o pastor é chamado e tem o privilégio de compartilhar da alegria dos familiares, também na hora triste da passagem pelo vale da morte sua presença é requerida, com a missão de ministrar o conforto da Palavra de Deus.

O MAIS IMPORTANTE

É imprescindível ao pregador buscar *fortalecer-se no Senhor e na força do seu poder* para ter condições de confortar, quando muitas vezes também está precisando de conforto. Sem o poder do Espírito Santo, não há condições de consolar os que choram.

Evitar atalhos sinuosos — Alguém pode pensar: "Não tenho condições de elaborar um sermão fúnebre, mas posso encontrar um na internet ou em alguma outra fonte". Essa trilha é falaz porque tira do pregador a oportunidade de agonizar diante de Deus, expondo sua fraqueza e buscando os recursos que vêm dele. É vivendo os momentos difíceis na presença do Senhor que aprendemos a depender dele e nos capacitamos mais e mais.

Fugir de trilhas enganosas — Imaginando não ter condições para pregar em um culto fúnebre, o pastor pode ser tentado a convidar um pregador que julga pregar melhor do que ele. Precisamos considerar, contudo, que ninguém pode falar mais ao coração de uma ovelha do que o seu pastor, nada substitui a voz do bom pastor quando a ovelha está atravessando o vale da sombra da morte.

A *opção correta* — Saber que é o Senhor quem nos envia e nos sustenta é o que nos dá condições para levar a mensagem da vida, além da vida. Sem a direção divina, nada podemos fazer, por isso a única atitude sensata é buscarmos forças e inspiração do Alto. Somente na força do Senhor temos condições de prosseguir.

Diante das limitações

A dor da perda por alguém que faleceu faz o pregador esbarrar na sua própria fragilidade e finitude. Além do mais, pregar em funerais torna-se ainda mais difícil porque não há tempo suficiente para a elaboração desses sermões.

As indagações sem respostas — Por que o meu ente querido morreu? Por que Deus permitiu? Por que estou sendo castigado? E quanto menos idade tinha quem faleceu e quanto mais trágico foi o falecimento, tanto mais difícil encontrar respostas. Em tais ocasiões, tenho aprendido a falar o mínimo possível; a ouvir mais, a orar mais, a ser mais tolerante. Mesmo quando o enlutado fala bobagens, é melhor não retrucar, não contender, em respeito à dor que atravessa. Ouvir em oração é mais humano do que discutir com quem atravessa grande aflição.

A exiguidade do tempo — Por mais que uma pessoa esteja enferma, não dá para preparar o sermão fúnebre antes do óbito. E, quando alguém vem a falecer, o pastor é chamado a estar com a família enlutada. Além de pregador, o pastor é o conselheiro e o amigo que pode ajudar nos difíceis passos a serem dados. Precisamos nos lembrar de que nada substitui a presença do pastor, mas, por outro lado, não podemos nos esquecer de que há muitas pessoas na igreja que podem ajudar. O cultivo de um bom arquivo de textos bíblicos, ilustrações e artigos sobre a finitude humana, o céu, é também de grande valia em tais ocasiões.

Elaborando um sermão fúnebre

Quanto mais a Bíblia fala, mais conforto o pregador consegue transmitir. Não se preocupe com a retórica; deixe a Palavra de Deus falar. O conforto vem dele, não da sabedoria do pregador. Use textos paralelos que transmitem conforto.

A prudência da síntese — Um sermão fúnebre não deve ser longo. Blackwood recomenda que a mensagem do funeral seja curta. Ele diz que dez minutos deve ser tempo suficiente, quando o culto é realizado na igreja.[1] É preciso ser sábio em procurar dizer o máximo no mínimo de palavras.

Não crentes — São os mais difíceis de ser elaborados e pregados. O pregador precisa ter sabedoria para não colocar o falecido no céu, simplesmente porque morreu, e, ao mesmo tempo, prudência para não o colocar no inferno. Os extremos são desastrosos.

Pensando nas palavras — Quando chamado a pregar no funeral de alguém não crente, o pastor precisa pensar muito em suas palavras, pedindo sabedoria ao Senhor para ser instrumento nas mãos dele, sem o propósito de ferir ou agradar os familiares enlutados.

O alvo da pregação — Como em qualquer outra mensagem, o sermão fúnebre precisa apontar para Cristo, não para a vida do morto. A mensagem deve ser elaborada e pregada tendo em mente confortar os familiares e amigos mais próximos.

O que não pode ser esquecido

Sem lugar para gracejos — Parece óbvio, mas todo humor deve ser evitado. É preciso desenvolver a capacidade de comunicar a graça divina sem anedotas e gracejos. Qualquer palavra jocosa há de ser bem analisada, antes de proferida.

Evite dar uma aula de teologia — Sermões fúnebres não são tratados teológicos; a necessidade dos ouvintes não é de compreensão da doutrina da ressurreição, do arrebatamento, do céu ou de qualquer outro tópico da escatologia; o que os ouvintes precisam é de conforto, e, quanto mais simples e objetivo for o sermão, mais possibilidade de alcançar e confortar corações.

---

[1] A.W. BLACKWOOD, *The Funeral*, p. 135.

Pregando um sermão fúnebre

A informalidade ajuda — Vale a pena deixar de lado a preocupação com título e tópicos para um sermão fúnebre. Escolha um bom texto, encontre a verdade central a ser transmitida e pregue a mensagem em forma de homilia. Não ter preocupação com a estrutura sermônica não significa despreocupação com o preparo do sermão.

Olhando os ouvintes — Um sermão fúnebre jamais deve ser lido. Se a comunicação visual é importante em todas as ocasiões, durante um funeral é imprescindível que o pregador encare com amor e segurança seus ouvintes, para lhes transmitir o "Assim diz o Senhor" que os pode confortar.

Sentimento, amor e vida — Como em qualquer outra mensagem, o sermão fúnebre deve ser pregado com sentimento, amor e vida. O pregador indiferente jamais alcança plenamente seu auditório; isso não significa que deva chorar enquanto prega.

Com todo o equilíbrio — Manter o equilíbrio é necessário: jamais minimizar a dor dos que choram e, por outro lado, não entrar na crise, sofrendo tanto a ponto de não ter condições de ajudar; devemos pedir ao Senhor que nos dê firmeza e nos conserve sensíveis.

Detalhes importantes

A participação da família enlutada — Os familiares podem indicar alguns textos e hinos favoritos da pessoa que faleceu, e será uma boa prática inseri-los como parte da ordem do culto.

O melhor sermão — A vida de quem parte para a eternidade fala mais alto que quaisquer palavras. O pregador não deve se deter em elogios que muitas vezes pouco dizem da vida do falecido, mas não deve deixar de lado algumas experiências verdadeiramente edificantes.

Divulgação com discrição — Sem desprezar os recursos evangelísticos que o culto fúnebre oferece, é preciso cuidado para não querer transformá-lo em uma cruzada evangelística. Se o pregador fizer um apelo, deve ser bem discreto, tendo alguns irmãos que poderão ajudar os decididos nos lugares em que se encontram.

Exemplo de um sermão fúnebre

Neste momento de tanta dor, não encontramos respostas para muitas indagações que nos vêm à mente. Mas, ainda assim, não ficamos sem alento. Na Palavra de Deus encontramos o conforto e a força de que necessitamos. A Bíblia afirma:

Jó 14.1,2,11,12,14:

"O homem nascido de mulher vive pouco tempo e passa por muitas dificuldades. Brota como a flor e murcha. Vai-se como a sombra passageira; não dura muito. [...] Assim como a água do mar evapora e o leito do rio perde as águas e seca, assim o homem se deita e não se levanta [...]. Quando um homem morre, acaso tornará a viver? [...]".

Salmos 89.48:

"Que homem pode viver e não ver a morte, ou livrar-se do poder da sepultura?".

Hebreus 9.27:

"[...] o homem está destinado a morrer uma só vez e depois disso enfrentar o juízo".

A morte é uma experiência comum a todas as pessoas. A Palavra de Deus deixa isso bem claro:

Salmos 90.4-6,9:

Mil anos para ti são como o dia de ontem que passou, como as horas da noite. Como uma correnteza, tu arrastas os homens; são breves como o sono; são como a relva que brota ao amanhecer; germina e brota pela manhã, mas, à tarde, murcha e seca. [...] Todos os nossos dias passam debaixo do teu furor; vão-se como um murmúrio.

Tiago 4.14:
"Vocês nem sabem o que lhes acontecerá amanhã! Que é a sua vida? Vocês são como a neblina que aparece por um pouco de tempo e depois se dissipa".

A pergunta feita nesse momento é: *Por quê?* Por que alguém tão jovem nos deixa repentinamente? Por que uma pessoa em pleno vigor partiu tão cedo? Por que uma vida tão produtiva é arrancada de nós?
Não nos cabe achar o porquê. Essa resposta só será encontrada na presença do Senhor Jesus quando o nosso dia chegar e formos, também, chamados a viver com o Senhor Jesus.
O nosso Deus é soberano. Ele não dá a conhecer o porquê, mas nos dá algo mais importante: o consolo da sua Palavra e das suas promessas.
Somos finitos. Enfermidades e problemas são comuns ao homem. Jesus não veio ao mundo para nos livrar da morte física, mas para nos dar a garantia de vida completa, de vida eterna.
Conforta-nos saber que Jesus veio para nos dar vida por meio de sua morte (João 16.33): "[...] Neste mundo vocês terão aflições; contudo, tenham ânimo! Eu venci o mundo."
Deus não poupou o seu próprio Filho, mas o entregou para que, pela sua morte, pudéssemos alcançar a vida eterna. O NT apresenta a mensagem da vitória sobre a morte.

Jesus Cristo afirmou: "[...] *eu vim para que tenham vida, e a tenham plenamente.*" (João 10.10). Para nos dar essa vida completa, o Filho de Deus entrou na história humana; e, achado na forma de homem, enfrentou a morte. Ao terceiro dia, porém, ressurgiu dos mortos, tornando-se Senhor e Salvador de todos quantos o aceitam pela fé. Sua vitória sobre a morte é a vitória da fé. O apóstolo Paulo afirmou:

1Coríntios 15.26,54-57:
O último inimigo a ser destruído é a morte. [...] Quando, porém, o que é corruptível se revestir de incorruptibilidade, e o que é mortal, de imortalidade, então se cumprirá a palavra que está escrita: "A morte foi destruída pela vitória". "Onde está, ó morte, a sua vitória? Onde está, ó morte, o seu aguilhão?" O aguilhão da morte é o pecado, e a força do pecado é a Lei. Mas graças a Deus, que nos dá a vitória por meio de nosso Senhor Jesus Cristo.

A presença de Cristo não nos isenta da dor e do sofrimento. Ele entrou neste mundo para sofrer conosco e nos dar a capacidade de sofrer com ele, sabendo que as aflições desse tempo não são para se comparar com a glória que em nós há de ser revelada.

Conforta-nos a certeza de que a vida não termina aqui

Provérbios 14.32:
"[...] os justos, porém, até em face da morte encontram refúgio".

João 14.1-3,6:
Não se perturbe o coração de vocês. Creiam em Deus; creiam também em mim. Na casa de meu Pai há muitos aposentos; se não fosse assim, eu lhes teria dito. Vou preparar-lhes lugar. E se eu

for e lhes preparar lugar, voltarei e os levarei para mim, para que vocês estejam onde eu estiver. [...] Eu sou o caminho, a verdade e a vida. Ninguém vem ao Pai, a não ser por mim.

Para nós, crentes no Senhor Jesus Cristo, a morte não é o fim; é o começo de uma nova vida, com Deus. O nosso irmão que hoje parte tinha essa gloriosa certeza.

Conforta-nos saber que a tristeza terminou

Salmos 30.5:
"[...] o choro pode persistir uma noite, mas de manhã irrompe a alegria.

Apocalipse 21.4:
"Ele enxugará dos seus olhos toda lágrima. Não haverá mais morte, nem tristeza, nem choro, nem dor, pois a antiga ordem já passou".

A ordem antiga passou para o irmão _____. Suas dores encontraram fim; não há mais enfermidade; não há mais sofrimento; não há mais limitações. Ele foi revestido de um corpo incorruptível para viver a mais completa alegria diante do Senhor Jesus, a quem amou e serviu.

Conforta-nos a certeza do galardão

Jesus diz: "[...] Muito bem, servo bom e fiel! Você foi fiel, eu o porei sobre o muito [...] (Mateus 25.21).

Não importa quanto vivemos, mas o modo em que vivemos. Não é a pessoa mais velha a que mais vive, porém quem mais serve, quem mais ama, quem mais se identifica com Jesus e consegue marcar em sua passagem.

"Consolem, consolem o meu povo, diz o Deus de vocês" (Isaías 40.1).

Observações:

1. Da primeira à última palavra, o alvo nesse sermão é confortar os ouvintes. Como já afirmamos, assim deve ser sempre em funerais.
2. O início de um sermão fúnebre é um momento crucial. Algumas pessoas estão distantes, presas na dor da perda, e precisam ser atraídas, para receber o conforto do Senhor.
3. A introdução, como deve ser sempre, começa onde o povo está. Fala da dor do momento e das indagações que não encontram respostas.
4. Não há nesse tipo de sermão uma preocupação rígida com a estrutura de título e tópicos. As ideias vão sendo comunicadas informalmente.
5. O sermão tem um alvo: confortar falando da soberania de Deus, da finitude humana, da presença de Jesus, do fato que a vida não termina aqui e que os sofrimentos acabaram.
6. Uma fartura de textos paralelos permeia todo o sermão, do princípio ao fim; eles se completam e precisam ser apresentados com expressão e vida.

7. A indagação — *por quê?* — é apresentada sem nenhuma finalidade especulativa, mas objetivando mostrar a realidade da soberania de Deus e da finitude humana.
8. A unidade está presente ao longo do sermão. Ele é um todo que procura ter: começo atraente, desenvolvimento relevante e final tranquilo.
9. Não há ilustrações nesse sermão; sua atualidade, fartura de material bíblico e o modo em que a argumentação é feita, com frases pitorescas e uma riqueza de perguntas retóricas, no entanto, tornam a comunicação agradável.

Esboços para funerais

Modelo 1

A REALIDADE DA MORTE
Salmos 23.4

Quando perdemos um ente querido, ficamos a pensar: Por que morremos? A fé nos prepara para enfrentar a morte? O que podemos aprender nesse momento de dor e tristeza? A Palavra de Deus nos ensina algumas lições sobre o crente e a realidade da morte.

NINGUÉM ESTÁ ISENTO DA MORTE FÍSICA
- Hebreus 9.27: "[...] o homem está destinado a morrer uma só vez e depois disso enfrentar o juízo".
- Visitei uma senhora hospitalizada, com enfermidade terminal. Ela havia aceitado Jesus como Salvador, mas estava nos estertores da vida. Perguntou-me: "Pastor, eu aceitei Jesus e estou morrendo. E agora?"
- Sempre penso que o meu próprio fim um dia chegará.

Podemos nos livrar do medo da morte

- Salmos 23.4: "Mesmo quando eu andar por um vale de trevas e morte, não temerei perigo algum, pois tu estás comigo; a tua vara e o teu cajado me protegem".
- Tenho visto muitas pessoas morrendo, mas há uma diferença entre a morte do crente e a morte da pessoa que não tem Jesus.
- Com Cristo, a morte deixa de ser o trágico fim e se torna uma passagem.

João 11.25,26:

> Disse-lhe Jesus: "Eu sou a ressurreição e a vida. Aquele que crê em mim, ainda que morra, viverá; e quem vive e crê em mim, não morrerá eternamente. Você crê nisso?"

- É a pergunta que ele nos faz hoje. Quando vivemos a realidade de que quem crer nele viverá para sempre, isso faz a grande diferença.

Devemos considerar como vivemos e morremos

- O que determina a tragicidade ou a suavidade da morte não é como alguém morre, mas como vive.
- Para a pessoa que vive com Deus, a morte deixa de ser o trágico fim e se torna o começo da vida eterna. Ao contrário, quem vive distante de Deus terá sempre na morte um trágico fim.
- A Bíblia afirma:
  "Quando chega a calamidade, os ímpios são derrubados; os justos, porém, até em face da morte encontram refúgio" (Provérbios 14.32). Ainda morrendo, o justo tem esperança.

"Quando morre o ímpio, sua esperança perece; tudo o que ele esperava do seu poder dá em nada" (Provérbios 11.7).

"Não se aborreça por causa dos homens maus e não tenha inveja dos perversos; pois como o capim logo secarão, como a relva verde logo murcharão" (Salmos 37.1,2).

Com Cristo, a morte perde a conotação de fim para ganhar a de começo! Perde o sentido de derrota e ganha o de vitória! Perde a significação de tristeza e ganha a de certeza! Que a nossa vida reflita a presença de Cristo, de tal modo que as palavras de Paulo sejam realidade em nós: "Se vivemos, vivemos para o Senhor; e, se morremos, morremos para o Senhor. Assim, quer vivamos, quer morramos, pertencemos ao Senhor" (Romanos 14.8).

Que o Senhor conforte o nosso coração. Amém!

Modelo 2

NA HORA DA CRISE
João 11

APRENDEMOS QUE O SOFRIMENTO É COMUM A TODAS AS PESSOAS

(v. 5): "Jesus amava Marta, a irmã dela e Lázaro".
O fato de sermos servos de Jesus não serve como garantia de uma vida de facilidades. Jesus deixou isso bem claro (João 16.33): "[...] Neste mundo vocês terão aflições; contudo, tenham ânimo! Eu venci o mundo".

APRENDEMOS QUE JESUS SOFRE COM SEUS AMIGOS

Diante do sofrimento de Marta e Maria, Jesus chorou (v. 35).

Jesus sente o nosso sofrer. Esta realidade nos faz cantar o hino 303 do *Hinário para o culto cristão*:
"Por mais triste que seja o dia, ou a noite sem terminar, quem em Cristo Jesus confia, ainda cantará. *Maravilhoso Cristo, ele ensina minha alma a cantar: um canto de força, coragem e fé, ele ensina minha alma a cantar*".

Aprendemos que a presença de Jesus faz a diferença
Jesus foi chamado (v. 3): "Então as irmãs de Lázaro mandaram dizer a Jesus: 'Senhor, aquele a quem amas está doente'". A presença de Jesus fez cessar o pranto; a tristeza transformou-se em alegria.
Salmos 30.5 diz: "[...] o choro pode persistir uma noite, mas de manhã irrompe a alegria".

Observações:

1. O que aparece como divisões são destaques, que devem ser apresentados com toda a simplicidade para a melhor compreensão da mensagem.
2. O modelo 1 inclui introdução e conclusão, enquanto o modelo 2 apresenta apenas os destaques, falando que aprendemos na hora da crise.
3. A meu ver, não há muita possibilidade de variação no modo de introduzir sermões fúnebres. Tenho aprendido que o melhor mesmo é começar falando do sentimento da ocasião.
4. As ilustrações usadas são bastante breves. No modelo 1, o pastor visitando a senhora enferma, o pastor mencionando a experiência de ver pessoas morrendo. No modelo 2, a ilustração vem da letra de um hino. O modo em que a pesquisa é desenvolvida, entretanto, torna a mensagem agradável, como vimos na observação nº 9, sobre o sermão fúnebre.

IDEIAS DE PREGAÇÃO PARA CULTOS FÚNEBRES

CRIANÇA
Deixem vir a mim as crianças (Lucas 18.15-17)

Eu o dedico ao Senhor (1Samuel 1.28a)

Meu redentor vive (Jó 19.25)

Não haverá mais morte (Apocalipse 21.4)

O perfeito louvor (Salmos 8.2)

ADULTO
Até ser dia perfeito (Provérbios 4.12)

Há algo bem melhor (Romanos 8.18)

Quando o morrer é lucro (Filipenses 1.21)

O que é a vida? (Tiago 4.13-15)

Sem limitações (Apocalipse 21.4)

ADOLESCENTE
Mais que vencedores (Romanos 8.37)

Não está morta, mas dorme (Lucas 8.52)

Não haverá mais dor (Apocalipse 21.4)

Nada nos falta quando ele é o Pastor (Salmos 23)

Para sempre com Deus (Apocalipse 21.3)

ANCIÃO
Despede em paz o teu servo (Lucas 2.29)

Esperança além desta vida (Provérbios 14.32)

Felizes os que morrem no Senhor (Apocalipse 14.13)

Uma casa feita por Deus (2Coríntios 5.1-4)

Suspirando pelos átrios do Senhor (Salmos 84.1,2)

JOVEM
Há esperança além da morte? (Jó 14.14)

Seus caminhos não são os meus (Isaías 55.8,9)

Nossa pátria é no céu (Hebreus 11.16)

O homem vive dias breves (Jó 14.1)

Uma vida bem vivida (Eclesiastes 11.9 —12.1)

NÃO CRENTE
A certeza dos vivos (Eclesiastes 9.5a)

Ao homem está ordenado morrer (Hebreus 9.27)

Deus já provou seu amor (Romanos 5.8)

Deus não poupou seu Filho (Romanos 8.32)

Eu vos aliviarei (Mateus 11.28)

PREGANDO NAS OCASIÕES MARCADAS POR MUITA FESTA

Aniversários

Nos aniversários de crianças, a mensagem deve ser capaz de alcançar a criança e seus amiguinhos, falando ao coração deles. Dependendo da idade da criança, a mensagem poderá ser dirigida aos pais. Já nos aniversários de adolescentes, jovens, adultos e anciãos, a mensagem pode ser dirigida primeiramente ao aniversariante, com alcance aos convidados. É preciso considerar que algumas vezes o culto de aniversário pode assumir um foco evangelístico. Geralmente, os sermões de aniversários são mais num propósito devocional, focalizando a gratidão ao Senhor da Vida.

IDEIAS DE PREGAÇÃO PARA CULTOS DE ANIVERSÁRIOS

CRIANÇA	ADULTO
Arriscou-se para salvar uma vida (Atos 23.12-23)	Aprovado por Jesus (Romanos 16.10)
Desafio aos pais (Provérbios 22.6)	A promessa da presença (Êxodo 33.14)
Esbanjou, e o que tinha acabou (Lucas 15.11-32)	Atraídos pelo amor (Oseias 2.14)
Exemplo de mãe (1Samuel 1.27,28)	Contando os dias (Salmos 9.12)
Ficou do lado de fora (Lucas 15.25-32)	O Senhor ouvirá a minha voz (Salmos 55.17)
Desobedeceu, mas se arrependeu (Lucas 15.11-24)	Que darei ao Senhor? (Salmos 116.12-14)
Levantou-se uma outra pessoa (Atos 9.1-8)	Que é a vida? (Tiago 4.3-15)
O crescimento ideal (Lucas 2.52)	Seja alegre sempre (Filipenses 4.4)
Qual o futuro dele? (Lucas 1.66)	Tempo de buscar ao Senhor (Oseias 10.12)
Um rei criança (2Reis 22.1)	Uma aprendizagem contínua (Oseias 6.3)

ADOLESCENTE	ANCIÃO
Aproveite a mocidade (Eclesiastes 11.9; 12.1)	A oração de um ancião (Salmos 71)
É melhor confiar no Senhor (Isaias 40.30,31)	Aprendi a viver contente (Filipenses 4.11)
Em que pensar? (Filipenses 4.8)	Bom é agradecer (Salmos 92)
Experimentando a vontade de Deus (Romanos 12.1,2)	Iluminação para o caminho (Salmos 119.105)
Lembra-te do teu Criador (Eclesiastes 12.1)	Jesus oferece paz (João 14.27)
Ninguém despreze a tua mocidade (1Timóteo 4.12)	O descanso que Jesus oferece (Mateus 11.28)
Olhando para o alvo (Hebreus 12.1,2)	O meu Deus suprirá (Filipenses 4.19)
O valor da vida (Lucas 12.15-21)	O Senhor não nos desampara (2Timóteo 4.17)
Passos firmes (Salmos 121.3)	Reconhecimento e gratidão (Salmos 116)
Soldados prontos (Efésios 6.10-18)	Vantagens de viver com o Senhor (Salmos 32)

JOVEM	NÃO CRENTE
Coragem para arriscar (Ester 4.14)	Alguém bate à porta (Apocalipse 3.20)
Coragem para dizer não (Daniel 1.8)	Bom é agradecer (Salmos 92.1,2)
Coragem para dizer sim (Isaías 6.8)	Cristo é muito mais (Filipenses 3.7)
Coragem para entregar tudo (João 6.9)	Deus nos dá o melhor (Tiago 1.17)
Coragem para não desistir (Neemias 6.3)	Na casa do Pai é melhor (Lucas 15.11-32)
Coragem para não pecar (Gênesis 39.12)	O plano de Deus e os meus planos (Lucas 12.16-20)
Coragem para não retroceder (João 6.66-71)	O que basta na vida? (João 14.8)
Coragem para ser homem (1Reis 2.2)	O segredo da alegria (Filipenses 4.19)
Coragem para testemunhar (2Reis 5.1-14)	Qualidade de vida (João 10.10)
Coragem para voltar (Lucas 15.11-32)	Vale a pena conhecer Jesus (João 9.25)

Casamentos

O culto de casamento deve ser marcado pela alegria. É um momento oportuno para que a ideia bíblica da família como plano de Deus para a felicidade do homem seja enfatizada. É uma oportunidade também para conselhos aos noivos, que, por extensão, serão válidos para todos os presentes. O pastor precisa lembrar-se de que seus principais ouvintes no culto de casamento são os noivos. A informalidade deve marcar a comunicação da prédica, que deve ser comunicada com um toque poético, parecendo uma conversa do pastor com os noivos — uma conversa a três, que está sendo ouvida por todos. A mensagem no casamento deve ser breve — os noivos estão em pé, cansados e cheios de expectativas. A melhor fórmula para vencer a tentação de dar todos os conselhos aos noivos no sermão do casamento é manter encontros pré-matrimoniais de orientação e aconselhamento com eles.

IDEIAS DE PREGAÇÃO PARA CULTOS DE CASAMENTO

A mulher e o marido (Efésios 5.22-28)	Quando Jesus está presente (João 2.1-11)
Casamento: plano de Deus (Gênesis 2.24)	Suportando e perdoando uns aos outros (Colossenses 3.13)
Deixando o Senhor edificar a casa (Salmos 127.1)	Uma família feliz (Salmos 128.1-4)
Dois é melhor (Eclesiastes 4.9-12)	Um mais um é igual a um (Gênesis 2.24)
O amor acima de tudo (Colossenses 3.14)	Um propósito que vale a pena (Josué 24.15)

Bodas de Prata e Bodas de Ouro

Em qualquer igreja evangélica, deve haver lugar para a realização de cultos festivos, comemorando aniversários de casamento.

Certamente tais comemorações ganham mais sentido a partir do décimo aniversário. Antes dos dez anos de casamento, o melhor será uma comemoração na residência da família ou uma simples menção da ocasião, em um culto da igreja, com o casal e os filhos à frente para uma oração de gratidão. As bodas mais comemoradas são as de prata (25 anos) e as de ouro (50 anos).

IDEIAS DE PREGAÇÃO PARA CULTOS DE BODAS DE PRATA E BODAS DE OURO

BODAS DE PRATA	BODAS DE OURO
Casamento: bênção de Deus (Gênesis 1.28)	Amor, inapagável e imperecível (Cântico dos Cânticos 8.7)
Casamento: plano de Deus (Gênesis 2.18-24)	Casal 20 (Colossenses 3.18,19)
Integridade na família (Salmos 101.2)	A casa construída sobre a rocha (Mateus 7.24-29)
A família tornou-se feliz (Atos 16.30-34)	Um homem e uma mulher (Gênesis 2.18)
Quando Jesus está presente (João 11.1-44)	Um pacto de amor e união (Gênesis 2.24)

Formaturas

Várias são as formaturas nas quais cultos gratulatórios são realizados. Elas são grandes oportunidades para a pregação, uma vez que atraem formandos e familiares ao templo. Os textos e ideias dependem do curso que está sendo concluído. O pregador deve pregar uma mensagem própria à ocasião sem ter, todavia, a preocupação de dar uma aula sobre o assunto. É preciso considerar que formandos, familiares e professores vão ao templo com o propósito de render graças a Deus; os formandos já estão cansados de tantas aulas, os professores já estão formados, e os familiares não estão interessados. Vale considerar também que é preciso muita pesquisa, para que o pregador não fale sem uma boa fundamentação. Uma boa prática é buscar o assessoramento de alguém na área. As mensagens nos cultos de formatura como em todos os demais cultos, devem ser simples, objetivas, diretas e embasadas na Palavra de Deus. Nenhum culto é ocasião para demonstração de conhecimentos do pregador. Pregamos para comunicar as boas-novas, não para mostrar nossos conhecimentos.

IDEIAS DE PREGAÇÃO PARA CULTOS DE FORMATURA

ADMINISTRAÇÃO	ASSISTÊNCIA SOCIAL
Administração participativa (Êxodo 18.14-26)	Andava fazendo o bem (Atos 10.38)
Falhas de um empresário infalível (Lucas 12.16-21)	Ajudando o próximo (Lucas 10.25-37)
Ponha em ordem a sua casa (2Reis 20.1)	Façamos o bem a todos (Gálatas 6.10)
Quando Jesus administra (João 6.1-12)	Fazendo o bem incansavelmente (1Tessalonicenses 3.13)
Um administrador convicto (Neemias 6.3)	Marcas na passagem (Lucas 10.25-37)

DIREITO	ECONOMIA
Advogado da nossa causa (Romanos 8.34)	Além dos resultados do balanço (Lucas 12.16-21)
A lei perfeita (Salmos 19.7)	Economizar com segurança (Mateus 6.19-21)
Jesus, o advogado (1João 2.1)	Fórmula para o lucro (Mateus 6.33)
O Juiz dos juízes (Lucas 18.1-8)	Subtração com força de multiplicação (Lucas 6.38)
Prazer na lei do Senhor (Salmos 1.2; 119.70)	Uma lição de economia (João 6.12,13)

ENGENHARIA/ARQUITETURA

A pedra principal (1Pedro 2.5-8)

Construindo em base firme (Mateus 7.24-27)

Edificação com base sólida (Salmos 127.1)

Sucesso na empreitada (Neemias 4.6-9)

Um só alicerce (1Coríntios 3.11)

FILOSOFIA

A luz da alvorada (Provérbios 4.18)

Do desconhecido ao conhecido (Atos 17.2)

Onde está o sábio? (1Coríntios 1.20)

O que é a vida? (Tiago 4.14)

Sabedoria *versus* loucura (2Coríntios 3.19)

FISIOTERAPIA

Abençoando na passagem (Atos 5.15)

As mãos de Jesus (Lucas 24.39)

Desafiados a fazer o bem (Gálatas 6.10)

O toque do Mestre (Lucas 13.10-17)

Sejam fortes as vossas mãos (2Samuel 2.7, *ARA*)

LETRAS

Além da letra (2Coríntios 3.6)

Cartas de Cristo (2Coríntios 3.3)

Conhecendo as Sagradas Letras (2Timóteo 3.15)

Escritos com um propósito (João 20.31)

Uma carta escrita no coração (2Coríntios 3.2)

MEDICINA/ODONTOLOGIA/ENFERMAGEM

Cura para o indigente (João 5.1-9)

Desafiados a fazer o bem (Atos 10.38)

Mãos que curam (Marcos 5.23)

Médicos precisam de cura (Lucas 4.23)

Médicos são necessários (Lucas 5.31)

MILITARES

A batalha mais difícil (Efésios 6.12)

Capacete e espada (Efésios 6.17)

Estratégia de combate (Filipenses 3.13-16)

Para agradar a quem o alistou (2Timóteo 2.4)

Uma arma mais poderosa (1Samuel 17.45)

MÚSICA

Bom é cantar ao Senhor (Salmos 92.1)

Cantando com alegria (Salmos 126)

Desafiados a cantar com alegria (Salmos 95.1)

O cântico que não foi sufocado (Atos 16.25)

O cântico sufocado (Salmos 137.1-4)

PSICOLOGIA

A terapia do Bom Pastor (Salmos 1)

Fórmula para a aflição (Isaías 41.10)

Por que se preocupar? (Mateus 6.25-30)

Por que estou abatido? (Salmos 42.5)

Queremos ver Jesus (João 12.20-23)

SOCIOLOGIA

Bem-aventurados os pacificadores (Mateus 5.9)

Dupla cidadania (Hebreus 11.16)

Exercendo a cidadania (Jeremias 29.7)

Planos de paz (Jeremias 29.11)

Ricos e pobres (Provérbios 22.2)

PEDAGOGIA

Aprendendo com Jesus (Mateus 11.28,29)

Conheçamos mais e mais (Oseias 6.3)

Desafiados a ensinar (Mateus 28.19,20)

Jesus, o professor excelente (Mateus 7.29)

Um professor inigualável (João 7.45,46)

TEOLOGIA

Aprovados pelo Senhor (2Timóteo 2.15)

Quem enviarei? (Isaías 6.8)

Profeta: sentinela ao lado de Deus (Oseias 9.8)

Seguindo as pisadas do Mestre (1João 2.6)

Sei em quem tenho crido (2Timóteo 1.12)

COMUNICAÇÃO/ JORNALISMO/MARKETING

Anunciando as boas--novas (Lucas 2.10)

Comunicadores da paz (Isaías 52.7)

Comunicando em um tempo de pressa (Habacuque 2.2)

Para proclamar a liberdade (Lucas 4.18)

Uma comunicação corajosa (Isaías 40.9)

Obviamente, surgirão muitas outras ocasiões, alegres e tristes, em que seremos desafiados a falar. A apresentação dessas ideias não pretende esgotar o assunto. Algumas vezes, somos chamados a pregar em ocasiões inimagináveis. Foi o pr. Irland Pereira de Azevedo quem descreveu a mais inusitada das ocasiões para a pregação:

> Fui convidado a participar de um culto ao cadáver, na Faculdade de Medicina da Unicamp. Deveria proferir uma palavra relevante e mostrar a importância do cadáver, provavelmente de um indigente, para os estudos de anatomia dos alunos da faculdade. A lição que assinalei é que podemos (e devemos) servir e ser úteis e abençoar os outros, na vida e na morte.[2]

Os desafios e bênçãos no ministério da pregação se renovam a cada momento. E o único meio de encontrarmos a ideia adequada à nova ocasião é buscando, antes de tudo, a orientação do Senhor da pregação. É ele quem nos mostra o caminho a seguir, quem nos dá a palavra e as condições de comunicarmos em todos os momentos e circunstâncias.

---

[2] Irland Pereira de AZEVEDO, *De pastor para pastores:* um testemunho pessoal, p. 63.

PERGUNTAS DE REVISÃO

1. Quais as principais ocasiões em que um pregador é chamado a anunciar a Palavra?
2. Como o pregador pode manter seu equilíbrio emocional em um sermão fúnebre?
3. Sermões fúnebres devem ser mais longos ou mais breves? Por quê?
4. O pregador deve aproveitar os cultos de formatura e dar uma aula sobre o assunto? Por quê?
5. O que a mensagem em casamentos enseja ao pregador?
6. Qual o único meio de buscarmos a ideia certa para a pregação em cada ocasião?
7. Qual seria a ocasião mais difícil para você pregar? Por quê?

14
Quanto tempo pregar?

O melhor pregador não é o que mais fala, mas o que, falando menos, mais diz; sem ser escravo do relógio, ele considera as necessidades e os problemas dos ouvintes que vivem com pressa em uma sociedade apressada.

Essa indagação é feita muitas vezes nas classes de homilética. O tempo de duração do sermão é assunto ainda velado na maioria dos livros de homilética.[1] Poucos são os livros que abordam tema

---

[1] Em 1991, ao pesquisar o tempo de duração do sermão, nos Estados Unidos, decidi escrever sobre a necessidade da síntese na pregação. Paradoxalmente, seria um longo trabalho, sobre a importância da brevidade no púlpito. Nesse tempo, tive a oportunidade e o privilégio de entrevistar alguns dos mais destacados na área da homilética: Al Fasol, Grant Lovejoy, Harold Freeman, Jesse Northcutt, Jimmie Nelson e Justo Anderson, professores no Southwestern Theological Seminary, em Fort Worth, Texas; James Cox e Raymond Bailey, no Southern Seminary, em Louisville, Kentucky; e Chevis Horne, professor de homilética do Virginia Seminary, em Richmond, Virginia. Além desses, entrevistei também três ex-missionários que por vários anos ensinaram homilética no Brasil: Charles Dickson, James Loyd Moon e Thurmon Bryant. Também entrevistei alguns professores de homilética e pregadores brasileiros, cujos nomes se encontram nas

tão necessário. Certamente o fato de o pastor ser o porta-voz de Deus tem feito com que os estudiosos não fiquem à vontade para tratar dessa questão, mesmo considerando a realidade de pregarmos em uma época de tanta praticidade e escassez de tempo.

Nos primórdios da Igreja, o púlpito ocupou lugar de relevância e destaque; a pregação dos apóstolos e dos pais da Igreja foi proclamada com força e poder. No decorrer da história da pregação, especialmente na época da Reforma, o púlpito foi destacado como importante e respeitado meio de comunicação, em que a Palavra de Deus era lida e interpretada, levando pecadores ao arrependimento e salvos à edificação. A pregação contribuía de modo significativo para a formação dos fiéis.

Olhando os pregadores bíblicos

No trato deste assunto, deve-se considerar o fato de os pregadores bíblicos não terem empregado muito tempo na apresentação de seus sermões. O único sermão prolixo que a Bíblia registra foi proferido por Paulo (Atos 20.7ss). A ocasião era especial: a despedida do Apóstolo, e, como viajaria de madrugada, prolongou seu sermão até a meia-noite. A história não registra quanto tempo teria ele pregado, mas a narrativa deixa claro que o modelo não serve de exemplo. Êutico, que o ouvia, sentado na janela, dormiu, caiu e morreu. Mesmo que Paulo o tenha devolvido com vida àquela congregação, não há muito estímulo para se insistir nesse modelo.

É difícil determinar se os sermões na igreja primitiva e na história da Igreja foram breves ou longos, uma vez que os conceitos

---

notas deste capítulo, enriquecido com seus depoimentos. Sempre que o pensamento de um desses estudiosos é referido, o devido crédito a seus autores é registrado. A eles, a minha gratidão.

de prolixidade e brevidade do passado não são os mesmos de hoje. Blackwood preocupou-se com a indagação: Quanto tempo se deve pregar? E não encontrou, em seu tempo, uma padronização de respostas. Há bem mais de meio século, ele questionou: "É certo que o ritmo de vida hoje é mais rápido que no tempo dos 'Peregrinos', mas, mesmo assim, continua a ser um problema saber até que ponto o púlpito deve ceder ao espírito do século".[2]

Um tempo que passa velozmente

A negligência de alguns pregadores, entretanto, tem feito a pregação perder seu lugar de relevância. O tempo presente é marcado por uma lamentável pobreza na proclamação da mensagem. Há pregadores que assomam ao púlpito sem uma firme interpretação do texto bíblico, sem uma preocupação em contextualizar a mensagem e sem um propósito definido.

Em um tempo de praticidade e pressa, urge que nós, pregadores, não fiquemos estáticos, mas, ao contrário, procuremos nos atualizar de acordo com as exigências do momento e as novas técnicas de comunicação. Sem empregar o tempo necessário à elaboração do sermão, o pregador não produz um trabalho relevante. Assim, fica falando em círculos intermináveis, gastando o precioso tempo dos ouvintes com palavras que, por serem proferidas sem um propósito definido, "são como o metal que soa ou como o sino que tine".

Além do fator tempo

O problema não é simplesmente o tempo de apresentação, mas o conteúdo e o modo em que o sermão é apresentado.

---

[2] A. W. BLACKWOOD, A preparação de sermões, p. 243.

Blackwood declarou: "Os ouvintes não se importam que o pastor fale 25 minutos, desde que tenha algo para dizer e saiba como fazê-lo com eficácia".[3] Um sermão dominical de até vinte e cinco, trinta minutos, quando pregado sob a orientação do Espírito Santo, bem estudado e apresentado com vida e entusiasmo, jamais será classificado como pregação prolixa ou irrelevante.

Sobre o estilo do sermão na atualidade, Lloyd Perry afirmou: "O pregador deve expressar-se com o menor número de palavras possível. Deve esforçar-se por usar não somente palavras com síntese e vida, mas que se encaixem bem no contexto".[4] Irland Pereira de Azevedo declarou: "Qualquer mensagem, independente da forma usada ou do tempo despendido na sua apresentação, sem consonância com a vida será enfadonha".[5]

É o modo em que Deus atua na vida do pregador, para a comunicação da Palavra, não a sabedoria ou capacidade do pregador, que torna o sermão relevante. A Palavra de Deus é clara: "assim também ocorre com a palavra que sai da minha boca: ela não voltará para mim vazia, mas, fará o que desejo e atingirá o propósito para o qual a enviei" (Isaías 55.11).

John Stott declarou que a autoridade da pregação depende da proximidade entre o pregador e o texto bíblico que é exposto.[6] A falta de seriedade no trato do texto bíblico e no preparo tem produzido, de modo geral, sermões desprovidos de base bíblica, conteúdo e desafios. Sem esses elementos, o pregador tende a tornar seu discurso longo e vazio, tomando muito tempo de seus ouvintes e oferecendo pouco ou quase nada em troca. "Os homens não são profundamente influen-

---

[3] A. W. BLACKWOOD, *A preparação de sermões*, p. 244.
[4] Lloyd PERRY, *El Estilo del Sermón en la Actualidad*, p. 54.
[5] Entrevista com Irland Pereira de Azevedo, Recife, abril de 1993.
[6] John STOTT, *O perfil do pregador*, p. 37.

ciados por pensamentos improvisados. Não são eles transportados pela correnteza da eloquência que não sabe aonde vai."[7]

APRIMORANDO A PREGAÇÃO

Sem uma boa comunicação, é difícil uma pregação atraente. "Por mais rico que seja o sermão, uma transmissão inadequada pode interferir no seu alcance. Na era da velocidade e da comunicação por flashes, torna-se necessário transmitir a relevante mensagem na forma de uma relevante pregação".[8] A experiência do profeta Habacuque precisa ser considerada. Ele falou: "Ficarei no meu posto de sentinela e tomarei posição sobre a muralha; aguardarei para ver o que o SENHOR me dirá [...]" (Habacuque 2.1). E completou: "Então o SENHOR me respondeu: 'Escreva claramente a visão em tábuas, para que se leia facilmente'". MT e ARA[9] traduzem: "para que possa ler quem passa correndo". O tempo em que as pessoas passam correndo é chegado.

Quando pregamos em um programa de televisão, sabemos que a apresentação é feita em um tempo determinado. Se você tem seis minutos, deve elaborar o sermão para ser pregado nesse tempo, pois, enquanto prega, o contrarregra está à sua frente, controlando tudo. Quem exceder ao tempo determinado, provavelmente sairá do ar. Precisamos considerar que, mesmo nos templos, em que não somos torturados pelo controle de um contrarregra, precisamos ter cuidado para não torturar os ouvintes que, em sua grande maioria, não têm mais condições de suportar um longo sermão.

Embora Blackwood não fosse um defensor da brevidade, ele via que a pregação enfrentava certo declínio, havendo entre os ouvintes uma reação contra a prolixidade:

---

[7] John Henry JOWETT, *O pregador, sua vida e sua obra*, p. 75.
[8] Entrevista com Ney Ladeia, Recife, janeiro de 1993.
[9] *Melhores Textos*, da Imprensa Bíblica Brasileira; *Almeida Revista e Atualizada*, da Sociedade Bíblica do Brasil.

"Por que os leigos protestam contra sermões muito longos?" — indagava; para dar toda a ênfase na resposta: "Não por causa do comprimento, mas por causa do tédio. Protestam contra a monotonia e a falta de interesse. Não podem gostar de sermões em que não há faíscas".[10]

A CAPACIDADE DE ATENÇÃO DOS OUVINTES

No passado, as pessoas iam ao templo na expectativa de ouvir um longo sermão; elas até desejavam que o pregador falasse muito para colher o máximo de informações. A expectativa hoje é inversa: os ouvintes desejam que o pregador fale o mínimo possível, que tenha o dom da síntese; diga o máximo com o mínimo de palavras.

O pregador precisa estar em dia com a realidade da época e com as técnicas mais modernas de comunicação para procurar pregar de tal modo que atenda às necessidades dos ouvintes; precisa compreender que a atenção não é estática, mas dinâmica.

É como uma criança cujo olhar vagueia do rosto ao chapéu de alguém, e dali para o tapete, ao piso, e logo para as flores num canto, tudo em questão de minutos, e logo, com a mesma rapidez, corre, toma um brinquedo, perde interesse por ele e o coloca de lado.[11]

Quais os fatores que mais prendem a atenção dos ouvintes? As respostas a essa indagação devem nos motivar a uma releitura da nossa pregação.

---

[10] A. W. BLACKWOOD, *A preparação de sermões*, p. 244.
[11] Entrevista com Al Fasol, Fort Worth, Texas, outubro de 1991.

FATORES QUE PRENDEM A ATENÇÃO DOS OUVINTES DURANTE A APRESENTAÇÃO DO SERMÃO

> Objetividade e clareza
> Base bíblica
> Conteúdo
> Modo de introdução da mensagem
> Ilustrações
> Eloquência do pregador

Significa que somos desafiados a pregar sermões realmente bíblicos, com objetividade, clareza e o melhor conteúdo, bem introduzidos e ilustrados, e apresentados com entusiasmo e vida. Quando o pregador "maneja corretamente a palavra da verdade" e prega pelo prazer de ser um instrumento nas mãos do Senhor da pregação, prende a atenção dos ouvintes, e estes não se importam com o relógio enquanto ele prega.

Sobre a curta capacidade de atenção do ouvinte, Harold Freeman menciona a observação de John Stacey:

> Dois dos mais influentes lugares na sociedade são a sala de aulas e o estúdio de TV, e em nenhum desses dois lugares alguém com juízo perfeito sonharia em ficar e falar durante vinte minutos sem parar.[12]

Freeman desafia os pregadores que não simpatizam com essa teoria a, quando estiverem na condição de ouvintes, tentarem perceber quantas vezes seu pensamento vagueia durante a apresentação de um sermão de trinta minutos.[13]

---

[12] Harold FREEMAN, *Nuevas Alternativas en la Predicación Bíblica*, p. 166.
[13] Ibid.

Os meios de comunicação consideram a curta capacidade de atenção dos ouvintes. Nelson Kirst lembra que "ao cabo de 20 minutos o decréscimo na atenção é muito expressivo".[14] A televisão apresenta seus programas em segmentos breves. Quando se tornam mais longos, os ouvintes se aborrecem e mudam de canal. No culto, a realidade não é diferente: quando o pregador se torna prolixo, o ouvinte "muda de canal", transfere seu pensamento para outro assunto, ou simplesmente se desliga das palavras do pregador. O ouvinte tem um "controle-remoto" para *automaticamente se desligar* quando o sermão se torna entediante.

Spurgeon, já em seu tempo, viu essa possibilidade, ao declarar: "Se a mente dos ouvintes estiver vagando longe, não poderá receber a verdade, e é como se estivesse inativa".[15] O pregador precisa se colocar no lugar do ouvinte. Ninguém fica com sua atenção voltada para um longo sermão, a não ser que provenha de um pregador excepcional, com um conteúdo excelente e uma apresentação dinâmica. Para Spurgeon, os ouvintes têm o dever de estar atentos às palavras do pregador, mas este tem ainda maior dever de não apenas conquistar, mas também manter a atenção daqueles.[16] Alejandro Treviño disse que, quando os ouvintes perdem o interesse ou há evidências de cansaço, o pregador deve ter a sensibilidade de terminar, mesmo que tenha de omitir um tópico.[17]

A GRAVIDADE DA SITUAÇÃO

Um tempo de crise

Kirst menciona os fatores que contribuem para a crise da pregação: a deficiência da comunicação; a irrelevância do conteúdo

---

[14] Nelson KIRST, *Rudimentos de homilética*, p. 76.
[15] C. H. SPURGEON, *Lições aos meus alunos*, v. 2, p. 166.
[16] Ibid., p. 167.
[17] Alejandro TREVIÑO, *El Predicador: Pláticas a Mis Estudiantes*, p. 57.

da mensagem; o fato de a pregação ter-se tornado enfadonha e chata, chegando à beira do ridículo; as limitações naturais do pregador; a falta de representatividade dos ouvintes como membros da sociedade; e a concorrência dos outros meios de comunicação de massa.[18] A constatação de que a pregação hoje tem-se tornado enfadonha e chata deve levar os pregadores a se esforçarem na busca da apresentação de um trabalho homilético vivo e dinâmico, capaz de alcançar os ouvintes.

A crise da pregação no momento atual é um fenômeno não apenas evangélico. Falando da pregação na Igreja Católica, Onir Marafon afirmou: "Há uma crise na pregação dominical antes de tudo, porque falta comunicação, ou porque falta saber se comunicar".[19] Cassiano Samanes e Manuel Carretero também criticaram a pregação da Igreja Católica, afirmando que ela está bastante ineficaz. "Alguns afirmam que os pregadores não estão adaptados à vida e que sua linguagem é abstrata e artificiosa. Outros dizem que a pregação não tem conteúdo bíblico e litúrgico".[20] O problema da duração do sermão parece ainda mais preocupante entre os católicos que nos meios evangélicos. Estudo apresentado pelo Celam (Conselho Episcopal Latino-americano), além de declarar que a homilia não deve ser longa, diz que, "nunca deveria passar de dez minutos aproximadamente embora sendo mais curta, desde que substanciosa, os ouvintes agradecerão".[21] Esse mesmo estudo declara que os bons pregadores "conseguem manter os ouvintes atentos por uns bons 15 minutos".[22]

---

[18] KIRST, *Rudimentos de homilética*, p. 23.
[19] Onir M. MARAFON, *Pregação, liturgia e comunicação*, p. 53.
[20] Floristan Cassiano SAMANES & Manuel Useros CARRETERO, *Teología de la Acción Pastoral*, p. 367.
[21] CELAM, *A homilia*, p. 53.
[22] Ibid.

Nas igrejas evangélicas, os fiéis se dispõem a ouvir um pouco mais; no entanto, não por longo tempo. Mesmo para alguns evangélicos, o momento da apresentação do sermão tem-se tornado um tempo indesejável. Os ouvintes que assim pensam recebem a culpa do problema, com o diagnóstico de apatia crônica, agravada por frieza espiritual e falta de discernimento das coisas do Alto. Entretanto, é necessário que se pesquise o assunto com seriedade: se de um lado há ouvintes desinteressados, do outro lado há pregadores despreparados.

No passado, os ouvintes reverenciavam o pregador quase a ponto de idolatrá-lo. Hoje, no entanto, estamos em um novo momento, quando os ouvintes estão aprendendo a exigir seus direitos. Os meios de comunicação de massa, especialmente a TV, têm causado grandes mudanças comportamentais. Antes da televisão, as novas ideias eram propagadas nas reuniões públicas. Era a época em que as pessoas, ávidas por informações, procuravam os comícios, missas e cultos, para se inteirar dos acontecimentos mais recentes, recebendo informação e formação. Nos dias atuais, a TV transmite, ao vivo, os fatos à medida que acontecem.

A comunicação eletrônica e virtual

A televisão alcança mais pessoas, em menos tempo, com mais eficiência e menos desgaste que as reuniões públicas. Nesse contexto, surgiu a chamada *igreja eletrônica*: a cada dia, aumenta mais o número de programas evangélicos na televisão. Várias igrejas, também, transmitem seus cultos ao vivo pela internet. Essa é uma realidade que não pode ser ignorada: cultos televisivos ou virtuais invadem lares, mantendo um considerável número de fiéis com uma opção em participar dessa *igreja eletrônica*, ou *comunidade virtual*, que não lhe impõe responsabilidades, não lhes exige pontualidade (gravados em videocassete ou CDs, os programas podem ser assistidos a qualquer hora), não acompanha sua conduta no dia a dia e ainda lhes oferece cultos e pregações mais atraentes e realizados dentro de um tempo certo.

O pregador neste tempo

O pregador é um comunicador do que Deus quer falar aos homens.

> O pregador não está apresentando uma erudita pesquisa de um texto, nem fazendo exibição de seu próprio conhecimento; ele está tratando com almas vivas e deseja comovê-las, conduzindo-as com ele, guiando-as à verdade.[23]

Para haver pregação, portanto, é preciso haver persuasão. O objetivo da pregação é transmitir a mensagem do amor divino em linguagem compreensível, apresentando desafios que despertem as pessoas a procurarem harmonizar a vida com a vontade de Deus. "O propósito do pregador não deveria ser meramente suprir uma necessidade no domingo de manhã, mas equipar a comunidade para enfrentar necessidades durante toda a semana."[24] A pregação relevante há de considerar os efeitos na vida dos fiéis em termos de salvação e edificação. O pregador precisa cumprir seu papel de evangelista, levando as boas-novas de salvação aos perdidos sem Cristo; precisa ser um profeta, combatendo o erro e apresentando o "Assim diz a Palavra do Senhor"; precisa ser um pastor, aplicando o bálsamo do conforto divino nos que sofrem e carecem de alívio.

---

[23] Martin LLOYD-JONES, *Pregação e pregadores*, p. 66.
[24] Walter L. LIEFELD, *Exposição do Novo Testamento*: do texto ao sermão, 1985, p. 16.

A IMPORTÂNCIA DA BREVIDADE

No fim do século XIX, Broadus observou que já havia impaciência no auditório, quando o culto se tornava mais longo.[25] E acrescentou: "Há assuntos que podem ser muito interessantes e instrutivos por uns 20 minutos, mas para ocupar 30 ou 40 seria necessário introduzir matéria realmente estranha".[26] Se há quase cento e quarenta anos[27] já havia intolerância a cultos longos, o que podemos dizer do momento atual?

É lamentável que, com todo o avanço tecnológico e recursos que a comunicação secular usa, muitos pregadores ainda insistam em pregar sermões longos. Broadus declarou que o tempo médio ideal para a duração de sermões nas cidades deve ser de vinte e cinco a trinta e cinco minutos, sendo sua preferência vinte e cinco minutos.[28] Se Broadus advogou uma pregação de vinte e cinco minutos. Qual deve ser o tempo médio de duração do sermão, dois séculos depois, neste momento de praticidade e pressa?

É óbvio que a realidade brasileira no século XIX era diferente da experiência norte-americana vivida por Broadus, uma vez que no Brasil os fiéis ainda gostavam de ouvir sermões longos. Hoje, com exceção de algumas cidades interioranas, onde o progresso ainda não se faz tão presente, os ouvintes preferem sermões breves. As pessoas têm seu tempo todo cronometrado: não há disponibilidade de tempo extra para se gastar; como sabemos, a pressa e a praticidade são marcas da época, e o sermão não pode ficar alheio às características do momento.

---

[25] John BROADUS, *O sermão e seu preparo*, p. 368.
[26] Ibid, p. 369.
[27] A primeira edição desse livro de John Broadus data de 1870.
[28] Ibid.

Clareza e vigor estilístico

Lloyd Perry declarou: "A brevidade promove o vigor estilístico. Esse vigor ou dinamismo depende da escolha de palavras, do número de palavras e de como são elas ordenadas".[29] É impossível continuar insistindo num modelo prolixo de sermões. Ele menciona a crítica do teólogo alemão Bastian, que chegou a dizer: "Em termos de técnica de informação, a prédica ocupa o mesmo lugar que a lâmpada de querosene na área da técnica da iluminação".[30]

Spurgeon disse: "A brevidade é uma virtude que está ao alcance de todos nós; não percamos a oportunidade de ganhar o crédito que ela traz".[31] Santiago Fontanez ressaltou a importância da brevidade, ao declarar que o pregador, para falar bem, precisa firmar o propósito de expressar-se de modo claro e conciso.[32]

Um dos maiores exemplos da importância da síntese que a História registra está no famoso discurso de Lincoln em Gettysburg, no ano de 1863. Essa localidade havia sido palco de uma das mais duras batalhas da Guerra de Secessão, nos Estados Unidos. Nesse dia, no cemitério, em homenagem aos heróis, o grande orador Edward Everett falou por mais de duas horas. Depois Lincoln apresentou, em menos de dez minutos, sua profunda mensagem.[33] Hoje, ninguém menciona o longo discurso de Everett; entretanto, o breve discurso de Lincoln tornou-se inesquecível.

---

[29] Lloyd PERRY, *El Estilo del Sermón en la Actualidad*, p. 57.
[30] Ibid., p. 23.
[31] SPURGEON, *Lições aos meus alunos*, p. 177.
[32] Santiago Soto FONTANEZ, *Predicación y Cultura: El Legado de la Tradición Hispánica*, p. 101.
[33] Hélio SODRÉ, *História universal da eloquência*, p. 350.

Vantagens da brevidade

O pregador que não se delonga no púlpito tem mais condições de atrair e manter a atenção dos seus ouvintes e menos risco de divagar na apresentação de suas ideias. Fausto Aguiar de Vasconcelos diz que "a brevidade na pregação é mais adequada ao intenso ritmo de vida, em que as pessoas procuram não apenas utilizar bem o tempo, mas procuram o que é instantâneo".[34] Para ele, a insistência em um modelo prolixo de pregação está na falta de sensibilidade para com o momento e o processo histórico atual:

> A televisão revolucionou a comunicação porque ela conseguiu aliar a imagem ao som. No púlpito, também, o pregador está sendo visto e ouvido, mas os pregadores não têm como concorrer com a televisão porque ela, em poucos segundos, lança um comercial que entra na cabeça das pessoas e fica. Para o pregador reter a atenção dos ouvintes hoje, é preciso não apenas muita capacidade, mas também sensibilidade. É preciso ser sensível ao fato de que é um verdadeiro milagre que pessoas acostumadas a mensagens de vinte a trinta segundos se assentem durante trinta minutos para ouvir um pregador.[35]

Justo Anderson afirmou:

> Na pregação cristã contemporânea, a brevidade é uma joia que o pregador deve guardar como algo precioso. Lamentavelmente, é uma vantagem que muitos pregadores não têm aproveitado.[36]

---

[34] Entrevista com Fausto Aguiar de Vasconcelos, Recife, maio de 1992.
[35] Entrevista com Fausto Aguiar de Vasconcelos, Recife, maio de 1992.
[36] Entrevista com Justo Anderson, Fort Worth, Texas, agosto de 1991.

A síntese na pregação, entretanto, é algo a ser usado com todo o cuidado e responsabilidade. Um sermão não será bom simplesmente por ser breve.

O desafio é trabalharmos a brevidade sem prejuízo do conteúdo e do alcance da mensagem. A meu ver, o maior perigo na prática da brevidade no púlpito é a supressão de matéria essencial à compreensão da mensagem pregada. Quando isso acontece, a relevância da comunicação é comprometida. Por essa razão, um sermão a ser pregado em menos tempo exige mais tempo de preparo. Neste sentido, a máxima "Mais tempo no gabinete, menos tempo no púlpito", é bem apropriada.

Perigos na brevidade

Jamais, em nome da síntese, o texto básico deve ser esquecido. O bom sermão, independentemente do tempo de sua duração, tem a capacidade de trazer o texto para os ouvintes, contextualizá-lo e aplicá-lo às necessidades e aos anseios do auditório. Não é o fato de ter um texto e trabalhá-lo que alonga o sermão, mas a escolha de um texto excessivamente longo, cuja leitura toma muito tempo. Quando o pregador lê o seu texto, assume diante de Deus e das pessoas que o ouvem o compromisso de trabalhá-lo.

Outro fator prejudicial à brevidade é uma interpretação inadequada do texto básico. Ouvi um pregador falar sobre a realidade de que Deus responde às orações dos que a ele clamam. Houve dificuldade na comunicação da verdade central pretendida no sermão, porque ela não tinha o mesmo foco textual. O texto afirma: "Que o Senhor te responda no tempo da angústia; o nome do Deus de Jacó te proteja! Do santuário te envie auxílio e de Sião te dê apoio" (Salmos 20.1,2).

A ideia central desse texto não é a afirmação de que Deus responde, mas a declaração do desejo do salmista Davi de que

Deus respondesse no tempo da angústia. Teria sido mais prático trabalhar um texto que expressasse exatamente o que o pregador achava ser necessário a seus ouvintes na ocasião. Boa sugestão seriam os versículos que abrem o salmo 46:

> Deus é o nosso refúgio e a nossa fortaleza, auxílio sempre presente na adversidade. Por isso não temeremos, ainda que a terra trema e os montes afundem no coração do mar, ainda que estrondem as suas águas turbulentas e os montes sejam sacudidos pela sua fúria (Salmos 46.1,2).

O transporte do texto do passado (tempo em que foi escrito) ao presente (tempo em que é explanado) é outro fator de grande importância para a objetividade e a síntese no púlpito. Quando um texto narra o relacionamento marital, é melhor não forçá-lo, trazendo-o para ser aplicado ao relacionamento com Deus.

Observe os exemplos no quadro a seguir, que focaliza os seguintes personagens e textos:

1. Rebeca — esposa de Isaque (Gênesis 27.5-29);
2. Elcana — esposo de Ana (1Samuel 1.8);
3. Vasti — a rainha deposta pelo rei Xerxes (Ester 1.10-21);
4. Ester — a nova rainha, sucessora de Vasti (Ester 5).

IDEIA CENTRAL	APLICAÇÃO EQUIVOCADA	APLICAÇÃO ADEQUADA
Rebeca arquitetou um plano para enganar seu marido e desviar a bênção para Jacó.	A mulher cristã não deve querer enganar o seu Deus.	A mulher nunca deve querer enganar seu marido.

Elcana tinha especial cuidado com Ana e procurava confortá-la em sua tristeza.	Deus dedica cuidado especial a seus filhos.	**O marido deve dedicar cuidado especial a sua esposa.**
Desobedecendo ao chamado do rei, Vasti o afrontou e perdeu a condição de rainha.	A mulher cristã jamais deve afrontar Deus.	**A mulher jamais deve afrontar seu marido.**
Sábia em seu relacionamento com o rei, Ester alcançou a libertação de seu povo.	A mulher deve ser sábia em seu relacionamento com Deus.	**A mulher deve ser sábia em seu relacionamento com seu marido.**

As realidades apresentadas como aplicação equivocada não se tratam de heresias ou inverdades. É indiscutível que: jamais alguém deve enganar a Deus; Deus tem cuidado especial com seus filhos; cristãos jamais devem afrontar Deus; precisamos ser sábios no relacionamento com Deus. Entretanto, tais premissas precisam e devem ser apresentadas no púlpito, mas com base em textos (ou personagens) que lhes permitam um transporte natural.

Outro grande perigo da síntese no púlpito é a demasiada redução das ilustrações e do material de aplicação, tornando a mensagem árida e impessoal. O que torna o sermão longo não são as ilustrações em si, mas o excesso de detalhes que não apenas alongam a mensagem, mas fazem o pregador sair do foco de seu assunto, caindo em divagação, que desmotiva o ouvinte a continuar prestando atenção. Uma ilustração não precisa ser longa para ser boa. As melhores ilustrações são breves e têm capacidade de tornar a tese do sermão mais clara.

A constatação desses perigos tem gerado resistência em vários pregadores e servido de justificativa para um trabalho homilético distante da capacidade de atenção dos ouvintes. Eles não devem, porém, servir como desculpa para a insistência em modelo prolixo. Ao contrário, devem servir como motivação para maior afinco na elaboração de sermões objetivos e sintéticos, com conteúdo e apresentação capazes de atrair os ouvintes.

A insistência no modelo prolixo

Croft Pentz declarou: "Alguns pastores não sabem parar quando de fato já terminaram. Um sermão não precisa ser interminável para ter valores eternos".[37] Thurmon Bryant afirmou que "a prolixidade no púlpito podia ser causada pelo costume do pastor de ficar falando às ovelhas e por gostar de ficar diante delas ministrando-lhes a Palavra".[38] Ele achava que por isso não era fácil quebrar esse costume. A tarefa de abreviar a mensagem talvez seja complicada para alguns pastores, tendo em vista a dificuldade de expressar um pensamento em poucas palavras. Ele lembrava que

> a televisão está acostumando as pessoas a receber mensagens em poucas palavras, em pouco tempo, e com esse mesmo espírito entram no templo para ouvir a mensagem de Deus. O problema é que os pastores não se convenceram disso ou não querem se conformar com tal realidade e assim não abreviam a mensagem.[39]

Chevis Horne via no treinamento recebido por alguns pastores a causa de sua prolixidade. Uma vez que receberam influência de pregadores prolixos, pregam assim e acham que essa é a melhor maneira de proceder.

---

[37] Croft M. PENTZ, *I Preach Too Long*, p. 32.
[38] Entrevista com Thurmon Bryant, Richmond, outubro de 1991.
[39] Ibid.

Para alguns pregadores, o evangelho tem valor demais para ser encurtado num breve sermão e, pregando sermões breves, poderiam ser acusados por seus ouvintes de não estarem dando o devido valor à pregação.[40]

O pensamento de Al Fasol é que os pregadores prolixos não têm sido sensíveis às mudanças da sociedade atual".[41] Raymond Bailey acha que o problema está no "gueto da religião", onde muitos pregadores tentam adaptar a cultura ao "gueto", não o contrário. Esse fenômeno, segundo Bailey, pode causar problemas em se alcançar a população de fora com sermões prolixos. "Essa é a grande fraqueza da comunidade evangélica contemporânea: esperar que o povo de fora se adapte totalmente à sua realidade, quando ela não se ajusta à realidade desse povo."[42] Harold Freeman concorda com Bailey e diz que "a razão de alguns pregadores insistirem em pregar sermões longos é a falta de sintonização com sua cultura. Seu conceito de pregação foi formado por pregadores de outras épocas".[43]

Mais tempo no gabinete, menos tempo no púlpito

Muitos pregadores acham que pregar breve é dizer pouco. Os sermões breves, todavia, são os que mais exigem do pregador, uma vez que, além de cuidadosa elaboração, demandam criteriosa seleção. Para ser breve, e ao mesmo tempo profundo e objetivo, o pregador terá de dispor de mais tempo na elaboração. Spurgeon declarou: "Se me perguntarem o que fazer para encurtar os sermões, eu lhes direi: estudem-nos melhor. Passem mais tempo no gabinete, para que necessitem de menos

---

[40] Entrevista com Chevis Horne, Richmond, outubro de 1991.
[41] Entrevista com Al Fasol, Fort Worth, outubro de 1991.
[42] Entrevista com Raymond Bailey, Louisville, outubro de 1991.
[43] Entrevista com Harold Freeman, Fort Worth, setembro de 1991.

tempo no púlpito".[44] Este é o desafio aos pregadores do terceiro milênio: gastar o máximo de tempo no preparo e o mínimo de tempo na apresentação.

Para Jimmie Nelson, a insistência na pregação prolixa acontece porque a brevidade exige mais preparo.[45] Com efeito, o despreparo faz pregadores falarem em círculos intermináveis, indo do Gênesis ao Apocalipse, e dizendo em muitas palavras pouca coisa de relevância e edificação. Essa constatação levou Croft Pentz a denunciar: "Se os sermões de alguns pregadores fossem impressos como pregados, não venderiam, pois o que mais existe neles é repetição, perambulação e irrelevância".[46]

Grant Lovejoy, falando sobre a insistência na prolixidade, enfatiza o aspecto da contracultura e da tentativa de se voltar às raízes. Para ele, há duas tendências básicas: os que tentam se opor à cultura e os que a ela se apegam. Desse modo, o pregador que gasta quarenta minutos ou mais pregando um sermão expositivo é aquele que considera correta a atitude de ir na contramão do que é feito hoje. Outro grupo é formado pelos pregadores que procuram harmonizar todo o serviço religioso com o relógio. Eles têm um tempo para cada parte no culto; cronometram tudo porque acham que as pessoas a serem alcançadas se manterão atentas por tempo limitado.[47]

Para David Mein,[48] alguns pregadores falam muito por querer mostrar sua sabedoria; outros, porque acham que se não falarem

---

[44] SPURGEON, *Lições aos meus alunos*, p. 177.
[45] Entrevista com Jimmie Nelson, Fort Worth, setembro de 1991.
[46] PENTZ, *I Preach Too Long*, p. 32.
[47] Entrevista com Grant Lovejoy, Fort Worth, agosto de 1991.
[48] David Mein foi reitor do Seminário Teológico Batista do Norte do Brasil, no Recife, por mais de trinta anos. Pastoreou várias igrejas no nordeste do Brasil. Seus sermões raramente ultrapassavam a marca dos quinze minutos.

por mais de trinta minutos não terão dito nada; outros, porque abusam do uso de sinônimos.[49]

COMO ELABORAR SERMÕES BREVES

A melhor maneira de tornar o sermão breve, sem prejudicar sua unidade e dando-lhe excelente base bíblica, é por meio da elaboração de uma tese ou proposição central. Para Grant Lovejoy, "o primeiro passo para o pregador se desenvolver na arte da brevidade é saber exatamente o que deseja falar, é ter uma tese".[50] Jowett confessou ser essa tarefa o mais difícil, exigente e frutuoso trabalho de seu gabinete. E afirmou: "Nenhum sermão está pronto para ser pregado, nem pronto para ser publicado, enquanto não nos for possível expressar seu tema numa breve e fecunda sentença, tão clara como o cristal".[51] É com base na tese que o pregador chega ao propósito específico sem desperdício de tempo e com mais possibilidade de alcançar seus ouvintes.

Fred Spann afirmou que "assim como o médico não precisa dar uma aula de medicina para esclarecer e ajudar o paciente, mas conversar com ele de modo claro e direto, o pregador também deve pregar de modo objetivo, a fim de alcançar as necessidades de seus ouvintes". E continua: "O pregador que não é objetivo na pregação está trabalhando como o caçador que atira sem ter um animal na mira".[52] Usando a figura bíblica do semeador, Irland Pereira de Azevedo declarou: "O pregador que fala para não ser entendido faz o jogo do Maligno, ao per-

---

[49] Entrevista com David Mein, Valdosta, agosto de 1991.
[50] Entrevista com Grant Lovejoy, Fort Worth, Texas, agosto de 1991.
[51] JOWETT, *O pregador, sua vida e sua obra*, p. 89.
[52] Entrevista com Fred Spann, Recife, março de 1993.

mitir que a semente seja destruída, porque lançada à beira do caminho".[53]

James Loyd Moon apontou a necessidade de disciplina do pregador como fator importante para conseguir sermões breves e objetivos. Para ele, a causa principal da insistência em sermões prolixos está na falta de preparo e disciplina.

> O pregador deve saber que é preciso gastar muito tempo para diminuir o sermão; que ele jamais pode incluir todo material num só sermão. E selecionar o material a ser usado no púlpito exige muito trabalho.[54]

Harmonia entre púlpito e bancos

O pregador precisa ser sábio para levar em consideração como as pessoas reagem no santuário: púlpito e bancos precisam estar na mais perfeita sintonia. "Lutero não se cansa de acentuar que a perspectiva do ouvinte é um dos fatores determinantes na prédica".[55] O bom pregador vê não apenas quando seu auditório está atento e acompanhando a mensagem, mas quando está inquieto, dispersivo e sonolento. E essa segunda constatação deve levar o pregador a interessar-se em analisar a relevância de seu trabalho homilético, procurando melhorar sua pregação, a ponto de atrair o auditório.

Isaltino Gomes Coelho Filho, considerando o fato de as pessoas viverem hoje a época do *fast-food* e da televisão, quando há mais interesse em imagens que com palavras, afirma:

---

[53] Entrevista com Irland Pereira de Azevedo, Recife, abril de 1993.
[54] Entrevista com James Loyd Moon, Huntsville, Alabama, outubro de 1991.
[55] KIRST, *Rudimentos de homilética*, p. 177.

A não ser que o pregador tenha uma capacidade muito grande de criar figuras mentais e manter o auditório ocupado, depois de vinte minutos os ouvintes já estarão com a mente vagueando. Um sermão com mais de vinte minutos estará fadado ao fracasso.[56]

A falta de preparo tem levado pregadores a falar em círculos intermináveis, indo do Gênesis ao Apocalipse, com muitas palavras, dizendo pouca coisa que vale a pena ouvir.

Aprimorando a comunicação

Uma boa comunicação requer que os pastores estejam atentos à necessidade de concisão. "Estender-se na homilia é índice de pouca comunicação e de ruptura de harmonia na celebração".[57] O caminho para brevidade com profundidade é a objetividade. Para ser breve, sem perder a relevância, o pregador deverá ser objetivo. Stafford North destaca a concisão como ingrediente final da objetividade: "A verbosidade obscurece a compreensão do ouvinte e no geral não passa de um subterfúgio para a falta de preparo do pregador".[58] James Braga aponta a verbosidade como uma das falhas mais comuns do pregador, levando sermões que poderiam ser breves a se tornarem prolixos. "O perigo disso é o cansaço da congregação. O povo pode parecer reverente e respeitoso, mas é de duvidar que continue tão atencioso e interessado como na primeira parte do sermão."[59] Irland Pereira de Azevedo reconhece a função da objetividade na pregação relevante e breve: "A brevidade é

---

[56] Entrevista com Isaltino Gomes Coelho, São Paulo, janeiro de 1993.
[57] CELAM, *Comunicação:* missão e desafio, p. 270.
[58] Stafford NORTH, *Pregação, homem & método*, p. 136.
[59] James BRAGA, *Como preparar mensagens bíblicas*, p. 145.

um dever do pregador hoje, não simplesmente para agradar o auditório, mas porque a objetividade é indispensável".[60]

O pregador deve se esforçar para tornar sua mensagem objetiva. Nascimento Pereira diz que a mensagem clara atinge o ouvinte de modo direto, tornando mais fácil a assimilação e a incorporação dos valores pregados ao sistema de valores do indivíduo. "A mensagem vazada em linguagem popular atinge uma quantidade enorme de receptores, já que os sinais ou símbolos são aqueles usados no cotidiano".[61] Azevedo adverte:

> Objetividade na pregação não significa anatomia bíblica. A Palavra precisa passar pelo pregador para alcançar o ouvinte; e quanto mais essa Palavra alcança e abençoa o pregador, mais tem condições de alcançar e abençoar os ouvintes.[62]

North oferece uma fórmula para alcançar a clareza: "palavras exatas, concretas, supressão de detalhes específicos e o desenvolvimento da concisão".[63] Uma vez que a pregação bíblica é uma mensagem de impacto, o pregador precisa ser hábil em escolher palavras certas. Jesus foi um especialista em brevidade, capaz de causar impacto em sua pregação. Sua primeira mensagem foi simples e concisa: "O tempo é chegado [...]. O Reino de Deus está próximo. Arrependam-se e creiam nas boas-novas" (Marcos 1.15). O apelo que ele fez aos primeiros discípulos caracterizou-se também pela síntese e objetividade: "[...] Sigam-me, e eu os farei pescadores de homens" (Marcos 1.17). Seu desafio ao moço rico foi breve e objetivo: "[...] Vá, venda tudo o que você possui e dê

---

[60] Entrevista com Irland Pereira de Azevedo, Recife, abril de 1993.
[61] José Maria Nascimento PEREIRA, *Fundamentos psicológicos da comunicação*, p. 131.
[62] Entrevista com Irland Pereira de Azevedo, Recife, abril de 1993.
[63] NORTH, *Pregação, homem & método*, p. 136.

o dinheiro aos pobres, e você terá um tesouro no céu. Depois, venha e siga-me" (Marcos 10.21). "A pregação hoje precisa ser forte, com a capacidade de impactar o ouvinte, a fim de que fique gravada por ele".[64]

Para muitas pessoas, sendo o pregador um porta-voz de Deus, ele não pode ficar limitado ao relógio. Felizmente, algumas poucas vozes, porém expressivas, de estudiosos da pregação, têm-se levantado, procurando alertar os pregadores para a importância da brevidade. Desde a Reforma do século XVI, gritos de alerta, nem sempre ouvidos, têm ecoado procurando despertar os pregadores quanto ao perigo da prolixidade. Lutero afirmou: "Dizer muito com poucas palavras, de modo correto e breve, é uma arte e grande virtude, mas dizer nada com muita conversa é idiotice".[65]

Alejandro Treviño lembrou: "O sermão geralmente não deve ser longo. Os pregadores devem ter sempre em mente que seus ouvintes jamais se cansam de ouvir sermões breves, mas de ouvir sermões longos".[66] Herculano Gouvêa Jr. recomendou: "Prega sugestivamente e não exaustivamente".[67] Kirst advertiu:

> Quem se ocupa com a confecção de prédicas, precisa levar em consideração a capacidade dos ouvintes de prestar atenção, assim como as manifestações de cansaço que resultam da duração do culto e da própria prédica.[68]

Drakeford falou com humor da desvantagem do pregador prolixo. Ele contou de Mark Twain, que estava sentado ouvindo a mensagem de um missionário. Enquanto o ouvia, planejou:

---

[64] Entrevista com Raymond Bailey, Louisville, Kentucky, outubro de 1991.
[65] KIRST, *Rudimentos de homilética*, p. 182.
[66] TREVIÑO, *El Predicador: Pláticas a Mis Estudiantes*, p. 56.
[67] Herculano GOUVÊA JR., *Lições de retórica sagrada*, p. 99.
[68] KIRST, *Rudimentos de homilética*, p. 75.

"Vou dar uma oferta de 100 dólares para este homem, que ele merece". Como o missionário prosseguiu falando por mais tempo, resmungou: "Vou dar só 50 dólares". O sermão alongou-se mais, e ele reduziu sua oferta para 10 dólares. Como demorou alguns minutos até que o pregador finalizasse, quando a bandeja passou, Twain colocou ali uma nota de 5 dólares.[69]

As pessoas vivem hoje o que Domenico Grasso denominou de inflação da palavra:

> Nos tempos passados, o pregador conservava o monopólio da palavra; hoje, não. O homem contemporâneo sofre de um autêntico bombardeio de palavras que o leva a colocar tudo num mesmo nível, até mesmo a Palavra de Deus.[70]

É preciso que os pastores preguem com relevância a Palavra do Senhor para que jamais ela venha a ser colocada no mesmo nível das palavras que bombardeiam os ouvintes.

Prócoro Velasques Filho, falando das marcas que, segundo a tradição evangélica, fazem um bom sermão, mencionou:

> Um bom sermão não deve ser muito breve. Deve durar entre trinta e cinquenta minutos. Uma duração menor é interpretada como falta de entusiasmo, de preparo ou de convicção por parte do pregador, o que pode lhe custar caro.[71]

Apesar desse pensamento tradicional, o pregador sábio precisa ser corajoso para optar pela síntese em seu trabalho homilético.

---

[69] John W. DRAKEFORD, *El Humor em la Predicación*, p. 37.
[70] Domenico GRASSO, *Teología de la Predicación*, p. 19.
[71] Antônio Gouvêa de MENDONÇA & Prócoro VELASQUES FILHO, *Introdução ao protestantismo no Brasil*, p. 160

Devemos nos lembrar que não é pelo volume de palavras que as pessoas são persuadidas. Precisamos ser humildes para, ao descobrir nossas deficiências, colocarmo-nos nas mãos do Senhor da pregação, pedindo-lhe misericórdia e auxílio para transmitirmos a Palavra com atualidade e vida.

PERGUNTAS DE REVISÃO

1. Como pensar na brevidade além do fator tempo?
2. De que modo a pregação de Jesus serve de exemplo à síntese no púlpito?
3. Qual a relação entre o momento atual e a necessidade de sermões breves?
4. Mencione alguns perigos da brevidade na pregação.
5. Quais as vantagens da pregação breve?
6. O que fazer para pregar sermões breves?
7. Como você vê a questão do tempo de apresentação do sermão?

15
A ética no púlpito

Uma das marcas distintivas do sermão é a vida de quem o prega; se a pregação não for autenticada pela vida do pregador, suas palavras, por mais eloquentes que pareçam ser, serão simples exibição.

O discurso na atualidade tem sido marcado pela falta de ética. Em especial na esfera política, há uma discrepância entre o que se fala e o que se vive. Mais triste ainda é constatarmos que a distância da tribuna ao púlpito vai se encurtando a cada dia. Findou-se o tempo quando o discurso religioso tinha um selo de proteção, advindo da moral dos pregadores. Hoje quase não se ouve mais a velha frase: "no púlpito, é diferente".

Onde quer que as pessoas estejam, a ética se faz necessária. São os princípios éticos que garantem a boa convivência. A ética se preocupa em estabelecer o que é moralmente correto em todas as áreas. "A integridade é a base fundamental da credibilidade de todo e qualquer profissional, independente do campo de atuação".[1]

---

[1] Sérgio MATTOS, *Ética na comunicação*. Disponível em: <http://smattos.blog.com/203357/>. Acessado em: 7 de setembro de 2006.

E a pregação, uma atividade humana que exige total excelência, é uma das áreas em que a ética se faz mais necessária: há muito o que se aprender sobre a ética no púlpito.

A realidade é que a pregação evangélica há de ser elaborada e praticada considerando a liberdade dos ouvintes e a responsabilidade do pregador. Como proclamação da Palavra de Deus para alcançar corações aflitos e necessitados, a comunicação no púlpito, mais que qualquer outro discurso, não pode prescindir da ética. Gardner afirmou que "a ética pressupõe liberdade e responsabilidade, e está, pela mesma razão, preocupada direta ou indiretamente com todos os atos livres do homem".[2]

Pregação e ética

A ética e a homilética andam juntas. A ética cristã é a resposta à atividade divina,[3] e a pregação é a comunicação da verdade divina. "A ética cristã se baseia na teologia cristã e deriva seu conteúdo dessa fonte".[4] A pregação tem sua base na Palavra, objetivando mudanças comportamentais, o que a torna em um discurso ético, tanto que Lloyd-Jones referiu-se à pregação como teologia em chamas.[5] Calvino foi bastante enfático ao declarar: "É quase impossível enxergar o volume de prejuízo causado pela pregação hipócrita, cujo único alvo é a ostentação e o espetáculo vazio".[6]

É pela importância da ética na pregação que este livro começa com uma abordagem ética, uma vez que o capítulo 1 enfatiza

---

[2] E. C. GARDNER, *Fé bíblica e ética social*, p. 20.
[3] Ibid., p. 197.
[4] Ibid., p. 34.
[5] D. Martin LLOYD-JONES, *Pregação e pregadores*, p. 70.
[6] Hermisten COSTA, *Pensadores cristãos*: Calvino de A a Z, p. 273. Apud João CALVINO, *O livro dos Salmos* (Salmos 30.7), vol. 1, p. 633.

os compromissos do pregador, particularizando a necessidade de levarmos a sério o Senhor da Palavra, a Palavra do Senhor, os limites da mensagem e os ouvintes. Este capítulo trata de detalhes específicos sobre o comportamento do pregador que precisam ser enfatizados. Para um enfoque mais relevante e atual, foram ouvidas opiniões de pregadores e leigos sobre o assunto.

O QUE VEM A SER ÉTICA NO PÚLPITO?

Cento e vinte e sete ouvintes e pregadores foram entrevistados,[7] respondendo a quatro questões sobre a ética no púlpito. A primeira indagação foi: Na sua opinião, o que vem a ser ética no púlpito? As várias respostas oferecidas foram divididas em seis diferentes grupos, que são aqui inseridos pelo índice de ocorrência:

O caráter do pregador

A ética na pregação e o caráter do pregador andam juntos, tanto que o maior número de indicações nas respostas dos entrevistados indica que a ética no púlpito está relacionada com a coerência entre o que é pregado e a vida de quem prega. A maior expectativa dos ouvintes é constatar consonância entre palavras e vida. Ética no púlpito é:

1. Agir dignamente como cidadão, como homem, como marido, como pai, como pastor. Estar atento às normas de honestidade e integridade em relação às fontes, pessoas e material homilético, além de demonstração

---

[7] Registro uma palavra de gratidão a todos os pregadores e ouvintes que responderam às questões dessa pesquisa. De modo especial, ao pr. Elias Teodoro da Silva, que, gentilmente, aplicou-a a seus alunos no Seminário Teológico Batista Equatorial, em Belém, Pará.

de aptidão moral, espiritual e intelectual para a prática da pregação.
2. Desprezar toda lisonja que desvie a glória devida só ao Senhor da pregação.
3. Evitar toda e qualquer informação ou história de veracidade questionável.
4. Manter a transparência e a coerência, para que a vida do pregador autentique a pregação.
5. Manter um padrão de comportamento, palavras e atitudes capazes de nortear a vida do pregador não só fora do púlpito, mas principalmente nele.
6. Mostrar para a igreja uma vida segundo o coração de Deus, de tal modo que a pregação não frustre os ouvintes.
7. Refletir no púlpito o mesmo padrão elevado que deve viver fora dele.
8. Saber aproveitar o tempo e a inspiração divina para comunicar as verdades bíblicas usando de lisura e honestidade para consigo próprio e para com os ouvintes.
9. Seguir os princípios ensinados por Jesus, moldando o caráter segundo o exemplo dele.
10. Ser honesto para jamais pregar um esboço de outro pregador como sendo seu.
11. Ser humilde a respeito de si mesmo, com a capacidade de enaltecer a vida de alguém que muito lhe marcou a vida, sobretudo em caráter e dignidade.
12. Ser verdadeiro no uso de ilustrações, jamais apresentando experiências de outros pregadores como se fossem por ele vividas.
13. Ter a hombridade de reconhecer erros pessoais ou de sua prática ministerial, de modo voluntário e sem sofrer pressão para fazê-lo.

14. Ter comportamento exemplar, tanto na igreja quanto fora dela.

Respeito aos ouvintes

A ética no púlpito está relacionada também ao respeito que o pregador dedica a seus ouvintes. Esse foi o segundo bloco de respostas mais significativas. Ética no púlpito é:

1. Adotar uma postura equilibrada de respeito e integridade para com os ouvintes.
2. Pôr em prática a lei áurea enquanto ocupe o púlpito.
3. Evitar abordar assuntos pessoais dos membros da igreja, citar nomes, dar exemplos pessoais, fazer perguntas que constranjam as pessoas na congregação a responder confirmando ou não uma ação "desejável", entre outros comportamentos que denotam despreocupação com a liberdade e o bem-estar da igreja como um todo e de seus membros, congregados e visitantes, em particular.
4. Evitar o que possa ferir as pessoas, seja em âmbito individual, seja em âmbito coletivo.
5. Manter a consonância da mensagem com a vida.
6. Respeitar a individualidade dos membros, congregados e visitantes.
7. Respeitar a opinião de terceiros, possibilitando o crescimento do próximo sem prejuízo a outros.
8. Respeitar os que pensam de modo diferente.
9. Preservar em sigilo experiências de aconselhamento pastoral, e não usá-las como exemplo em sua pregação.

10. Saber falar sobre dízimo sem uma postura agressiva, principalmente para com os que não são dizimistas.
11. Ter a capacidade de falar evitando ferir os princípios, sentimentos e valores dos ouvintes.
12. Ter coerência entre palavras e vida do pregador.

A teologia do pregador

A ética no púlpito é vista de igual modo na teologia do pregador. Vários entrevistados indicaram a importância desse foco para a compreensão do que vem a ser ética no púlpito:

1. Comunicar a pregação dentro do objetivo que Cristo ensinou.
2. Expor a Palavra de Deus, sem deturpar o que nela está escrito.
3. Expor a Palavra, somente a Palavra e nada mais que a Palavra.
4. Ministrar a verdade bíblica corretamente.
5. Observar os princípios bíblicos e as práticas aceitos pelo grupo denominacional a que pertence.
6. Pregar as verdades contidas na Bíblia.
7. Pregar de tal modo que o evangelho seja desenvolvido, de acordo com o testemunho de Jesus, como o maior exemplo de padrão ético.
8. Saber transmitir com arte o recado de Deus e de mais ninguém aos ouvintes.
9. Ter arte para ordenar as palavras de maneira que unicamente o recado de Deus seja transmitido aos ouvintes.
10. Ter cuidado e respeito com o conteúdo da mensagem e a seriedade de manter a base bíblica.

Complexidade da pregação

As respostas dos entrevistados apontam também para a complexidade da pregação. Pregar é uma árdua e exigente tarefa. E um pregador terá ética no púlpito a partir do momento em que se coloca nas mãos de Deus para cumprir fielmente sua missão. Neste sentido, ética no púlpito é:

1. Abordar assuntos que esclareçam a sociedade de maneira bíblica, filosófica e social.
2. Apresentar a verdade de Deus sem medo de ferir interesses pessoais ou eclesiásticos.
3. Manter o compromisso de expor a Palavra de Deus, sem utilizar o púlpito segundo os próprios interesses.
4. Deixar-se usar pelo Espírito Santo como simples instrumento com vistas a pregar com equilíbrio, para que a mensagem alcance os ouvintes e produza resultados.
5. Expor a Palavra de Deus isenta de preconceitos religiosos ou denominacionais.

Maturidade para guardar sigilos

Os ouvintes esperam que o pastor tenha maturidade para não levar as confidências feitas a ele no aconselhamento, para o púlpito. Infelizmente, essa tem sido uma queixa frequente, tanto que, para muitas pessoas, ética no púlpito tem relação com a capacidade de não usar confidências no púlpito.

1. Desprezar ilustrações que exponham o cotidiano das ovelhas.
2. Conservar absoluto sigilo dos problemas do povo.

3. Guardar confissões, jamais tornando público o que foi confidenciado no gabinete pastoral.
4. Manter a devida distância entre os assuntos exclusivos do gabinete pastoral e a comunicação pública no púlpito.
5. Ser sábio para jamais esquecer que há tempo de ficar calado.

A FALTA DE ÉTICA VISTA NO PÚLPITO

O pregador precisa estar atento para não incorrer na falta de ética no púlpito. Respondendo à pergunta: "Poderia citar um exemplo de situação em que houve quebra de ética no púlpito?" pastores e ouvintes entrevistados expressaram suas ideias sobre o assunto.

Desrespeito às pessoas

Um dos pontos que mais incomodam os ouvintes quanto ao comportamento do pregador é a falta de respeito. Essa foi a indicação mais frequente de quebra de ética no púlpito.

1. Afrontar outros grupos religiosos com ações ou palavras.
2. Apresentar informações que comprometem a moral e a vida pessoal dos congregados.
3. Citar nomes de pessoas durante a apresentação do sermão, causando constrangimento.
4. Constranger o ouvinte ao expor seu problema em ilustrações.
5. Criticar igrejas, grupos de igrejas, colegas, missionários, instituições e pessoas.
6. Desperdiçar o tempo, que deveria ser gasto na apresentação do sermão, contando experiências que não

edificam ou servem apenas para enaltecer o próprio pregador.
7. Expor a privacidade dos ouvintes.
8. Fazer referência desabonadora a igrejas, instituições e pessoas.
9. Lançar mão do humor exageradamente, desconsiderando a individualidade e as limitações do ouvinte.
10. Mencionar exemplos lamentáveis da vida de outras pessoas sem a menor misericórdia.
11. Pedir a dizimistas ou contribuintes de determinada campanha para ficarem em pé ou levantarem a mão.
12. Usar palavras impróprias ao púlpito por serem agressivas, vulgares e desprezíveis.

Se esperamos que toda pessoa sensata seja capaz de controlar seu falar, mais controle ainda espera-se daqueles com a responsabilidade de ministrar a Palavra de Deus. Salomão aconselha que há "[...] tempo de falar e tempo de calar" (Eclesiastes 3.7b). Ele também lembra que o entendimento faz a pessoa refrear a língua (Provérbios 11.12). Na carta de Tiago, também encontramos preciosos ensinamentos sobre a prudência no falar.

LUZ EM MEIO ÀS TREVAS

A ética no púlpito parte da convicção de que o Senhor, que nos chamou das trevas para a sua maravilhosa luz é quem nos envia a proclamar suas virtudes: "Vocês, porém, são geração eleita, sacerdócio real, nação santa, povo exclusivo de Deus, para anunciar as grandezas daquele que os chamou das trevas para a sua maravilhosa luz." (1Pedro 2.9) e da consciência de que, para o cumprimento dessa tarefa, precisamos nos tornar puros e irrepreensíveis, vivendo de tal modo que a eficácia da mensagem seja vista em nós:

> para que venham a tornar-se puros e irrepreensíveis, filhos de Deus inculpáveis no meio de uma geração corrompida e depravada, na qual vocês brilham como estrelas no universo, retendo firmemente a palavra da vida [...] (Filipenses 2.15,16).

A ética no púlpito se manifesta por meio das palavras e atitudes do pregador.

Pensando na necessidade de uma postura ética no púlpito, sistematizei alguns desafios em forma de mandamentos. Eles formam o DECÁLOGO DO PREGADOR:

> NÃO TERÁS outro sermão além da pregação realmente bíblica; uma vez que foste chamado para apregoar as boas-novas, tua mensagem há de ser sempre cristocêntrica.
>
> NÃO FARÁS para ti imagem de grande pregador, nem qualquer coisa visando à autopromoção; o Cristo, em nome de quem falas, personifica a humildade e desafia seus seguidores a vivê-la.
>
> NÃO TOMARÁS como teus os sermões e ideias de outro pregador, mas, ao usá-los, sê honesto em dar o devido crédito ao autor.
>
> LEMBRA-TE de elaborar teus sermões com o melhor do teu tempo e capacidade, uma vez que tens todos os dias da semana para meditação e o estudo da Palavra.
>
> HONRA tua missão de arauto das boas-novas, jamais transformando o púlpito em lugar de ameaças, revanchismo ou promessas sem base bíblica.
>
> NÃO MATARÁS a fé dos teus ouvintes, transmitindo-lhes interpretações equivocadas, ou apresentando-lhes dúvidas, mas anuncia-lhes, com simplicidade, o Cristo que salva.

Não ADULTERARÁS o teu idioma, com linguagem incorreta ou vocabulário incompatível com o púlpito; mas apresenta com elegância e vida a mensagem da vida.

Não FURTARÁS a experiência vivida pelo colega, para ilustrar o sermão, apresentando-a como tua; é melhor perder a força de uma ilustração que a credibilidade de tuas palavras.

Não DARÁS FALSO TESTEMUNHO contra alguém, nem farás qualquer menção desairosa a pessoas ou instituições; porque, para pregar o amor, precisas viver em amor.

Não COBIÇARÁS vantagens políticas, transformando tua voz em fala de candidato, teu púlpito em tribuna política e teu sermão em um discurso eleitoreiro.[8]

PARA ALCANÇAR O PADRÃO ÉTICO NO PÚLPITO

Conhecer e glorificar o Deus em nome de quem falamos

Conhecer Deus é imprescindível ao pregador. Só há pregação autêntica quando transmitida por alguém cujas palavras refletem um relacionamento pessoal com Deus. Temos visto que, antes de pregar, necessitamos assumir um compromisso de dependência do Senhor da Palavra, para vivermos de tal modo que o nome de Deus seja glorificado. Sem que o pregador conheça verdadeiramente o seu Deus, a pregação se resume a uma encenação.

A sociedade de consumo tem forjado um deus que atenda às suas necessidades. Para pregar a mensagem do Altíssimo a esse povo, precisamos conhecer plenamente o Deus que anunciamos.

---

[8] Jilton MORAES, *Decálogo do pregador*. Documento inédito, digitalizado. Brasília, 2007.

O propósito de toda comunicação no púlpito deve ser proclamar a soberania e o amor de Deus e glorificar seu nome. Qualquer tentativa de desviar a glória do Criador para o pregador redunda em fracasso. Em Babel, foi assim. O intento com a construção da torre era alcançar a fama: "[...] Vamos construir uma cidade, com uma torre que alcance os céus. Assim nosso nome será famoso e não seremos espalhados pela face da terra" (Gênesis 11.4). E o que parecia ser um plano infalível virou uma tremenda confusão. Na vida de alguns pregadores, a mesma cena tem-se repetido. Quando alguém começa a olhar para sua própria capacidade e erudição e pensa que pode prosseguir sem a dependência do Senhor, termina no mais completo fracasso.

Se a comunicação no púlpito não estiver sob o impacto da presença de Cristo e da direção do Espírito Santo, será como o amontoado de corpos, no vale dos ossos secos, formados, porém sem vida (Ezequiel 37.8), uma vez que somente a presença do espírito pode tornar dinâmicos os corpos inertes (Ezequiel 37.10).

Transmitir fielmente a verdade bíblica

A Reforma do século XVI surgiu como um desafio à ética no púlpito. Os eloquentes sermões pregados pelo monge dominicano João Tetzel fugiam completamente da verdade exarada nas Escrituras. Ambicionando a maior venda possível de indulgências, pregava uma mensagem que fugia completamente da verdade bíblica. O conteúdo da pregação desse mercador travestido de pregador afirmava: "As indulgências são a dádiva mais preciosa e sublime de Deus". E, mostrando sua cruz, prosseguia: "Esta cruz tem tanta eficácia quanto a cruz de Cristo".[9] A falta

---
[9] J. H. Merle D'Aubigné, *História da Reforma do século XVI*, p. 161.

de ética no púlpito era tamanha que Tetzel pregava: "Não há nenhum pecado tão enorme que a indulgência não possa perdoar".[10] Foi para combater esse abuso que Lutero se levantou. Ele não podia admitir que a igreja transformasse em comércio aquilo que gratuitamente Jesus oferecia: o perdão dos pecados.

A maior responsabilidade do pregador evangélico é proclamar a mensagem do amor de Deus. O dicionário define "evangelho" como boa-nova, ou doutrina de Cristo.[11] O vocábulo vem do grego com esse sentido de boas-novas, ou boas notícias. A Bíblia fala da importância da Palavra e da grande responsabilidade em comunicá-la:

> A relva murcha, e as flores caem, mas a palavra de nosso Deus permanece para sempre. Você, que traz boas-novas a Sião, suba num alto monte. Você, que traz boas-novas a Jerusalém, erga a sua voz com fortes gritos, erga-a, não tenha medo; diga às cidades de Judá: "Aqui está o seu Deus!" (Isaías 40.8,9).

Bons códigos de ética pastoral mencionam a responsabilidade de o pregador ser fiel na transmissão da verdade bíblica. Sobre a capacidade de trabalho para cumprir o ministério, o código de ética pastoral da Igreja Luterana Evangélica no Brasil afirma:

1. O ministro deve ser apegado à Palavra e ter cuidado da sã doutrina (não pode ser neófito).
2. O ministro deve pregar a Palavra, instar com integridade, reverência, com linguagem sadia e irrepreensível.

---

[10] Ibid., p. 163.
[11] Aurélio Buarque de Holanda FERREIRA, *Novo dicionário Aurélio da língua Portuguesa*, p. 736.

3. O ministro deve ser apto para ensinar e instruir, como evangelista e despenseiro de Deus.
4. O ministro deve exortar, convencer, disciplinar, corrigir, repreender — com mansidão e longanimidade.[12]

Amar os ouvintes para poder pregar o amor

A exigência de Jesus a Pedro, para que ele se tornasse um autêntico seguidor, foi o amor. Ele seria o pregador dos dois primeiros movimentos evangelísticos da igreja: no dia de Pentecoste, quando houve um acréscimo de cerca de 3 mil pessoas (Atos 2.41), e à porta do templo quando o número dos que creram chegou perto de 5 mil (Atos 4.4). Para ser esse pregador, entretanto, Pedro precisava amar a Jesus e aos seus ouvintes. E Jesus enfatizou a sua exigência, falando três vezes a mesma verdade:

> "Simão, filho de João, você me ama mais do que estes?" Disse ele: "Sim, Senhor, tu sabes que te amo". Disse Jesus: "Cuide dos meus cordeiros". Novamente Jesus disse: "Simão, filho de João, você me ama?" Ele respondeu: "Sim, Senhor, tu sabes que te amo". Disse Jesus: "Pastoreie as minhas ovelhas". Pela terceira vez, ele lhe disse: "Simão, filho de João, você me ama?" Pedro ficou magoado por Jesus lhe ter perguntado pela terceira vez "Você me ama?" e lhe disse: "Senhor, tu sabes todas as coisas e sabes que te amo". Disse-lhe Jesus: "Cuide das minhas ovelhas" (João 21.15-17).

Não dá para pregar sem amor a mensagem do amor. A comunicação no púlpito é o discurso que apresenta o amor de Deus às pessoas. É a mesma mensagem pregada quando Jesus nasceu: "[...] boas-novas de grande alegria, que são para todo

---

[12] Disponível em: <http://www.ielb.org.br>. Acessado em: 9 de agosto de 2006.

o povo" (Lucas 2.10). O amor proclamado em nossas palavras precisa ser visto em como vivemos ou falamos.

Viver o que pregamos e pregar o que vivemos

Pregação e vida formam um binômio inseparável. Enquanto pregamos, os ouvintes atentam não apenas em nossas palavras, mas, primeiramente, em como vivemos. Sem que haja completa identificação entre o discurso e a vida, o sermão, por mais eloquente que pareça, fica limitado no seu alcance. Na linguagem do apóstolo Paulo, o pregador é um vaso de barro, responsável em levar um tesouro precioso, procedente de Deus: "Mas temos esse tesouro em vasos de barro, para mostrar que este poder que a tudo excede provém de Deus, e não de nós" (2Coríntios 4.7). Para viver o que prega e pregar o que vive, o pregador necessita ser cauteloso com as pressões do mundo, para não se deixar sucumbir por elas: "De todos os lados somos pressionados, mas não desanimados; ficamos perplexos, mas não desesperados; somos perseguidos, mas não abandonados; abatidos, mas não destruídos" (2Coríntios 4.8,9).

Só há condições de viver completamente a mensagem que pregamos quando temos a consciência de que somos responsáveis em participar da morte do Senhor Jesus, para podermos pregar a mensagem da vida.

> Trazemos sempre em nosso corpo o morrer de Jesus, para que a vida de Jesus também seja revelada em nosso corpo. Pois nós, que estamos vivos, somos sempre entregues à morte por amor a Jesus, para que a sua vida também se manifeste em nosso corpo mortal. De modo que em nós atua a morte; mas em vocês, a vida (2Coríntios 4.10-12)

Paulo tinha autoridade para pregar. Nele, encontramos grande exemplo de identificação entre conceitos e práxis. Ele pregava o que vivia e vivia o que pregava: conduta e discurso se identificavam, sem restrições. Cada palavra por ele proferida estava intimamente ligada à sua própria vida. Não dava para separar sua ação da sua pregação: a teologia e a vida caminhavam juntas.[13]

Foi ele quem recomendou a Timóteo que se apresentasse diante de Deus como obreiro que não tivesse do que se envergonhar: "Procure apresentar-se a Deus aprovado, como obreiro que não tem do que se envergonhar e que maneja corretamente a palavra da verdade" (2Timóteo 2.15). E o advertiu também quanto à questão do exemplo: "[...] seja um exemplo para os fiéis na palavra, no procedimento, no amor, na fé e na pureza" (1Timóteo 4.12).

É preciso haver coerência na comunicação. Se o pregador não falar a mesma linguagem da sua igreja, o que seria comunicação tende a se tornar confusão. Babel não serve como exemplo.

O pregador que vive o que prega e prega o que vive recebe a bênção de, sem se autopromover, ilustrar o sermão com a própria vida, uma vez que, mais que as palavras, o silêncio fala de modo contundente e penetrante. Assim, o modo de nos comportarmos no púlpito deve ser coerente com o nosso dia a dia. A ética na pregação está relacionada ao modo de nos relacionarmos com Deus e com as pessoas. Nossa maneira de pregar diz dos nossos relacionamentos. A vida do pregador fala tão alto que os ouvintes não podem ouvir palavras sem vida. Como pregadores, precisamos primeiro viver para depois falar; a melhor ilustração é o modo de vivermos.

---

[13] Jilton MORAES, A cumplicidade na pregação. *Reflexão e fé*, p. 103.

Ser humilde para admitir seus erros e limitações

Um dos ouvintes entrevistados mencionou de um pregador que utilizou uma ilustração da experiência pessoal, reconhecendo publicamente um erro do passado. Ele foi humilde para reconhecer que sua atitude havia sido prejudicial e para realçar a humildade daquele irmão que soube perdoá-lo e tê-lo como amigo. O entrevistado mencionou que a experiência fora partilhada com o intuito de desafiar as pessoas a evitar prejuízos ao próximo, cultivando a capacidade de buscar o perdão e perdoar.

Considerar a linguagem no púlpito

As palavras no púlpito devem ser precisas e preciosas. A linguagem do pregador não pode ser como a de um paroleiro. Pregar não é tagarelar. É proclamar a mensagem mais bela, preciosa e profunda que o mundo jamais ouviu.

Nem toda história serve como ilustração no púlpito. Uma narrativa para ser usada no púlpito precisa ser excelente. Algumas até ilustram determinadas verdades, mas só podem ser usadas no púlpito se forem classificadas como literatura de excelente qualidade: sendo vulgar, uma ilustração, ainda que pareça boa, não deve ser usada. Outro fator a ser considerado nas ilustrações é a autenticidade. O pregador pode até criar um conto que ilustre seu pensamento, mas há de ser verossímil. As parábolas usadas por Jesus foram assim: aceitáveis, plausíveis. Jamais se deve usar uma ilustração que motive as pessoas a ficarem indagando sobre a sua autenticidade: "Será que isso aconteceu realmente?".

Gírias, jargões e expressões de sentido dúbio não devem encontrar lugar no púlpito. Não podem ser adicionados ao discurso que tem como base a literatura mais preciosa do mundo. O ensino de Paulo a Timóteo precisa ser considerado: "[...] seja um exemplo para os fiéis na palavra [...]" (1Timóteo 4.12). De igual modo, é válida a recomendação feita pelo mesmo Paulo aos crentes em Colossos: "O seu falar seja sempre agradável e temperado com sal, para que saibam como responder a cada um" (Colossenses 4.6).

Precisamos lembrar também que o modo de falarmos no púlpito diz da nossa seriedade e integridade; e, neste sentido, Paulo adverte:

> Em tudo seja você mesmo um exemplo para eles [...]. Em seu ensino, mostre integridade e seriedade; use linguagem sadia, contra a qual nada se possa dizer, para que aqueles que se opõem a você fiquem envergonhados por não poderem falar mal de nós (Tito 2.7,8).

O pregador precisa ter cuidado com o que afirma e o modo como o faz. Um irmão entrevistado mencionou que, ao visitar uma igreja, ouviu o pastor advertir duramente seus ouvintes, usando a agressiva e deselegante afirmação: "Não brinquem comigo, porque eu mato a cobra e mostro o pau".

Sobre a importância de o pregador se expressar da melhor maneira possível, o pastor Irland Pereira de Azevedo mencionou como quebra de ética no púlpito "linguagem inadequada, gíria e palavreado chulo, a revestir a comunicação da Palavra de Deus". E usou uma metáfora para tornar ainda mais enfático seu pensamento: "Isso é embrulhar uma joia com jornal amarrotado e sujo!".[14]

---

[14] Entrevista com Irland Pereira de AZEVEDO, Recife, abril de 1993.

Falar sempre como arautos do Senhor

Ser porta-voz é a responsabilidade precípua do pregador. O sermão é um discurso embasado na Palavra de Deus, e o pregador é responsável em transmiti-lo aos ouvintes. A maior desmotivação para os bons ouvintes acontece quando o pregador deixa de agir e falar como arauto do Senhor. Eles vão ao templo na expectativa de receber uma explanação bíblica. Qualquer desvio desse foco denota falta de ética para com aqueles que foram ouvir a Palavra do Senhor. Os ouvintes entrevistados indicaram algumas situações quando a falta de ética no púlpito é denotada porque o pregador não soube se portar como arauto das boas-novas:

1. Aproveitar da posição de pregador para, em um culto de formatura, criticar a administração da instituição.
2. Candidatar-se e continuar no pastorado, transformando o sermão em um discurso político a favor de seus interesses.
3. Fazer avisos ou propaganda dentro do sermão.
4. Fazer do sermão um discurso de autodefesa.
5. Lançar mão de interpretações preconceituosas.
6. Querer transferir a glória devida ao Criador para si.
7. Rebaixar o púlpito a um palanque eleitoral, fazendo campanhas em favor de políticos.
8. Transformar o sermão em um discurso político partidário.
9. Transformar o sermão em um discurso de enaltecimento de suas doutrinas, em detrimento dos demais grupos presentes de outras denominações.

10. Usar o púlpito para bajular pessoas ou instituições.

11. Utilizar o púlpito para desabafar mágoas dos irmãos, quando estes, por algum motivo, discordam de suas ações.

Honestidade em tudo

Stott afirmou:

> Os pregadores não são preletores que podem discursar sobre temas relacionados às suas experiências, preocupações e crenças; são pessoas que têm um compromisso com a própria mensagem pregada. Portanto, os pregadores devem ser, dentre todas as pessoas, as mais honestas.[15]

Um jovem ouviu um excelente sermão pregado pelo seu pastor. Passou alguns dias sob o impacto positivo de uma mensagem bem elaborada, resultante de uma interpretação fiel das Escrituras, com uma contextualização relevante e excelentes ilustrações tiradas da experiência pessoal, e apresentada com grande maestria. Lamentável, no entanto, é que toda a admiração tenha se transformado em frustração. Naquela mesma semana, o ouvinte, ao entrar no *site* de uma igreja evangélica de uma cidade distante, surpreendeu-se ao encontrar nos sermões do pastor daquela igreja tudo quanto havia ouvido de seu pastor. Falando sobre essa triste experiência, o jovem afirmou que a maior frustração foi a falta de honestidade do pastor em usar até as ilustrações pessoais de seu colega de ministério como se fossem suas próprias experiências. O único trabalho que teve foi o de imprimir um sermão alheio e apresentá-lo como sendo de sua autoria.

---

[15] John STOTT, *Eu creio na pregação*, p. 281.

Há *sites* especiais em que sermões são disponibilizados. Eles podem ser úteis como fonte de leitura para o pregador. Entretanto, jamais como material homilético de consumo. É preciso haver a consciência de que todo material homilético, de qualquer fonte, até mesmo o sermão elaborado pelo professor, pai, filho, ou o melhor amigo, não faz parte do nosso acervo. Se o pregador, eventualmente, apresentar um sermão que não foi por ele elaborado, é ético declarar a fonte.

Não só no púlpito, mas em qualquer outra esfera, a apropriação indébita é desonestidade. Ao lançar mão desse recurso, o pregador falha com o autor do sermão, com os ouvintes, com Deus e com ele mesmo. Com o autor do sermão, ao usurpar algo que lhe pertence por direito de criação; com os ouvintes, ao apresentar como seu algo que não lhe pertence; com Deus, ao buscar em outros pregadores, e não no Senhor da pregação, o sermão a ser pregado; com ele mesmo, ao desprezar a oportunidade de crescer no estudo da Palavra, da teologia e demais ciências, no preparo e aprimoramento de material autêntico.

Precisamos ter em mente que, por mais excelente que seja outro pregador, o melhor esboço para pregarmos não é o que ele preparou, mas o que o Senhor nos deu condições de elaborar. No capítulo 9 — Comunicando com eloquência —, no tópico que fala da necessidade que o pregador tem de utilizar seus próprios recursos, há uma abordagem sobre esse assunto.

Os ouvintes entrevistados mencionaram algumas situações quando a falta de ética é vista no púlpito pela falta de autenticidade do pregador:

1. Apresentar um padrão de vida no púlpito e outro no dia a dia.

2. Combater veementemente um erro que o próprio pregador vive a cometer.
3. Descaracterizar o conteúdo da mensagem, visando a resultados numéricos.
4. Desafiar os ouvintes a viverem princípios que ele mesmo não vive.
5. Forjar dados estatísticos do *feedback* de sua pregação que não correspondem à realidade.
6. Lançar mão de sermões de outros pregadores sem dar o devido crédito ao autor.
7. Pregar desafiando os ouvintes a serem misericordiosos, conquanto aja impiedosamente na conquista de seus interesses pessoais.
8. Pregar mensagens que estão muito distantes da vida pessoal do próprio pregador.
9. Usar ilustrações da experiência pessoal de outras pessoas como se fossem suas.

Respeitar as pessoas

É prudente evitar excessos nas referências às pessoas. O pregador sábio foge dos extremos: idolatrar os queridos e apedrejar os preteridos. Mesmo porque a pregação não é um discurso para promover uns e abater outros. Alguns pregadores, sem a devida cautela, mencionam experiências negativas, citando os nomes dos protagonistas. Uma dessas ocorrências foi logo após a morte de alguém bastante conhecido. Enquanto muitos choravam o seu falecimento, o pregador agressivamente falou: "*Fulano de tal* está ardendo na fornalha do inferno". A infeliz afirmação causou grande polêmica e confusão e tirou todo o brilho da comunicação.

Outra experiência de desrespeito ao próximo aconteceu em um momento de tragédia. Uma jovem morreu afogada. O fato foi amplamente divulgado. No domingo seguinte, o pregador comentou o acontecimento, acrescido da infeliz afirmação: "Aquela moça foi para o inferno porque estava profanando o dia do Senhor".

O pregador nunca deve mencionar quaisquer limitações físicas das pessoas. Não só pela falta de ética, mas pela falta de misericórdia e bom senso que tais gracejos transmitem.

Evitar críticas à igreja

Ao visitante, não cabe o encargo de arrumar a casa alheia. Geralmente encontramos a casa arrumada e, quando os pertences estão foram de lugar, precisamos de todo o cuidado e sabedoria ao nos colocarmos à disposição para uma possível arrumação. No púlpito, não é diferente. Não podemos agir nas igrejas dos outros com a mesma liberdade que agimos em nossa igreja.

Um pregador, promovendo uma dessas campanhas entre as igrejas da mesma região, foi pregar, pela primeira vez, na maior igreja daquela localidade. Em seu sermão, fez severas advertências, afirmando que já ouvira falar que, apesar dos muitos recursos, aquele povo não tinha prontidão e generosidade para colaborar com os projetos que envolviam as demais igrejas. Foi um sermão duro, permeado de pesadas críticas que deixaram o auditório incomodado.

Quando ele terminou de pregar, o pastor da igreja fez uma ressalva: dirigindo-se ao pregador, afirmou que as críticas endereçadas à igreja eram infundadas. Ele apresentou dados comprobatórios da integração, do serviço e amor de sua igreja em relação ao trabalho cooperativo. Faltou ao pregador visitante o cuidado em averiguar a veracidade das informações ouvidas e bom senso para não se envolver em assuntos que não trariam nenhum benefício ao trabalho. Faltou a ética ao surpreender o pastor da igreja com severas advertências ao seu povo e afirmações ferinas que, na maioria das vezes, doem muito, mas pouco constroem.

Considerar a ocasião e o motivo do culto

Em um culto interdenominacional, o pregador aproveitou a ocasião, com a presença de várias denominações, para apresentar e defender uma doutrina de sua denominação. A abordagem colocou em destaque o grupo do pregador, em detrimento dos demais grupos presentes. Como o assunto da mensagem não tratava de uma doutrina vital à fé cristã, mas de um ponto de vista doutrinário divergente, a abordagem se tornou arrogante e abusiva. Aquele não era um encontro doutrinário de uma igreja ou denominação, mas uma comunhão de várias igrejas, de diferentes denominações, com um objetivo comum de adorar ao Senhor e fortalecer a fé. A partir do momento em que o pregador, desconsiderando a ocasião e o motivo do culto, optou por apresentar uma mensagem apologética, faltou com a ética no púlpito.

Qual seria a atitude correta no púlpito em um culto em que várias denominações se reúnem? Pregar uma mensagem que seja um desafio à fé, ao discipulado, ao serviço e ao amor. Um sermão bíblico, sem nenhuma ênfase apologética denominacional, sem o objetivo de atacar ou defender qualquer grupo ou denominação.

Um pregador entrevistado mencionou o exemplo positivo de um colega que pregou sobre a unidade entre as diversas igrejas evangélicas, enfatizando o amor cristão e os desafios da evangelização para todos os salvos, em um culto em que irmãos de várias denominações estavam presentes.

Não apenas nos cultos em que vários grupos denominacionais estão presentes, mas mesmo na igreja local é ético observar a ocasião e o motivo do culto. É a necessidade de adequação do material a ser usado no púlpito. Um sermão sobre o dom de línguas dificilmente será o mais adequado a ser pregado em um culto cívico, em um aniversário ou em um culto fúnebre.[16]

Trajar-se adequadamente

Durante muito tempo, o traje formal foi considerado como o único adequado ao púlpito. Um homem precisava usar paletó e gravata. Esse tempo findou. Nenhum pregador precisa usar terno para estar bem vestido no púlpito. O trajar-se adequadamente tem que ver com o costume da comunidade onde pregamos. Quando sou convidado para pregar em uma igreja em que a liderança preserva o hábito de usar paletó e gravata, faço o mesmo para não destoar. De igual modo, quando ocupo o púlpito em igrejas mais informais, trajo-me esportivamente, para estar em sintonia com a liderança da igreja.

A falta de ética no traje do pregador é vista quando ele assoma ao púlpito portando vestes que não se coadunam com o ambiente do culto. Vejamos alguns casos quando isso pode acontecer:

1. O pregador usa uma camisa estampando uma frase com um gracejo. "Sou gordo, mas posso emagrecer. E você

---

[16] No capítulo 12, Pregando na alegria e na tristeza, há várias ideias para pregação nas diferentes ocasiões da vida do povo de Deus e da igreja.

que é feio?". Tal inscrição foge da seriedade que deve caracterizar a comunicação no púlpito.
2. Em época de eleições, o pregador estampa uma propaganda do seu partido e do seu candidato. Isto faz, mesmo sem nenhuma referência eleitoreira, o pregador influenciar alguns ouvintes e aborrecer outros.
3. O pregador exibe em seu traje a propaganda de determinado produto. O púlpito não é lugar para propaganda, mas para a apresentação da mensagem da vida.

Seja qual for o traje do pregador, precisa estar bem disposto, de forma discreta, de tal modo que sua aparência não soe como uma nota dissonante.

Dominar as emoções

Precisamos nos fortalecer no Senhor e no seu poder buscando condições para, nas crises, avançarmos até o limite das nossas emoções. Se o pastor de uma igreja constantemente afirmar para seu povo que está sem condições emocionais de pregar, certamente perderá o crédito do povo. Tenho aprendido que, quanto maior a crise, mais a presença do Senhor se torna real no púlpito, quando o buscamos verdadeiramente.

Houve um dia quando reconheci estar sem condições emocionais para pregar. Foi no culto fúnebre de um dos meus maiores amigos. Ele era o ministro de música da igreja, e, por mais que eu quisesse pregar, sabia que naquela ocasião o melhor para mim e os ouvintes era que outro pregador falasse. Convidei um colega, e valeu a pena não erguer minha voz diante de tanta dor.

Outra ocasião, precisei dominar as emoções por viver sentimentos antagônicos. Estava terminando de elaborar o sermão para um culto de aniversário, quando recebi a notícia da morte de um dos líderes de minha igreja. Não foi fácil! Preguei no culto festivo, sabendo que logo depois estaria recebendo naquele mesmo local o corpo do querido irmão que falecera. Precisei mostrar alegria, mesmo estando triste, porque eu não tinha o direito de estragar a festa. O pastor precisa ter sensibilidade, sem perder seu controle emocional.

O domínio das emoções é visto no modo de nos dirigirmos aos nossos ouvintes. O pregador jamais deve aproveitar o púlpito para maltratar ou ferir, mas tão somente para transmitir a mensagem que dá paz ao aflito, alegria ao triste, entusiasmo ao abatido, força ao fraco e vida a quem caminha para a morte. É bem verdade que a função do pregador é também repreender. Paulo recomenda: "Pregue a palavra, esteja preparado a tempo e fora de tempo, repreenda, corrija, exorte com toda a paciência e doutrina" (2Timóteo 4.2). Repreender, corrigir e exortar formam a tríade de recomendações do apóstolo. Mas não se pode esquecer que toda repreensão, correção e exortação deve ser feita em amor — "com toda a paciência". A repreensão no púlpito só tem sentido, também, quando objetiva o fortalecimento na fé — e doutrina. Significa que não é o que o pregador gostaria de dizer, mas o que a Palavra de Deus tem a comunicar.

A ética no púlpito possibilita a comunicação. Se o pregador não falar a mesma linguagem de sua igreja, o que seria comunicação tende a se tornar confusão. O grande exemplo é o fracasso na construção da torre de Babel (Gênesis 11.1-9).

A ética no púlpito pode ser vista na habilidade do pregador em pregar sermões éticos. Isso acontece quando as mais sérias advertências são feitas, com base bíblica, usando uma linguagem elegante e gestos comedidos de alguém que, em comunhão com Deus, ama seus ouvintes e vive em perfeito equilíbrio emocional. Quando um pregador faz do púlpito uma arma para atacar ouvintes, precisa cuidar para não ser alcançado por seus próprios disparos. Tentar resolver crises atacando os crentes do púlpito é covardia! O pregador nunca deve pregar sermões "carapuça", de encomenda. Bonhoeffer declarou: "Um discurso ético sem tempo e lugar carece de autorização concreta, coisa que todo discurso ético necessita".[17] Códigos de ética de diferentes denominações ajudam o pregador a ter um comportamento adequado no púlpito.

PERGUNTAS DE REVISÃO

1. Por que pregação e ética devem andar juntas?
2. O que vem a ser ética no púlpito?
3. Qual o grande cuidado que o pregador precisa ter para que sua atividade como conselheiro não o conduza à falta de ética no púlpito?
4. De que modo a linguagem do pregador é importante para a ética no púlpito?
5. Qual a relação entre a falta de ética e a torre de Babel?
6. Como um pregador pode usar sermões de outro pregador sem faltar com a ética no púlpito?
7. Qual a relação entre a teologia do pregador e a ética no púlpito?

---

[17] Dietrich BONHOEFFER, *Ética*, p. 149.

16
Apelo e *feedback* na pregação

Não é a eloquência, nem a insistência do pregador que garante os resultados da pregação; o feedback depende da atuação do Espírito que persuade, e dos ouvintes que se deixam persuadir.

A pregação do evangelho é uma comunicação que demanda resposta dos que a ouvem. Foi sempre assim. Pregar é oferecer ao ouvinte a oportunidade de uma decisão diante da verdade apresentada. As palavras no púlpito visam a não somente informar ou formar pessoas, mas transformá-las pelo conhecimento da única verdade que liberta. Iain Murray afirmou:

> Onde quer que a pregação tenha deixado de exigir uma resposta individual, e onde quer que seja deixada aos ouvintes uma impressão de que não existe qualquer exigência divina para que eles se arrependam e creiam, o verdadeiro cristianismo desapareceu.[1]

---

[1] Iain MURRAY, *O sistema de apelo*, p. 3.

Roy Fish oferece uma fórmula para um bom apelo: ao convidar pessoas, o pregador deve estar espiritualmente preparado, oferecer o convite confiante e esperançoso, fazê-lo na dependência do Espírito Santo, de modo claro, honesto, com cortesia, completitude, autoridade, senso de urgência e com fluência.[2]

Segundo Blackwood, "um bom sermão faz com que os homens e mulheres se sintam desejosos de fazer a vontade de Deus, e diz-lhes como consegui-lo".[3] Há lugar para um apelo, ainda que não formal, em qualquer sermão, independente do propósito básico. Certamente o PB em que menos o apelo se encaixa é o informativo ou doutrinário. John Stott afirmou: "Precisamos dar lugar tanto à proclamação quanto ao apelo em nossa pregação, se desejamos ser verdadeiros arautos do Rei".[4] Stott foi enfático ao declarar: "Pregação sem apelo não é pregação bíblica. Não basta ensinar o evangelho; precisamos insistir com os homens para que o recebam".[5]

A pregação de Pedro, no dia de Pentecoste, atuou de tal modo no coração dos ouvintes que eles mesmos perguntaram: "[...] Irmãos, que faremos?" (Atos 2.37). Com base nessa indagação, Pedro fez a aplicação da mensagem:

> "[...] Arrependam-se, e cada um de vocês seja batizado em nome de Jesus Cristo para perdão dos seus pecados, e receberão o dom do Espírito Santo. Pois a promessa é para vocês, para os seus filhos e para todos os que estão longe, para todos quantos o Senhor, o nosso Deus, chamar" (Atos 2.38,39).

---

[2] Roy FISH, *Giving a Good Invitation*, p. 20-30.
[3] A. W. BLACKWOOD, *A preparação de sermões*, p. 193.
[4] John STOTT, *O perfil do pregador*, p. 120.
[5] Ibid.

Aproveitando o *feedback* dos ouvintes, Pedro, "Com muitas outras palavras os advertia e insistia com eles: 'Salvem-se desta geração corrompida!'" (Atos 2.40). O resultado dessa pregação ficou registrado: "Os que aceitaram a mensagem foram batizados, e naquele dia houve um acréscimo de cerca de três mil pessoas" (Atos 2.41). Um segundo sermão, com apelo evangelístico, aconteceu após a cura do homem coxo, que mendigava à porta do templo (Atos 3.1-11). O povo estava admirado ao vê-lo entrar no recinto, andando e louvando a Deus. Pedro, aproveitando a presença daquele homem ao seu lado e de João, pregou um sermão realçando o poder de Jesus:

> "Pela fé no nome de Jesus, o Nome curou este homem que vocês veem e conhecem. A fé que vem por meio dele lhe deu esta saúde perfeita, como todos podem ver. Agora, irmãos, eu sei que vocês agiram por ignorância, bem como os seus líderes. Mas foi assim que Deus cumpriu o que tinha predito por todos os profetas, dizendo que o seu Cristo haveria de sofrer" (Atos 3.16-18).

Esse sermão começou com uma situação real, o momento que o povo vivia. Lançando mão de duas indagações, ele os faz refletir: "[...] Israelitas, por que isto os surpreende? Por que vocês estão olhando para nós, como se tivéssemos feito este homem andar por nosso próprio poder ou piedade?" (Atos 3.12). Partindo dessa situação real, Pedro pregou um sermão histórico, com o objetivo de deixar claro que Deus glorificou Jesus, mas os homens publicamente o negaram:

> "O Deus de Abraão, de Isaque e de Jacó, o Deus dos nossos antepassados, glorificou seu servo Jesus, a quem vocês entregaram para ser morto e negaram perante Pilatos, embora ele tivesse decidido soltá-lo. Vocês negaram publicamente o

Santo e Justo e pediram que lhes fosse libertado um assassino. Vocês mataram o autor da vida, mas Deus o ressuscitou dos mortos. E nós somos testemunhas disso" (Atos 3.13-15).

A afirmação não objetivava simplesmente acusar o povo, mas fazê-lo ver o ilimitado poder do Cristo vivo: "Pela fé no nome de Jesus, o Nome curou este homem que vocês veem e conhecem. A fé que vem por meio dele lhe deu esta saúde perfeita, como todos podem ver" (Atos 3.16). Como todo servo do Senhor, eles haviam sido simples instrumentos. Toda honra, glória e louvor deviam ser dados ao Senhor Jesus. Mais duas afirmações, falando da situação do povo e do cumprimento de profecias:

> "Agora, irmãos, eu sei que vocês agiram por ignorância, bem como os seus líderes. Mas foi assim que Deus cumpriu o que tinha predito por todos os profetas, dizendo que o seu Cristo haveria de sofrer" (Atos 3.17-18).

A partir desse ponto, uma aplicação direta foi feita, mostrando a única alternativa correta aos ouvintes:

> Arrependam-se, pois, e voltem-se para Deus, para que os seus pecados sejam cancelados, para que venham tempos de descanso da parte do Senhor, e ele mande o Cristo, o qual lhes foi designado, Jesus" (Atos 3.19,20).

O sermão prossegue falando sobre Moisés e o grande Profeta, de quem ele e os demais profetas falaram, que haveria de ser levantado por Deus, dentre o povo, para ser ouvido em tudo (Atos 3.21-24). Enfatiza que eles são herdeiros da bênção de Abraão (Atos 3.25), para chegar ao clímax de sua mensagem: "Tendo Deus ressuscitado o seu Servo, enviou-o primeiramente a vocês, para abençoá-los, convertendo cada um de vocês das suas maldades" (Atos 3.26).

O apelo na pregação de Paulo foi um convite formulado com veemência. Ao pregar em Antioquia, apresentou Jesus como o Cristo vivo, por meio do qual os pecados são perdoados (Atos 13.38), e a pessoa que crê é justificada, o que era impossível pela lei de Moisés (Atos 13.39). Daí o apelo vir como advertência, usando as palavras do profeta Habacuque (1.5):

> "Cuidem para que não lhes aconteça o que disseram os profetas: Olhem, escarnecedores, admirem-se e pereçam; pois nos dias de vocês farei algo que vocês jamais creriam se alguém lhes contasse!" (Atos 13.40,41).[6]

À BUSCA DE UM APELO RELEVANTE

Total dependência de Deus

Esse princípio obviamente é válido para tudo quanto o pregador faz. De todas as orientações formuladas para ajudar o pregador no momento do apelo, nenhuma delas é mais importante do que a total dependência de Deus. Tudo o mais que puder ser ensinado, se não estiver submetido às determinações do Senhor da pregação, terá pouca ou nenhuma validade. É de Spurgeon o conselho: "Desde que a conversão é obra divina, precisamos ter o cuidado de depender inteiramente do Espírito de Deus e de buscar dele poder sobre a mente dos homens".[7]

A grande pergunta é: Quando um apelo deve ser feito? Samuel Vila declarou que isso deve acontecer

---

[6] Jilton MORAES, Paulo e a pregação da Palavra. In: Lourenço Stelio REGA, *Paulo, sua vida e sua presença ontem hoje e sempre*, p. 267.
[7] Charles SPURGEON, *Lições aos meus alunos*, v. 1, p. 194.

quando o ambiente é propício e o pregador tem a convicção de que há no auditório "ouvintes maduros", ou seja, com bastante conhecimento do evangelho para compreender bem o passo que vão dar, faltando-lhes somente a decisão.[8]

Lembro-me quando preguei sobre as comportas do céu. Foi em uma manhã de domingo; costumeiramente quase nunca era feito um apelo evangelístico. O sermão foi baseado em uma porção bíblica sem muita aplicação evangelística, como se vê no texto a seguir:

> Eliseu respondeu: "Ouçam a palavra do SENHOR! Assim diz o Senhor: 'Amanhã, por volta desta hora, na porta de Samaria, tanto uma medida de farinha como duas medidas de cevada serão vendidas por uma peça de prata'". O oficial, em cujo braço o rei estava se apoiando, disse ao homem de Deus: "Ainda que o SENHOR abrisse as comportas do céu, será que isso poderia acontecer?" Mas Eliseu advertiu: "Você o verá com os próprios olhos, mas não comerá coisa alguma!" (2Reis 7.1,2).

Preguei um sermão narrativo sobre a situação vexatória em que Samaria se encontrava, a mensagem do profeta Eliseu, a incredulidade e arrogância do oficial do rei, e a resposta do profeta. Usando o contexto histórico, mostrei como Deus dirigiu os acontecimentos, para que a profecia se cumprisse, mas o oficial não viveu para aproveitar a fartura profetizada. Encerrei com ênfase no castigo ao homem que duvidou do Senhor.

O sermão foi devocional/pastoral. Preguei pensando nos crentes, pedindo a Deus que a mensagem os alcançasse. E, pela linha seguida, qualquer apelo seria para os crentes se achegarem mais ao Senhor, confiando no Deus presente. Eu estava

---

[8] Samuel VILA, *Manual de homilética*, p. 138.

certo de que faria assim. Quando terminei de falar, assentei-me, e, enquanto a igreja cantava *Chuvas de bênçãos teremos, é a promessa de Deus*, orei pedindo ao Senhor que dirigisse o apelo. Naquele momento, recebi a clara orientação de fazer um apelo evangelístico. Confesso que cheguei a contestar a ordem do Senhor, mas finalmente obedeci. Simplesmente convidei as pessoas que recebiam Jesus como Salvador e Senhor a virem à frente. Para minha surpresa, várias pessoas fizeram sua decisão e, entre elas, dois homens pelos quais a igreja orava havia muito tempo. Eles assistiam aos cultos dominicalmente e já haviam resistido a tantos apelos; todavia, aquela manhã era o tempo de Deus para eles.

Sabemos que a pessoa não é salva pela disposição de ir à frente, ficar em pé ou levantar a mão. Somos salvos pela fé em Jesus. A vantagem do apelo é dar aos ouvintes a oportunidade de tornar pública a decisão de seguir a Cristo. E isso é tão importante que nosso Senhor declarou:

> "Quem, pois, me confessar diante dos homens, eu também o confessarei diante do meu Pai que está nos céus. Mas aquele que me negar diante dos homens, eu também o negarei diante do meu Pai que está nos céus" (Mateus 10.32,33).

Clareza sem insistência

A Bíblia não registra ter havido um apelo insistente em nenhum dos dois sermões pregados por Pedro e registrados em Atos 2 e 3. O quadro a seguir mostra como em cada mensagem há uma tese clara e a determinação dos propósitos básico e específico, que fazem os ouvintes reagirem, oportunizando ao pregador a apresentação do desafio:

1º SERMÃO (ATOS 2.14-41)	2º SERMÃO (ATOS 3.11—4.4)
TESE	TESE
O Jesus, que foi morto, ressuscitou e tem poder de salvar os que se arrependem.	O poder capaz de restaurar as pessoas está em Jesus, não em qualquer homem.
PROPÓSITO BÁSICO	PROPÓSITO BÁSICO
Evangelístico	Evangelístico
PROPÓSITO ESPECÍFICO	PROPÓSITO ESPECÍFICO
Persuadir os ouvintes a, conhecendo Jesus como Senhor, se arrependerem dos seus pecados.	Persuadir os ouvintes ao arrependimento, para experimentarem tempos de descanso com Jesus.

Os dois sermões tiveram resultados extraordinários. No primeiro, houve um acréscimo de cerca de 3 mil pessoas (Atos 2.41), e o resultado do segundo elevou o número dos homens que creram a perto de 5 mil (Atos 4.4). No primeiro sermão, foram os ouvintes que, persuadidos pelo Espírito Santo, indagaram acerca da alternativa que tinham: "Quando ouviram isso, ficaram aflitos em seu coração, e perguntaram a Pedro e aos outros apóstolos: "'Irmãos, que faremos?'" (Atos 2.37). Pedro respondeu: "[...] Arrependam-se, e cada um de vocês seja batizado em nome de Jesus Cristo para perdão dos seus pecados, e receberão o dom do Espírito Santo" (Atos 2.38). O segundo sermão não chegou a ser completamente concluído. "Enquanto Pedro e João falavam ao povo, chegaram os sacerdotes, o capitão da guarda do templo e os saduceus" (Atos 4.1).

Vila menciona a experiência de uma senhora que atendeu ao apelo e depois, ao ser cumprimentada por alguém da igreja, por haver recebido Jesus, declarou: "Eu não entendo dessas coisas, porém me dava pena de ver aquele pobre homem a nos pedir, com tanta insistência, que levantássemos a mão".⁹ Vila completa, afirmando:

> Evitemos tanto a frieza quanto os excessos nesse momento solene do sermão; pois nem a insistência excessiva, nem a gritaria extremada são sinais evidentes da inspiração do Espírito Santo.¹⁰

É lamentável que alguns pregadores têm feito uma inversão, trocando a clareza sem insistência pela falta de clareza com toda a insistência. E, trocando a submissão ao poder do Espírito por técnicas de comunicação e persuasão — que apesar de importantes —, sem o poder do Alto tornam o apelo sem qualquer alcance.

Objetividade sem inconveniência

Se em nenhum ponto da mensagem não deve haver divagação, no apelo muito menos. Expressões como: "se", "talvez", "quem sabe", "pode ser", "presume-se" e quaisquer outras que indiquem digressão ou incerteza devem ser evitadas. A exatidão e a objetividade promovem a força e o vigor necessários ao tipo de convite feito no púlpito. O quadro a seguir mostra como o uso de tais expressões enfraquece o convite:

APELO FRACO	APELO PERSUASIVO
Talvez você esteja buscando encontrar um caminho.	Você que está buscando encontrar o caminho.
Venha, se você está precisando receber Jesus como seu Senhor.	Você precisa receber Jesus como seu Senhor. Venha.

---

9   VILA, *Manual de homilética*, p. 139.
10 Ibid.

Quem sabe não é este o momento de fazer uma decisão.	Este é o momento de você decidir receber Jesus.
Pode ser que você esteja pensando nas dificuldades, mas venha.	Não importam as dificuldades, venha.
Presume-se que esta decisão vai mudar a sua vida.	Esta decisão vai mudar a sua vida.

Além da objetividade, há que se considerar a necessidade da conveniência. Não é amedrontando as pessoas que se consegue um bom apelo. É melhor pregar sobre a graça salvadora de Deus, deixar que o Espírito Santo persuada as pessoas ao arrependimento e convidá-las a uma decisão, entregando a vida a Jesus.

É preciso considerar também o tempo de duração: o apelo, por oferecer a vida eterna, não precisa ser interminável para alcançar os ouvintes.

Houve um tempo quando alguns pregadores, diante da falta de resposta ao apelo, saíam de banco em banco, abordando cada ouvinte, perguntando se era convertido e insistindo com ele para fazer uma decisão naquele momento. Era uma situação extremamente constrangedora. Algumas pessoas saíam do templo completamente desmotivadas a voltar em outras ocasiões.

Elaboração cuidadosa

Como qualquer outra parte da mensagem, o apelo deve ser bem elaborado. Lembremo-nos do velho princípio: mais tempo no gabinete de estudos, menos tempo no púlpito, menos tempo de apresentação. O apelo precisa ser visto como parte da conclusão, não como um apêndice, ou algo a ser trabalhado, após o término do sermão. Como qualquer outra parte do sermão, exige cuidadoso preparo. Sendo parte da conclusão, do ponto de vista metodológico, é determinado pelo Propósito Específico (PE), que é formulado com base no Propósito Básico (PB), tendo em mente que este é estabelecido à luz das necessidades dos ouvintes e da mensagem do texto bíblico tomado como base.[11]

Mesmo nas mensagens mais evangelísticas, jamais devemos deixar de desafiar e apelar aos crentes. Há sempre lugar para santificar e reconsagrar a vida e assumir novos compromissos com o Senhor. A falta de elaboração tem feito alguns pregadores se delongarem demasiadamente no apelo. Precisamos considerar também que uma elaboração antecipada dará ao pregador a possibilidade de encontrar melhores recursos de comunicação para alcançar os ouvintes.

Como parte da conclusão, o apelo pode ser feito dentro dela. Significa que acontecerá no mesmo segmento, sem nenhuma interrupção. O método mais usado tem sido o de fazê-lo em um outro segmento, após o cântico de um hino. Vejamos, no quadro a seguir, usando a mesma conclusão,[12] como o apelo pode acontecer.

---

[11] Para melhor compreensão do PB e PE, v. MORAES, *Homilética:* da pesquisa ao púlpito, p. 78-84.

[12] Eis os detalhes da mensagem que originou essa conclusão:
TEXTO: (1Pedro 1.3): "Bendito seja o Deus e Pai de nosso Senhor Jesus Cristo! Conforme a sua grande misericórdia, ele nos regenerou para uma esperança viva, por meio da ressurreição de Jesus Cristo dentre os mortos".
ICT: Pedro afirmou que, regenerados por Cristo Jesus, os crentes experimentariam uma viva esperança.
TESE: Somente regenerados por Cristo Jesus vivemos a esperança que nunca se acaba.
PB – Evangelístico
PE – Desafiar os não crentes a entregar a vida a Jesus para terem uma esperança sem fim.

APELO DIRETO — dentro da conclusão, em um mesmo segmento:

Propósito Específico: Desafiar os não crentes a entregar a vida ao Senhor para terem uma esperança sem fim.	Precisamos esperar sempre. Às vezes, temos de esperar contra a desesperança, quando os recursos parecem acabar e as possibilidades concretas dizem não haver mais nenhuma esperança. No entanto, ainda assim, nossa esperança não se acaba, uma vez que, por meio da ressurreição, ainda depois da morte podemos esperar. Você tem esperado no Senhor? Pedro afirmou que, regenerados por Jesus, os crentes experimentariam uma viva esperança. Regenerados por ele, vivemos a esperança que nunca se acaba. Que a nossa esperança seja alicerçada no Senhor, seja fruto da comunhão com o Senhor: uma viva esperança, que nunca se acaba. Amém. Receba agora mesmo o Senhor Jesus como seu Salvador pessoal. Entregue sua vida a ele. É Jesus mesmo quem convida a todos nós e nos oferece a esperança que o mundo não pode oferecer. Deixe seu lugar e venha aqui à frente, dizendo assim que está tomando a decisão de entregar sua vida a Jesus...

Título: ESPERANÇA QUE NÃO SE ACABA
Divisões:
1) A esperança se acaba quando a fé em Jesus é abalada.
2) A esperança se acaba quando a comunhão com Jesus é abalada.
3) A esperança se acaba quando a prioridade a Jesus é abalada.
4) A esperança não se acaba quando vivemos diante de Jesus.

APELO SEGMENTADO — com um hino depois do "amém":

Propósito Específico: Desafiar os não crentes a entregar a vida a Jesus para terem uma esperança sem fim	Precisamos esperar sempre. Às vezes, temos de esperar contra a desesperança, quando os recursos parecem acabar e as possibilidades concretas dizem não haver mais nenhuma esperança. No entanto, ainda assim, a nossa esperança não se acaba, uma vez que, por meio da ressurreição, ainda depois da morte podemos esperar.
1º segmento: a conclusão	Você tem esperado no Senhor? Pedro afirmou que, regenerados por Jesus, os crentes experimentariam uma viva esperança. Regenerados por ele, vivemos a esperança que nunca se acaba. Que a nossa esperança seja alicerçada no Senhor, seja fruto da comunhão com o Senhor: uma viva esperança, que nunca se acaba. Amém.
Hino 352, *HCC* *Cristo te Estende Sua Forte Mão*	Tens na tua vida mil problemas a enfrentar? Tens desconfiança, já perdeste a esperança, sem nenhum amigo que te ajude a caminhar? Cristo te estende sua forte mão. *Sempre perto está, sempre te ouvirá Cristo, o Senhor; não te deixará, nunca falhará seu grande amor.* Lembra que nas horas de tristeza e aflição Cristo te estende sua forte mão.
2º segmento: o apelo	Receba agora mesmo o Senhor Jesus como seu Salvador pessoal. Entregue sua vida a ele. É Jesus mesmo quem convida a todos nós e nos oferece a esperança que o mundo não pode oferecer. Deixe seu lugar e venha aqui à frente, dizendo assim que está tomando a decisão de entregar sua vida a Jesus.

Essa forma mais usada apresenta uma vantagem e um problema: A VANTAGEM é que o hino cantado entre os dois segmentos pode servir de recurso para enfatizar e realçar a verdade apresentada no sermão. Observe no exemplo a verdade central desse sermão: *Somente regenerados por Cristo Jesus, vivemos a esperança que nunca se acaba.* A conclusão vem em forma de aplicação, com a pergunta: *Você tem esperado no Senhor?* O segmento da conclusão termina com as palavras: *Que a nossa esperança seja alicerçada no Senhor, seja fruto da comunhão com o Senhor: uma viva esperança, que nunca se acaba. Amém.* Imediatamente a seguir, o hino 352 HCC, *Cristo Te Estende Sua Forte Mão,* é cantado. Uma vez que o hino fala em esperança, o pregador pode usar a indagação cantada *Tens desconfiança, já perdeste a esperança* e, assim, introduzir o apelo com mais força, abrangência e vida.

A apresentação do apelo em um 2º segmento, contudo, pode apresentar o PROBLEMA DO DESVIO DO FOCO, causador da falta de objetividade e da prolixidade. Isso acontece quando o pregador não elabora seu apelo, quando o hino a ser cantado no segmento nada tem que ver com a mensagem pregada e quando o pregador, ao voltar para apresentar o apelo, procede como se estivesse pregando outro sermão. Como um abismo chama outro abismo, tais desmandos vão acontecendo em uma mesma cadência: a falta de elaboração do apelo impossibilitou a escolha de um hino com mensagem sintonizada ao sermão; a desarmonia entre a pregação e o cântico pôs diante dos ouvintes uma nova mensagem; para chegar ao ponto de convidar o povo a uma decisão, o pregador se alonga tanto que o apelo parece ser uma nova mensagem. Precisamos considerar que não é pelo cansaço que as pessoas serão persuadidas a uma decisão.

Atração com honestidade

O apelo jamais deve ser desonesto para alcançar os ouvintes. A honestidade desaparece quando há o propósito de atrair os ouvintes por falsas promessas, ou pela entrega de brindes. Alguns pregadores, no afã de contar um maior número de decisões, convidam as pessoas para virem à frente receber um Novo Testamento, uma Bíblia ou um presentinho qualquer. Não existe atração responsável no púlpito fora da cruz. Jesus Cristo disse que era assim que atrairia as pessoas: "Mas eu, quando for levantado da terra, atrairei todos a mim" (João 12.32).

Spurgeon afirmou: "A melhor maneira de levar os pecadores a Cristo é anunciar Cristo aos pecadores".[13] Ele acrescentou:

> Exortações, rogos, súplicas, não acompanhados de exortação sadia, são como tiros de pólvora seca. Podem gritar, chorar e apelar, mas não conseguirão levar os homens a crerem naquilo de que não ouviram, nem a receberem a verdade que nunca lhes apresentaram.[14]

Tornar clara a mensagem do Cristo crucificado é o nosso santo privilégio e a nossa grande responsabilidade como pregadores da Palavra.

Convite sem ameaça

Jerry Key menciona que o apelo deve ser feito esperando uma resposta. Ele adverte que não deve ser um apelo emocional, patético, mas simples, motivador e eficaz:

> Este apelo não é limitado aos não crentes (apelo evangelístico). Também o pregador pode e deve apelar aos crentes,

---

[13] SPURGEON, *Lições aos meus alunos*, p. 199.
[14] Ibid.

conforme as ideias fundamentais da mensagem, para que ponham em ação aquilo que foi pregado".[15]

No apelo, o pregador há de ter a plena convicção do seu dever. Ao convidar pessoas ao arrependimento, devemos deixar claro não apenas as promessas, mas, de igual modo, os desafios:

1. O QUE ESTÁ SENDO OFERECIDO? — A vida que só Jesus pode dar: "[...] eu vim para que tenham vida, e a tenham plenamente" (João 10.10).
2. QUEM PRECISA RECEBER? — Todos os que ainda não se entregaram a Jesus: "[...] todos pecaram e estão destituídos da glória de Deus" (Romanos 3.23).
3. POR QUE O OUVINTE DEVE RECEBER? — Porque é o único meio de escape: "[...] como escaparemos, se negligenciarmos tão grande salvação? Essa salvação, primeiramente anunciada pelo Senhor, foi-nos confirmada pelos que a ouviram" (Hebreus 2.3).
4. O QUE É PRECISO FAZER PARA RECEBER? — Arrepender-se e voltar-se para Deus: "Arrependam-se, pois, e voltem-se para Deus [...]" (Atos 3.19).
5. O QUE ESSE CONVITE TRARÁ A QUEM O RECEBER? — Perdão e alívio — "[...] para que os seus pecados sejam cancelados, para que venham tempos de descanso da parte do Senhor [...]" (Atos 3.19b,20).
6. O QUE SIGNIFICA SEGUIR A JESUS? — Deixar que ele determine nosso viver:

---

[15] Jerry KEY, *O preparo e a pregação do sermão*, p. 216.

Fui crucificado com Cristo. Assim, já não sou eu quem vive, mas Cristo vive em mim. A vida que agora vivo no corpo, vivo-a pela fé no Filho de Deus, que me amou e se entregou por mim (Gálatas 2.20).

Geralmente os pregadores expõem com brilhantismo os primeiros passos: Jesus dá vida, e todos quantos o recebem escapam da condenação; para desfrutar da comunhão com ele, necessitam se arrepender e voltar para Deus; assim fazendo, recebem o perdão e o alívio que só ele pode oferecer. Poucos pregadores, porém, deixam claro o real significado da decisão de seguir a Jesus.

O apelo relevante requer que o pregador, antes de pensar na quantidade das decisões, pense na responsabilidade de apelar de modo claro, visando à qualidade das decisões. Deve apresentar equilíbrio entre emoção e razão, apelando não apenas ao coração, mas também à mente.

Apelos ameaçadores, carregados de emoção, podem apresentar aparentes resultados, mas o que às vezes fica de saldo concreto é muito pouco. James Crane afirmou: "A pregação carregada de apelos emotivos pode provocar muitas 'profissões de fé', porém produzirá poucas conversões verdadeiras ao Senhor".[16]

A QUESTÃO DO *FEEDBACK*

Resultados imprevisíveis

Você prega um sermão que julga excelente, espera grandes resultados e nada acontece — nenhuma decisão, nenhuma

---

[16] James CRANE, *O sermão eficaz*, p. 127.

palavra de gratidão. Nem mesmo as pessoas mais misericordiosas que costumeiramente, à saída do templo, têm um gesto de apreciação dizem qualquer palavra. Parece que ninguém ouviu o sermão. E pior: a própria esposa ignorou e até mesmo a crítica do filho adolescente, que está sempre avaliando o pai, nesse dia não acontece; todos ficam calados. Outra ocasião ocorre quando você prega e acha que o sermão foi péssimo. Não espera nada de resposta positiva, nem quer fazer o apelo, mas sente que precisa fazê-lo: há decisões, o povo está contente. Em outro momento, você ficou tão insatisfeito com a mensagem que nem teve coragem de ir à porta do templo, despedir-se dos irmãos. Fica procurando respostas para o que julga ter sido um fiasco em termos de comunicação. Você ora, pedindo perdão a Deus. A semana está chegando ao final, e você está querendo se esquecer do que apresentou no domingo. Você encontra um ouvinte, que diz: "Mas, pastor, aquele seu sermão no domingo...". Sobressaltado, você pensa: "Tinha de ser esse irmão, ele é muito crítico, posso imaginar o que vem por aí". E, despertando-se do pesadelo iminente, finalmente você lhe dirige o olhar e ouve: "Aquele sermão foi uma bênção para a minha vida. Deus me falou de modo muito especial!".

RESPOSTAS INESPERADAS

Você prega uma série de sermões e não há uma só decisão. Nesses casos, algumas pessoas logo pensam: "Quem pecou?". Ou: "Quem está em pecado?". Precisamos considerar, contudo, que nem sempre as respostas são tão simples quanto certas perguntas. Em alguns casos, apesar da ausência de decisões, nas semanas seguintes as mensagens pregadas continuam edificando e despertando os crentes. Eles passam a testemunhar com mais afinco, e, sem qualquer nova série de pregações, os não crentes vão ouvindo de Jesus, o avivamento vai tomando conta da igreja, e agora os crentes estão evangelizando e os não crentes se decidindo. Existiria resposta melhor? O *feedback* não foi visível ao pregador, mas glorificou ao Senhor! Tenho procurado fazer a parte que me cabe e não me angustiar quando o resultado não é imediato: "A Palavra não volta vazia".

A PARTICIPAÇÃO DA IGREJA

A participação da igreja para um *feedback* positivo é indispensável. Os melhores resultados acontecem não propriamente em razão da eloquência, ou alcance da pregação, mas da capacidade da igreja em testemunhar a mensagem de Jesus. Quando os crentes alcançam a comunidade, com a vida e com a palavra, o trabalho se completa no púlpito. Quando o reavivamento sacudiu a Escócia e o número de pessoas que respondia ao apelo era considerável, Moody afirmou estar "simplesmente sacudindo as árvores: os frutos já estavam maduros debaixo dos fervorosos ensinamentos proferidos nas igrejas".[17]

Para pessoas assumirem um compromisso ao lado de Cristo, é necessário um trabalho além da elaboração e pregação da mensagem: a igreja precisa estar envolvida, testemunhando, convidando, intercedendo e acompanhando. Por melhor e mais evangelístico que seja o sermão, é impossível contar decisões sem que contemos pessoas para se decidirem.

Sem estresse

Alguns pregadores preferem fazer apelo evangelístico com a certeza de que há ouvintes prontos a responder positivamente.

---

[17] John POLLOCK, *Moody: uma biografia*, p. 195.

Creio que devemos outorgar uma oportunidade para os ouvintes decidirem, mesmo sem sabermos o tipo de *feedback* que nos aguarda. O que não devemos é nos angustiar quando não há decisões. A melhor atitude a ser tomada é a de nos colocarmos nas mãos do Senhor e procurar fazer com mãos limpas e coração puro a nossa parte, lembrando que a nós cabe apenas a transmissão da mensagem. Não é a eloquência nem a insistência do pregador que garantem os resultados da pregação; o *feedback* depende da atuação do Espírito que persuade, e dos ouvintes que se deixam persuadir.

PERGUNTAS DE REVISÃO

1. O pregador deve fazer apelo? Por quê?
2. Mencione momentos na Bíblia em que houve um apelo?
3. Em qual PB o apelo menos se encaixa? Por quê?
4. Fale sobre apelo e dependência de Deus.
5. Qual a diferença entre apelo direto e apelo segmentado?
6. O que caracteriza um apelo relevante?
7. Como deve o pregador se comportar diante do *feedback* da pregação?

REFERÊNCIAS BIBLIOGRÁFICAS

ABREU, Antônio Suárez. *A arte de argumentar:* gerenciando razão e emoção. Cotia: Ateliê editorial, 2006.

AGOSTINHO, Santo. *Confissões.* São Paulo: Editora das Américas, 1964.

ALLMEN, J. J. von. *O culto cristão.* São Paulo: Aste, 1968.

_____.*Vocabulário bíblico.* São Paulo: Aste, 1972.

AZEVEDO, Irland Pereira. *De pastor para pastores:* um testemunho pessoal. Rio: Juerp, 2001.

BARBOSA, Celso Aloisio Santos. *O pensamento vivo de Ebenézer Gomes Cavalcanti.* Rio: Juerp, 1982.

BENNETT, Bill. *Thirty Minutes to Raise the Dead.* Nashville: Thomas Nelson Publishers, 1991.

BLACKWOOD, A. W. *A preparação de sermões.* Rio: Aste/Juerp, 1981.

BONHOEFFER, Dietrich. *Ética.* São Paulo: Sinodal.

BRAGA, James. *Como preparar mensagens bíblicas.* 2. ed. São Paulo: Vida, 2005.

BROADUS, John. *O sermão e seu preparo.* Rio: Juerp, 1960.

BROWN, Charles T. *Introdução à eloquência.* Rio: Editora Fundo de Cultura, 1961.

BROWN JR., H. C. *A Quest for Reformation in Preaching.* Nashville: Broadman, 1968.

CARVALHO, Dirce de. *Homilia:* a questão da linguagem na comunicação oral. São Paulo: Paulinas, 1993.

CELAM. *Comunicação:* missão e desafio. São Paulo: Paulinas, 1988.

_____.*A homilia.* São Paulo: Paulinas, 1983.

CHALITA, Gabriel. Respeito e admiração. São Paulo: *Diário de São Paulo*, 16/10/03. Disponível em: htpp.//educação.sp.gov.br.

COELHO,Valdívio. Documento inédito enviado a Charles Dickson.

COSTA, Hermisten. *Pensadores cristãos*: Calvino de A a Z. São Paulo: Vida, 2006.

CRABTREE, A. R. *A doutrina bíblica do ministério.* Rio: Casa Publicadora Batista, 1981.

CRANE, James. *O sermão eficaz.* Rio: Juerp, 1989.

DAVIES, J. G. *Culto e missão.* São Leopoldo: Concórdia/Sinodal, 1977.

D'AUBIGNÉ, J. H. Merle. *História da Reforma do século XVI.* São Paulo: Casa Editora Presbiteriana, s/d.

DRAKFORD, John. *El Humor en la Predicación.* El Paso: CBP, 1991.

FANT, Clyde. *Preaching for Today.* New York: Harper & Row, 1977.

FASOL Al. *A Guide to Self-improvement in Sermon Delivery.* Grand Rapids: Baker Book House, 1991.

FERREIRA, Aurélio Buarque de Holanda. *Novo Dicionário da Língua Portuguesa.* Rio: Nova Fronteira, 1986.

FISH, Roy. *Giving a Good Invitation.* Nashville: Broadman, 1974.

FONTANEZ, Santiago Soto. Predicación y Cultura: El Legado de la Tradición Hispánica. In: COSTAS, Orlando (Ed.). *Predicación Evangélica y Teología Hispana.* San Diego: Publicaciones de Las Américas, 1982.

FREEMAN, Harold. *Nuevas Alternativas en la Predicación Bíblica.* El Paso: Casa Bautista de Publicaciones, 1990.

GARDNER, E. C. *Fé bíblica e ética social.* São Paulo: Aste, 1965.

GARRISON, Webb. *The Preacher and His Audience.* Westwood: Fleming H. Revell Company, s/d.

GELINEAU, Joseph. *Canto e música no culto cristão.* Petrópolis: Vozes, 1968.

GOUVÊA JR., Herculano. *Lições de retórica sagrada.* Campinas: Maranata, 1974.

GRASSO, Domenico. *Teología de la Predicación*. Barcelona: Sígueme, 1988.

HINÁRIO PARA O CULTO CRISTÃO. Rio: Juerp, 1990.

JOHNSON, Paul. *Psicologia da religião*. São Paulo: Aste, 1964.

JOWETT, John Henry. *O pregador, sua vida e sua obra*. Campinas: Editora Presbiteriana, 1969.

KEY, Jerry Stanley. *O preparo e a pregação do sermão*. Rio: Juerp, 2001.

_____.*O sermão biográfico para hoje*. Rio: STBSB (trabalho inédito, digitalizado), s/d.

_____.*Uma análise das características dos grandes pregadores e seus sermões*. Rio: STBSB (trabalho inédito, digitalizado), s/d.

KIRST, Nelson. *Rudimentos de homilética*. São Paulo: Paulinas/ Sinodal, 1985.

KNOX, John. *A integridade da pregação*. São Paulo: Aste, 1964.

KOLLER, Charles W. *pregação expositiva sem anotações*. São Paulo: Mundo Cristão, 1984.

LANGER, Susanne K. *Filosofia em nova chave*. São Paulo: Perspectiva, 1971.

LARSEN, David. Anatomia da pregação. São Paulo: Editora Vida, 2005.

LIEFELD, Walter L. *Exposição do Novo Testamento:* do texto ao sermão. São Paulo: Vida Nova, 1985.

LOPES, Hernandes Dias. *A importância da pregação expositiva para o crescimento da igreja*. São Paulo: Candeia, 2004.

LLOYD-JONES, Martin. *Pregação e pregadores*. São Paulo: Fiel, 1984.

MALDONADO, Luis. *A homilia: pregação, liturgia, comunidade*. São Paulo: Paulinas, 1997.

MARAFON, Onir M. Pregação, liturgia e comunicação. In: COSTA, Rovídio (Org.). *Práticas de comunicação*. Porto Alegre: Correio Rio Grandense, 1983.

MARINHO, Robson Moura. *A arte de pregar*. São Paulo: Vida Nova, 1999.

MARSHALL Catherine. *Para todo o sempre*. São Paulo: Casa Editora Presbiteriana, 1959.
MAXWELL, William. *El Culto Cristiano*. Buenos Aires: Biblioteca de Estudios Teológicos, 1963.
MAY, Rollo. *A coragem de criar.* Rio: Nova Fronteira, 1982.
McDILL, Wayne V. *The Moment of Truth*. Nashville: Broadman, 1999.
MEIN, David. Arquivo homilético. *Sermão Cantando à Meia-noite*.
MENDONÇA, Antônio Gouvêa & VELASQUES FILHO, Prócoro. *Introdução ao Protestantismo no Brasil*. São Paulo: Loyola, 1990.
MILLER, Calvin. *Marketplace Preaching*. Grand Rapids: Baker Books, 1995.
MORAES, Jilton. *Homilética*: da pesquisa ao púlpito. São Paulo: Vida, 2005.
_____.A cumplicidade na pregação. *Reflexão e Fé*. Ano 1, nº 1, agosto de 1999.
_____.*A música e a pregação no culto*. (Trabalho inédito, digitalizado). Recife, 1992.
_____.*Púlpito, pregação e música*. Rio: Juerp, 2002.
_____.*Características da pregação do Senhor Jesus*. (Trabalho inédito, digitalizado). Brasília, 2005.
_____.*Grandes pregadores*. Coletânea de Textos. (Trabalho inédito, digitalizado). Brasília, 2006.
_____.*O amor na vida do pregador*: uma paráfrase de 1Coríntios 13. Brasília, 2006.
_____.*Ouvintes e pregadores na pregação*. (Trabalho inédito, digitalizado). Brasília, 2002.
_____.*Procura-se um pregador capacitado*. (Trabalho inédito, digitalizado). Brasília, 2003.
MULHOLLAND, Edith Brock. *Hinário para o culto cristão, notas históricas*. Rio: Juerp, 2002.
MURRAY, Iain. *O sistema de apelo*. São Paulo: PES, 1995.
NORTH, Stafford. *Pregação:* homem & método. São Paulo: Vida Cristã, 1971.

PEASE, Allan & Barbara. *Desvendando os segredos da linguagem corporal*. Rio: Sextante, 2005.

PERRY, Loyd. El estilo del sermón en la actualidad. In: *Diccionario de la Teología Practica*. Rodolfo G. TURNBULL (Org.). Buenos Aires: Editorial Escatón, 1976.

_____.& SELL, Charles. *Pregando sobre os problemas da vida*. Rio: Juerp, 1989.

PIPER, John. *A supremacia de Deus na pregação*. São Paulo: Shedd, 2003.

POLITO, Reinaldo. *Como falar corretamente e sem inibições*. São Paulo: Saraiva, 1993.

REGA, Lourenço Stelio (Org.). *Paulo*: sua vida e sua presença, ontem hoje e sempre. São Paulo: Vida, 2004.

REYNOLDS, I. E. *El Ministério de la Música en la Religión*. El Paso: Casa Bautista de Publicaciones, 1964.

ROBINSON, Haddon W. *A pregação bíblica*. São Paulo: Vida Nova, 1983.

ROWELL, Ed. *Apaixonado pela pregação*. São Paulo: Vida, 2001.

ROSA, Merval. *Psicologia da religião*. Rio: Juerp, 1971.

SÁ, Adísia. *Fundamentos científicos da comunicação*. Petrópolis: Vozes, 1973.

SAMANES, Cassiano Floristan & CARRETERO, Manuel Useros. *Teología de la Acción Pastoral*. Madrid: Biblioteca de Autores Cristianos, 1968.

SHEPARD, J.W. *O pregador*. Rio: Casa Publicadora Batista, 1959.

SOBRINHO, Munguba. *Esboço de homilética*. Rio: Casa Publicadora Batista, 1958.

SODRÉ, Hélio. *História universal da eloquência*. Rio: Gráfica da Folha Carioca, 1959.

SPANN, Fred. *A arte contemporânea e o cristão*. Apostila baseada no ensaio *Art Needs No Justification*, de H. R. Roomaaker (trabalho não publicado), s/d.

SPURGEON, C. H. *Lições aos meus alunos* (3 volumes). São Paulo: PES, 1980.

STOTT, John. *Eu creio na pregação*. São Paulo: Vida, 2004.

_____.*O perfil do pregador*. São Paulo: Sepal, 1969.

TREVIÑO, Alejandro. *El predicador: Pláticas a Mis Estudiantes*. El Paso: CBP, 1976.

VASCONCELOS, Éber. *Mensagens memoráveis*. Brasília: Igreja Memorial Batista, 2001.

VILA, Samuel. *Manual de homilética*. Barcelo: CLIE, 1982.

WARREN, Rick. *Uma igreja com propósitos*. São Paulo: Vida, 1998, 2008.

REVISTAS

Revista Louvor, Rio: Juerp, v. 3, 1982.

Revista Louvor, Rio: Juerp, v. 1, 1992.

REFLEXÃO E FÉ. Ano 1, n° 1, Recife, agosto de 1999.

THE PREACHER'S MAGAZINE, set.-nov., 1991.

JORNAIS

O Jornal Batista, Rio: 24 de fevereiro de 1991.

INTERNET

GREGÓRIO, Sérgio Biagi. Eloquência. Disponível em: <www.ceismael.com.br/oratória>.

LÚCIA, Alda. Uma arte dos dias de ontem para revitalizar os recursos humanos de hoje. Disponível em: <htpp://www.sab.org. br>. Acessado em: 2 de abril de 2006.

MATTOS, Sérgio. Ética na comunicação. Disponível em: <http://smattos.blog.com/203357/>. Acessado em: 7 de setembro de 2006.

CÓDIGO DE ÉTICA PASTORAL DA IGREJA LUTERANA EVANGÉLICA NO BRASIL. Disponível em: <http://www.ielb.org.br>. Acessado em: 9 de agosto de 2006.

ENTREVISTAS

ANDERSON, Justo C. Fort Worth, Texas, agosto de 1991.
AZEVEDO, Irland Pereira de. Recife, abril de 1993.
BAILEY, Raymond. Louisville, Kentucky, outubro de 1991.
BRYANT, Thurmon. Richmond, Virginia, outubro de 1991.
COELHO FILHO, Isaltino Gomes. São Paulo, janeiro de 1993.
COX, James. Louisville, Kentucky, outubro de 1991.
FASOL, Al. Fort Worth, Texas, outubro de 1991.
FREEMAN, Harold. Fort Worth, Texas, outubro de 1991.
HORNE, Chevis. Richmond, Virginia, outubro de 1991.
LADEIA, Ney Silva. Recife, janeiro de 1993.
LOVEJOY, Grant. Fort Worth, Texas, agosto de 1991.
MEIN, David. Valdosta, Georgia, agosto de 1991.
MOON, James Loyd. Huntsville, Alabama, outubro de 1991.
NELSON, Jimmie. Fort Worth, Texas, setembro de 1991.
SPANN, Fred. Recife, março de 1993.
VASCONCELOS, Fausto Aguiar de. Recife, maio de 1992.

SOBRE O AUTOR

Jilton Moraes de Castro, alagoano, de Maceió, é pastor, professor, poeta e escritor. Casado com Ester, é pai de Lídia, Lílian, David e Daniel e avô de sete netos.

Ao longo de trinta e cinco anos de ministério, pastoreou quatro igrejas, nas cidades de Fortaleza, Belém, Teresina e Recife. É autor do romance *A riqueza maior*, do livro de contos *Há um menino na rua*, e dos didáticos *Homilética: da pesquisa ao púlpito* e *Púlpito, pregação e música*.

Jilton Moraes é doutor em Teologia, pelo Seminário Teológico Batista do Norte do Brasil, e leciona matérias de Teologia Pastoral, atuando principalmente nas áreas de Homilética e Prática da Pregação.

ÍNDICE DE AUTORES

ABREU, Antônio Suárez, 88, 140
AGOSTINHO, Santo, 73
ALLMEN, J. J. von, 72, 76
ANDERSON, Justo C., 325, 338
AZEVEDO, Irland P. de, 323, 328, 345-348, 369, 370
BAILEY, Raymond, 325, 343, 349
BARBOSA, Celso Aloisio Santos, 50
BARBOSA, Rui, 101
BARTH, KARL, 72
BASTIAN, 337
BENNETT, Bill, 64, 65
BLACKWOOD, A. W., 303, 327, 328, 330, 381
BONHOEFFER, Dietrich, 379
BRAGA, James, 30, 183, 347
BROADUS, John, 34, 102, 112, 141, 336
BROWN, Charles T., 124
BROWN JR., H. C., 117
BRYANT, Thurmon, 325, 342
CALVINO, João, 27, 28, 49, 56, 57, 63, 68, 69, 94, 96, 99, 103, 353
CARRETERO, Manuel Useros, 333
CARVALHO, Dirce de, 105, 139
CAVALCANTI, Ebenézer Gomes, 55
CHALITA, Gabriel, 54
CÍCERO, 102
CLINARD, G.
COELHO FILHO, Isaltino Gomes, 346, 347
COELHO, Valdívio, 51
COSTA, Hermisten, 28, 49, 56, 57, 63, 68, 94, 96, 99, 103, 353
COX, James, 325
CRABTREE, A. R., 47
CRANE, James, 95, 96, 396
DAMMIEN, 101
DAVIES, J. G., 76
DICKSON, Charles W., 15, 51, 325
DRAKEFORD, John W., 349, 350
D'AULBIGNÉ, J. H. Merle, 364
ENTZMINGER, W. E., 86
EVERETT, Edward, 337
FANT, Clyde E., 50, 156
FASOL, Al, 53, 325, 330, 343
FERREIRA, Aurélio Buarque de Holanda, 148, 364
FERRIE, E.
FISH, Roy, 381
FONTANEZ, Santiago Soto, 337
FREEMAN, Harold, 185, 228, 325, 331, 343
GARDNER, E. C., 353
GARRISON, Webb, 52, 53
GELINEAU, Joseph, 71
GOUVÊA JR., Herculano, 349
GRAHAM, Billy, 28
GRASSO, Domenico, 350
GREGÓRIO, Sérgio Biagi, 101
HORNE, Chevis, 325, 342, 343
HUSTAD, Donald, 80, 81
JOHNSON, Paul, 73, 74
JOWETT, John Henry, 329, 345

KENNEDY, John, 121
KEY, Jerry Stanley, 129, 152, 160, 183, 190, 394, 395
KIRST, Nelson, 144, 331, 332, 333, 346, 349
KOLLER, Charles W., 172
KNOX, John, 27, 47, 48, 55, 77
LADEIA, Ney, 329
LANGER, Susanne, 76, 128
LARSEN, David, 26, 28, 96, 172
LIEFELD, Walter L., 335
LINCOLN, Abraham, 337
LINDOSO, Lívio, 99, 129
LLOYD-JONES, D. M., 77, 104, 335, 353
LOPES, Hernandes Dias, 182
LOVEJOY, Grant, 325, 344, 345
LÚCIA, Alda, 221
LUTERO, Martinho, 76, 346, 349, 364
MALDONADO, Luis, 185, 186
MARAFON, Onir M., 333
MARINHO, Robson Moura, 98, 99
MARSHALL, Catherine, 58
MARSHALL, Peter, 57, 58
MATTOS, Sérgio, 353
MAXWELL, William, 72, 73
MAY, Rollo, 80
MCDILL, Wayne V., 103
MEIN, David, 284, 344, 345
MENDONÇA, Antonio Gouvêa, 350
MILLER, Calvin, 85
MOODY, D. L., 129
MOON, James Loyd, 325, 346
MORAES, Jilton, 12, 18, 22, 23, 39, 40, 41, 50, 61, 63, 91, 107, 110, 149, 152, 185, 192, 246, 267, 268, 285, 362, 367, 384
MORGAN, G. Campbell, 129
MULHOLLAND, Edith Brock, 86, 283
MURRAY, Iain, 380
NELSON, Eurico, 86
NELSON, Jimmie, 344
NIXON, Richard, 121
NORTH, Stafford, 172, 183, 347
NORTHCUTT, Jesse, 325
OLIVEIRA FILHO, Marcílio de, 81

PASCAL, 101
PEASE, Allan, 121
PEASE, Barbara, 121
PENTZ, Croft, 342, 344
PEREIRA, José M. Nascimento, 144, 345
PERRUCI, Areli, 140
PERRY, Lloyd, 139, 328, 337
PIPER, John, 65, 155, 167
POLITO, Reinaldo, 122
REGA, Lourenço Stelio, 23, 50, 384
REYNOLDS, I. E., 79
ROBINSON, Haddon W., 34, 172, 182, 183
ROSA, Merval, 71, 84
ROWELL, Ed, 65
RYLE, J. C., 62, 127
SÁ, Adísia, 144
SAMANES, Cassiano Floristan, 333
SELL, Charles, 139
SCOFIELD, C. I., 75
SHEPARD, J. W., 54, 172
SILVA, Arondo Rodrigues da, 278
SILVA, Elias Teodoro da, 354
SODRÉ, Hélio, 337
SOUZA, Albérico Alves de, 129
SPAFFORD, Horatio Gates, 283
SPANN, Fred, 72, 345
SPURGEON, C. H., 56, 332
STOTT, John, 54, 63, 117, 127, 145, 159, 185, 328, 371, 381
SUTTON, Joan, 75
TETZEL, João, 363, 364
THOMPSON, Will, 279
TREVIÑO, Alejandro, 332, 349
TWAIN, Mark, 349
VASCONCELOS, Éber, 25, 164
VASCONCELOS, Fausto Aguiar de, 56, 338
VELASQUES FILHO, Prócoro, 350
VILA, Samuel, 172, 183, 384, 385, 387, 388
WARREN, Rick, 90

ÍNDICE REMISSIVO

Abismo entre púlpito e ouvintes, 19, 131, 132, 136, 185, 239
Acompanhamento do Senhor, 119
Adequação, 65, 158, 376
Alegria
  em pregar, 17, 82, 108, 109
Amor, 18, 23, 27, 41, 53-55, 60, 61, 66, 74, 92, 93, 97, 98, 104, 108, 109, 120, 127, 133, 143, 159, 166, 178, 208, 223, 224, 231, 235-237, 257, 273, 279, 280, 291, 192, 298, 299, 305, 315, 316, 318, 319, 335, 362-367, 375, 376, 378, 392
Ansiedade, 119, 120, 159, 177, 204, 254
Apelo, 18, 35, 36, 38, 41, 65, 98, 160, 161, 225, 237, 280, 288, 306, 348, 380-382, 384-399
Aplicação 35, 36, 39, 40, 66, 117, 141, 150, 152, 157, 158, 176-182, 184, 185, 193, 200-208, 212, 223, 230, 232, 234-238, 240, 256, 260, 265, 266, 268, 276-280, 282-284, 340, 341, 381, 383, 385, 393
Argumentação, 88, 140, 157, 275, 311
Assunto, 16, 34, 40, 42, 102, 109, 157, 173, 183, 192, 205, 209, 221, 225, 268, 270-272, 281, 319, 323-326, 332, 334, 336, 341, 354, 356, 358, 359, 372, 375
Atualização, 185
Auditório, 34, 42, 43, 52, 58, 62, 88, 106, 109, 114, 121-124, 128, 131, 136, 137, 143, 158, 161, 229, 256, 258, 287, 305, 336, 339, 346, 375, 385

Autenticidade, 368, 369, 373
Autoridade
  e ternura, 106-108
  sem autoritarismo, 114

Bíblia
  compromisso, 26, 29, 43
  fonte de ideias, 189, 190
  fonte de ilustrações, 36, 38, 152, 209, 240, 275
  livro da igreja, 295
  meditação, 295
  necessidade de estudo, 187, 189, 194
  uso na pregação, 11, 26, 27, 151, 295
Biblicidade, 264, 265
Biografias, 189, 219
Boletim da igreja, 30
Brandura, 45, 106, 142
Brevidade, 325, 327, 330, 336-339, 344, 347-349, 351

Capacitação, 12, 69, 108, 111, 164
Clareza, 25, 39, 40, 89, 162, 244, 331, 337, 348, 386, 388
Compreensão, 11, 16, 81, 128, 173, 211, 304, 314, 339, 347, 357, 390
Conhecimento, 22-26, 45, 54, 59, 60, 73, 90, 97, 98, 110, 114, 115, 117, 118, 138, 145, 159, 168, 176, 186, 189, 193, 197, 203, 207, 245, 246, 269, 287, 320, 335, 380, 385
Crítica, 28, 93, 224, 266, 337, 360, 374, 375

Comunicação
　atualizada, 12, 59, 78, 106, 116, 137, 185, 222, 327, 350
　com a linguagem do ouvinte, 144
　buracos e corruptelas, 125
　discurso construtivo, 142
　distante, 81, 103, 137, 144
　perguntas retóricas, 124, 174, 176, 178, 231, 276, 278, 311
　pesquisa sermônica e, 22, 157, 169, 189, 200
　pintando quadros, 126, 127, 240
　recursos visuais, 126-128, 301
　tiques, 125
　vícios de linguagem, 124, 125
Comunicar
　a Palavra, 49, 54, 64, 65, 378
　com ciência, 24, 85
　com encanto, 84, 107
　com integridade, 21, 352, 356, 365
　com vida, 86, 116, 193, 289
　com vigor, 109
　falar ao coração, 59
　responsabilidade exigente, 48, 103, 107
Conclusão
　aterrissagem perfeita, 161
　cuidados, 156, 159, 390
　saber parar, 119, 193, 342
　tipos, 36, 38, 39, 181, 212, 393
Conforto, 41, 42, 84, 136, 140, 165, 202, 225, 283, 301-304, 306, 310, 335
Consagração, 229, 300
Contemporaneidade, 154
Conteúdo, 17, 21, 84, 91, 92, 97, 106-108, 115, 116, 119, 122, 128, 132, 149, 150, 167, 173, 194, 208, 209, 224, 228, 238, 242, 244, 245, 262, 264, 327, 328, 331-333, 339, 342, 353, 358, 364, 373
Contextualização, 32, 33, 39, 117, 157, 176-181, 192, 200-207, 212, 230, 231, 234-237, 239, 240, 245, 260, 276, 277, 282, 371
Conversão, 23, 95, 191, 228, 384
Criatividade, 79, 110, 126, 212, 226, 231, 232, 245, 259, 261, 264, 265, 285

Culto
　definição, 84, 169
　e serviço, 70, 75, 80, 299
　e vida, 106, 116, 331, 354, 366
　gratulatório, 319
　infantil, 42, 115, 300
　motivo, 19, 42, 52, 293, 375, 376
　não é *show*, 80
　ordem do culto, 30, 305
　valor, 76, 81, 185, 221
Cumplicidade, 17, 134-137, 141, 367

Desafios, 29, 32, 33, 35, 36, 38, 41, 91, 118, 150, 155, 157, 182, 193, 216, 220, 242, 262, 265, 287, 290, 293, 299, 323, 328, 335, 361, 376, 395
Deus
　apresentado no púlpito, 24, 59, 69
　conceito, 138, 167, 176
　conhecimento, 22-24, 73, 97, 176
　dependência, 24, 78, 362, 363, 381, 384, 399
　glorificação, 18, 56, 278
Dicção, 123
Divisões, 17, 31, 35, 36, 38, 40, 149, 157, 173, 192, 208, 240, 241, 314, 391
Dramatização, 225, 244, 258, 260, 265

Elaboração, 12, 16, 24, 29, 30, 34, 42, 47, 59, 104, 107, 108, 115, 126, 132, 142, 156-158, 182, 187, 192-194, 244, 262, 268, 269, 285, 287, 303, 327, 342, 343, 345, 389, 390, 393, 398
Eloquência
　definições, 101
　e a elaboração do sermão, 126
　e homilética, 115
　preocupação, 104
　quando o sermão é eloquente, 94
　religiosidade e eloquência, 110
　responsabilidade do pregador, 372
　vista na pregação, 106, 107
Entusiasmo, 101, 102, 108, 109, 122, 238, 328, 331, 350, 378
Equilíbrio na pregação
　como conseguir, 150

cuidados para a manutenção, 159
gráfico do equilíbrio, 153
na teologia, 168
necessidade, 148, 149
nos elementos funcionais, 152, 155, 184
o que é, 147, 150
Equilíbrio
diante da capacitação e limitação, 164
nas emoções, 147, 162
na palavra, 163
na teologia, 167
Estilo pessoal, 109
Esboço, 22, 24, 30, 32-35, 37, 41, 107, 112, 113, 115, 128, 152, 156, 158, 181-183, 186, 192, 199, 208, 210, 287, 288, 311, 355, 372
Espírito Santo
capacitador, 166
marca, 98
poder, 95, 102
presente na Palavra, 65, 96, 287
usados pelo Espírito, 140, 358
Ética, 18, 352
Exegese, 181, 182, 186
Exibicionismo, 159
Experiências pessoais, 31, 32, 36, 38, 178, 200, 201, 211, 273, 368, 371, 373
Explanação, 29, 78, 83, 141, 143, 151, 152, 154, 155, 173-175, 178-180, 184, 184, 200-207, 209, 211, 230-236, 238, 245, 273-276, 278, 282, 370
Expressão corporal, 102

Fatos do cotidiano, 144, 227
Fé, experiência de, 110, 111
Força do Senhor, 67, 109, 129, 242, 302
Formas sermônicas, 17, 126, 168, 187, 188, 209, 219, 244, 256, 269

Gestos, 102, 121, 126, 161, 379
Glorificação, 18, 56, 270, 276, 277-290
Graça de Deus, 23, 98, 120, 127, 143, 186
Graça e poder, 102

Hermenêutica, 29, 173, 181, 185

Homilética
definição, 16
e eloquência, 115
importância, 24
parceria com hermenêutica, 29, 181, 185
vantagens do estudo, 149
Homilia, 105, 139, 186, 305, 336, 347
Honestidade, 245, 265, 355, 371, 372, 393
Humildade
fingida, 47
sem inferioridade, 114
Humor, 38, 127, 128, 160, 161, 163, 202, 211, 304, 349, 350, 360

Ideia Central do Texto
características, 173, 245
exemplos de, 31, 36, 38, 199, 213, 214, 272
o que é, 269
trabalhando a ICT, 38, 238
Igreja, 9, 25, 27, 30, 42, 47, 49, 51, 53, 54, 58, 62, 65, 78, 82, 86, 87, 90, 105, 106, 113, 128, 131, 133, 139, 149, 163, 165, 166, 178, 180, 182, 184, 202, 207, 212, 220, 228, 257-259, 266, 269, 282, 285, 289, 292, 293, 295-297, 299-301, 303, 304, 318, 319, 326, 333, 334, 344, 355, 356, 360, 364, 365, 367, 369, 371, 374-378, 386, 387, 398
Ilustrações
arquivo, 303
como ter, 157
cuidados no uso, 209, 341, 368
exemplos, 157, 371
como encontrar, 184, 211, 240, 275
Imagens, 12, 36, 126, 128, 140, 155, 221, 227, 245, 346
Integridade, 21, 27, 48, 55, 77, 84, 195, 319, 352, 355, 356, 365, 369
Internet, 87, 103, 124, 194, 302, 334, 405
Interpretação do texto
importância, 29

o que é, 34
passos para, 181
Introdução
  características, 174, 240
  começar bem, 116, 157, 240
  componentes, 174, 240, 273
  conquistar os ouvintes, 199
  conselhos, 229, 310
  tipos, 211, 331

Jesus
  autoridade, 66, 67, 69, 83
  experiência com Jesus, 23, 95, 269, 272, 273, 276, 280, 298

Linguagem não verbal, 110, 120, 121, 130, 145, 161
Livros, fonte de ideias, 27

Mãos, 10, 12, 54, 57, 68, 88, 91, 98, 111-113, 130, 135, 131, 222, 223, 227, 284, 286, 291, 300, 304, 321, 332, 350, 358, 399
Manuscrito, 22, 35, 104, 115, 173, 192
Mensagem
  anunciada, 21
  apresentação, 35, 246, 259, 299, 328, 377, 386
  bíblica, 12, 27, 30, 39, 85, 103, 141, 160, 164, 183, 245, 347, 348, 358
  da cruz, 25, 94, 104, 159
  do amor, 27, 104, 133, 159, 335, 364, 366
  do evangelho, 12, 21, 53, 79, 84, 93, 129
  do Senhor, 22, 50, 101, 109, 112, 134, 297, 354, 366, 399
  do texto, 29, 39, 132, 142, 185, 186, 390
  elaborada, 44, 300, 304, 371
  para crianças, 42, 292, 300, 316
  limites, 17, 22, 30, 41, 48, 354
  simplicidade, 25, 62, 63, 117
Ministério, 9, 10, 23, 25, 47, 54, 55, 57, 64, 66, 67, 69, 71, 76, 78, 79, 83, 98, 128, 129, 149, 151, 153, 154, 165, 166, 167, 194-196, 229, 284, 285, 300, 301, 323, 364, 372
Ministério da Palavra, 55, 76, 78, 128, 285, 300
Movimentos, 121, 270, 365
Mudança, 42, 43, 86, 145, 334, 343, 353
  necessidade de, 11, 42, 53, 81, 174, 346, 247, 351, 354, 361, 376
Música
  e pregação, 77-79
  importância, 71, 285
  uso no culto, 71, 80, 81, 267

Novidade, 52, 150, 151, 258

Objetividade, 25, 40, 162, 244, 331, 340, 347, 348, 380, 389, 393
Ocasião, 42, 46, 58, 84, 87, 90, 109, 115-117, 128, 135, 137, 158, 169, 174, 259, 264, 291, 292, 295, 296, 300, 301, 314, 319, 320, 323, 324, 326, 340, 375-378, 397
Ocasião especial, 42, 289, 295
Oração, 18, 28, 47, 51, 55, 58, 94, 142, 181, 207, 215, 216, 272, 303, 317, 319
Ouvintes
  a chave para alcançá-los, 63, 64, 81, 86, 87, 133, 333, 348
  alcance, 358
  atenção, 39, 40, 43, 105, 106, 116, 122, 134, 141, 150, 161, 187, 193, 226, 240, 272, 330, 331, 338, 342
  atentos, 34, 42, 81, 109, 131, 137, 288, 332, 333
  a vida dos ouvintes, 45, 66, 104, 106, 151, 260, 282
  compromisso com os ouvintes, 42, 43, 48
  envolver os ouvintes, 88, 141, 251, 253
  gosto dos ouvintes, 34
  importância, 41
  marcar os ouvintes, 93, 94
  necessidades, 42, 64, 65, 84, 96, 109, 185, 262, 325, 330, 345, 390
  por que vão ao templo, 52, 53, 157, 370

resposta dos ouvintes, 39
restaurar os ouvintes, 92
tempo dos ouvintes, 118, 327
Palavra
  certa, 62
  da verdade, 10, 48, 104, 110, 162, 186, 331, 367
  de Deus, 9-12, 17, 24, 26, 50, 53, 54, 58, 59, 76, 91, 103, 108, 119, 122, 149, 155, 157, 162, 164, 187-189, 213, 218, 235, 295, 301, 303, 306, 311, 320, 326, 328, 350, 353, 357, 358, 360, 369, 370, 378
  do pregador, 25, 163
  do Senhor, 17, 22, 26, 29, 37, 48, 81, 88, 90, 114, 119, 131, 134, 164, 187, 195, 198, 203, 209, 214, 220, 335, 350, 354, 370, 385
  poderosa, 27, 54
  pregada, 93, 97, 214
Palavras
  cuidado com, 46, 365
Poder de Deus, 81, 86, 87, 133, 333, 348
Persuasão, 34, 78, 335, 388
Pesquisa
  aperfeiçoando a, 194
Poesia, 27, 71
Pregação
  alcance, 12, 398
  alvo, 12, 28, 94, 304
  atualização, 12, 90, 105, 136, 137, 333, 338
  autêntica, 23, 48, 76, 89, 139, 362
  autoridade, 66, 69, 108, 328
  calendário, 42, 268, 289, 295
  contemporaneidade, 154
  cristocêntrica, 27, 85
  desafios, 91, 150, 323, 335
  definições, 50
  discurso construtivo, 142
  do apóstolo Pedro, 106, 227, 381, 396
  e música, 77, 267, 268, 285, 407
  é vida, 47, 49, 113, 162, 186, 366
  elementos funcionais, 150, 154, 156
  fundamentada na Palavra, 29
  ideia, 78, 190, 197, 198, 290-301, 315, 316, 318-320, 376
  impacto da, 89, 94, 348

iniciativa, 55
loucura da, 89, 94, 348
lugar, 78, 151, 327
mais que palavras, 81, 82
maravilha, 90, 96
marca, 77, 93, 97, 285, 352
ministério, 55, 57, 76, 149, 151, 165, 194, 300, 323
  na Igreja Católica, 139, 333
  na igreja evangélica primitiva, 102
  na História, 227, 326
  não é aclamação, 59
  no culto, 76, 77, 82, 151, 285
  no ministério de Jesus, 64, 66, 67, 71, 83
  paixão e vida, 106
  paulina, 25
  programa de, 152
  propósito, 79, 81, 152, 156
  recurso de Deus, 27
  restaura, 93, 94, 103
  transmite graça, 15, 93, 97
  valorização, 26, 76, 82
Pregador
  acervo homilético, 372
  agenda, 50
  alimentação, 159
  ansiedade, 119, 120, 159
  amor, 18, 54, 60, 61, 127, 143, 305, 362, 365, 366, 376
  aparência pessoal, 68, 159, 377
  atividades, 69, 133, 159
  atualização, 59, 116, 145, 222, 327
  autêntico, 17, 24, 47, 50, 65, 95, 103, 109
  autoridade, 66, 83, 107, 114
  brilho especial, 68
  bom pregador, 24, 65, 94, 346
  capacidade de enfrentar crises, 163
  capacidade de ver, 61, 62
  coerência nas reações, 162
  como adorador, 19, 70, 73, 76
  compreensão do ouvinte, 347
  compromissos, 17, 19, 21, 47, 48, 354
  comunhão com Deus, 68, 110, 153, 379
  conversão do, 23

diante de Deus, 48, 52, 54, 55, 113, 288, 339
diante dos ouvintes, 55, 56, 84, 393
diligente, 41, 47, 186
equilíbrio nas emoções, 147
equilíbrio na vida, 147, 149, 150
estabilidade no humor, 127, 160, 161, 163
estilo pessoal, 109, 112, 121
estudioso das Escrituras, 187, 219
estudo bíblico, 194
exemplo de simplicidade, 25, 63
falar comedido, 45
finanças, 165
fidelidade, 50
identidade, 78, 112
identificação com a mensagem, 132
identificação com os ouvintes, 138
identificação completa, 132, 138
iniciantes, 16, 112, 119, 161
instrumento nas mãos do Senhor, 54, 57, 83, 97, 111, 304, 331
insensível, 65
e músico, 78, 80, 82
maior privilégio, 58
meditação, 50, 151, 361
motivação, 75, 109, 225, 266
naturalidade, 112
opção pela simplicidade, 63, 64, 69
palavra do pregador, 163
para ser usado por Deus, 57, 59
porta-voz, 21, 53, 68, 117, 326, 349, 370
programa, 43, 152
programa de estudos, 150, 151
que divaga, 40, 118, 138, 341
razão da falta de interesse, 137, 330
realçando a graça, 68, 93
recursos pessoais, 112
reflexão do pregador, 27
religiosidade, 110, 127
repouso, 201
responsabilidade, 18, 22, 27, 56, 58, 75, 78, 84, 89, 103, 107, 113, 157, 172, 256, 289, 353, 364, 370, 394, 396
roupas, 112, 165

sabedoria, 24, 57, 85, 96, 118, 303, 304, 328
tempo para a família, 149
tornando o ouvinte participativo, 70, 109, 143, 267
vida devocional, 149
vigilância, 58
Pregar
biblicamente, 26, 172
chamado a pregar, 22, 138, 304
com vida, 130
com graça, 114, 126, 127
pregar é, 24, 42, 91, 287, 358, 380
Prolixidade, 209, 210, 327, 330, 342, 344, 349, 393
Promessas, 43, 44, 53, 65, 119, 158, 161, 240, 307, 362, 394, 395
Propósito básico
ético, 41, 79, 152
evangelístico, 41, 79, 152, 245, 264, 387, 390
devocional, 41, 79, 152, 153, 173, 214, 269, 316
devocional/evangelístico, 213, 216, 218
doutrinário, 41, 79, 152, 381
missionário, 41, 79, 152, 245
pastoral, 41, 79, 152, 153
Proximidade na pregação
Jeremias, exemplo de, 134, 222
Jesus, o maior exemplo, 135
pregação mais próxima, 134, 136, 138
pregador mais próximo, 19, 130, 138
Púlpito
bom desempenho, 19, 21, 42, 156
e gabinete, 107, 339, 343, 389
declínio, 78, 102, 103

Recursos
disponíveis, 109
visuais, 126-128, 301

Sermões
apresentação, 17, 106, 327, 331, 332, 342
arte na elaboração, 108
bíblicos, 26

biográficos, 189, 190, 215, 218, 219
biográfico expositivo, 191, 198
biográfico narrativo, 243
biográfico em forma de diálogo, 192
biográfico em forma de monólogo, 169, 192, 244
de outros pregadores, 361, 373
distantes, 137
elaboração, 193, 303, 342, 343, 345
eloquentes, 115, 363
em séries, 294
enfadonhos, 137, 139
expositivos, 17, 169, 171-173, 181-184, 186-189
fases na elaboração, 156
fúnebres, 304, 314, 324
forma e conteúdo, 17, 106, 115, 119, 122, 132, 194, 327, 331, 332, 342
monólogos, 187, 258, 264
narrativos, 17
ouvir sermões, 53, 133, 137
o melhor, 331
planejamento, 42
segmentados, 187, 268
Símbolos, 79, 80, 82, 126, 128, 223, 348
Simplicidade, 25, 39, 62-64, 69, 91, 117, 145, 265, 271, 314, 362
Síntese, 16, 45, 78, 208, 303, 325, 328, 330, 337-341, 348, 350, 351
Situação real, 174, 199, 211, 382

Teologia
da pregação, 138, 146
dos compêndios para a vida, 139
veículo de aproximação, 138, 146

Tese
como deve ser, 35
exemplos, 31, 36, 38, 153, 174, 199, 213, 214, 216, 218, 237, 239, 240, 242, 387
o que é, 35
tese de adesão, 88
Texto bíblico
a melhor literatura, 29
como encontrar, 157
intimidade, 115, 152, 185
ponte para os ouvintes, 132, 185
utilização, 29
vantagens, 34
viver os ensinos, 26
Título
características, 30, 32
limite da mensagem, 30, 33, 131
vantagens, 31
Tópicos, 16-18, 31-33, 36, 38, 102, 149, 169, 173, 199, 208, 209, 210, 213, 215, 216, 218, 221, 242, 245, 270, 271, 305, 310

Unidade, 16, 29, 34, 35, 37, 39, 41, 48, 150, 156, 199, 209, 210, 212, 271, 286, 311, 345, 376

Variedade, 126, 147, 187
Vida
na apresentação, 108
no altar, 39, 47, 49, 80, 208
Voz
velocidade, 123, 160
volume, 102, 123, 150, 159